体适能基础理论

沈剑威　阮伯仁　编著

人民体育出版社

序

香港中文大学沈剑威与阮伯仁二君嘱我为其教材《体适能基础理论》作序，不胜惶恐，深怕辞不达意，辜负了二位朋友的一片盛情。

在港澳台地区有一个耳熟能详的概念——“体适能”，在内地则刚刚为人们熟知。内地有“体质”一词，并衍生出“身体锻炼”“全民健身”“社会体育”“群众体育”之说，“体适能”可以视为与“体质”同类，但略有不同。简言之，内地的种种理念多少偏重大众体育的社会性，而香港的理念则更倚重科学性，强调身体活动的生理、生化基础。体质的概念至今尚有争议，且在英文中没有准确相应的名词对应。多年来内地的运动生理学、运动生物化学一直偏重竞技运动，研究提高运动成绩的生理、生化基础为多，关注运动改善人体健康、增强体质为少，成为这类学科的缺憾。因此，内地引进出版《体适能基础理论》一书是适时的，是相得益彰的。

该书于1998年在香港出版，沿用至今已近十年，获得粤港地区与海外华人语系地区体育运动及体适能界的广泛认同，并被多所学校采为教材使用。2006年他们再度修订，第二版在香港隆重发行，补充了许多最新科研成果，增添了大量数据信息，此书已成为当地及华人语系地区相当具有实用性的教科书或参考书。此著作也可以作为从事健身专业人士的一本极富价值的工具书。

该书的修订本的简体版在祖国内地发行，是一件好事情。它将加深内地学界和群众对体适能概念的认识和理解。该书不仅阐明了运动与体适能之间的关系，也辨析了健康与体质的异同，该书全面地诠释了体适能概念、构成要素、类别，以及体适能的发展趋势；论证了体适能的生理、生化基础；而且对提高身体素质、减缓心理压力、合理控制体重，以及运动中的安全保证和急救等问题提出了具体的操作方法。应该说该书兼顾了理论和实用性，在导出理论知识的同时，强调了实践途径。

在成书的过程中，作者引用了体育发达国家对体适能活动的经验和做法，参阅了体育运动科研的最新成果，考虑到了中国经济与社会发展的现状，以及全民健身日益兴旺的现实，全书深入浅出，图文并茂，为提高我国广大群众体育参与的广泛性和科学性，建立健康活跃的生活方式，提高其生命质量和生活质量，做出了重要的学科努力和理论贡献。

在体育界，内地与香港之间的此类学术交流，不是很多。沈剑威与阮伯仁二君开了一个先河，做出了一个范例，应该十分感谢他们！

华南师范大学 卢元镇

2007年12月13日写于广州容笑斋

前　言

响应体适能爱好者及健体知识热切追求者的需求，本书第一版及第二版分别于1998年及2006年在香港出版，于这短短的十年已经售出8000册。读者大多为体育老师、体适能导师及健体教练。在这十年里，我们收到了很多建设性的意见及建议，同时应外界的需求，我们承诺，当美国运动医学会（ACSM）的Guidelines for Exercise Testing and Prescription 第七版出版时，亦是本书再版更新资料之时。此国内简体版中变化最大的是第五章和第十章，其他各章也有更充足的资料来源，书末也增加中英文索引及相关领域的网址，方便读者再加深入研究。本书希望能提供给有兴趣参与、提升及倡导体适能的人士以足够知识及最新的体适能资讯。希望阅读后能更清楚了解自己的身体结构、状况及进行体适能运动时的理论根据。

于此，十分感谢刘刚先生从香港版转为国内版的文字及语法整理，及陈亚军博士校阅工作的帮忙，使本书得以提供更完整及客观的运动科学概念，而中文字及词汇的统一、章节编排流畅，使国内读者阅读本书时能够更易把握要义。在此对于二位的贡献报以万分的感激。

本书能成功于内地出版，离不开各方的宝贵意见和鼓励。我们尤其感谢华南师范大学的卢元镇先生为本书再版写序，实令本书生色不少。联俊中国有限公司潜心默默推动内地健身行业发展而极力推荐本书简体再版，叶双铭先生、麦展涛先生、卢正心先生及柳红军先生与内地出版的联系及沟通，使本书能成功出版，实是关键所在。当然也要感谢人民体育出版社的合作与支持。

我们两位作者更要深切感谢爱妻，同是体育专业出身的她们最能体会我们对健康体适能的热诚和执著。当夜深人静时，她们弄孩安睡、饮奶换片；我们舞笔著书、校稿阅献——滋味当中细尝，乃多维养生（Wellness）矣。

敬告善评，严赐正见。

沈剑威　阮伯仁

香港中文大学

2008年　春

鸣　谢！

联俊中国有限公司鼎立支持本书的出版及推广，联俊中国有限公司一直默默地推动中国健身水准的提升和健身行业的发展，祈福每个国民都能早日享有康盛人生。

目录

第一章

体适能简介

第一节

体适能 (Physical Fitness)定义

体适能是指个人除足以胜任日常工作外，还能有余力享受休闲，及能够应付压力与突如其来的变化的身体适应能力。

体适能从英文Physical Fitness翻译而来，也有译成体能（或体质）。“体能”及“体适能”比英文的Physical Fitness来得贴切。“体适能”一般作为行政及学术用语，而“体能”多为实用及实际操作用语。“体能”是运动训练用语，而“体适能”可以说是身体适应外界环境能力的简称。

体适能是全身适应性的一部分，是人类精神与身体对于现代生活的适应能力。亦有人认为体适能的内容包括体格、各内脏器官的工作效率及运动适应能力。

第二节

健康的定义

根据世界卫生组织 (World Health Organization) 的解释，健康是指在身体、心理及社会各方面都完美的状态 (well-being)，而不仅仅是没有疾病和虚弱。近年来健康的概念更细化为：

整体健康概念 (Holistic Concept of Health)

1. 躯体健康Physical Health
   —— 身体各系统、内脏及各器官的功能正常
2. 心智健康Mental & Intellectual Health
   —— 思维清晰有条理
3. 情绪健康Emotional Health
   —— 在个人情感认知及感情表达方面恰当得体，而又可以积极面对压力、紧张及焦虑
4. 社会健康Social Health
   —— 能建立及维持人与人之间的良好关系
5. 心灵健康Spiritual Health
   —— 心境平静，有个人的信念或信仰
6. 职业健康Vocational Health
   —— 发挥专长，贡献社会的敬业精神

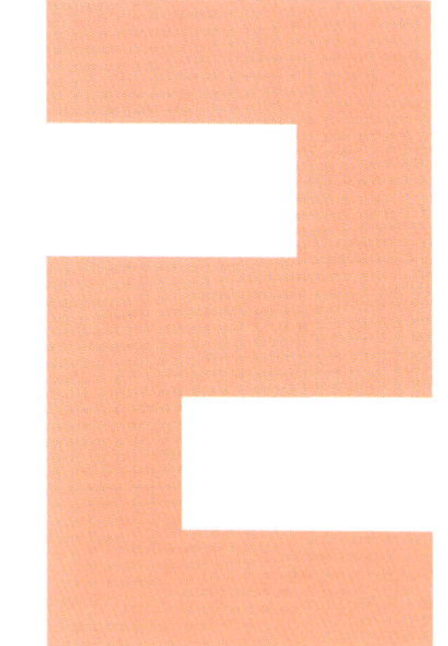

第三节

体适能与体育、运动及休闲活动的关系

体育
Physical Education

是指利用身体活动进行的教育。通过大肌肉活动方式引发连串的生理及心理反应，从而达到强身健体的目的。同时该身体活动应包含着“教育”的意义。

运动
Sport

凡运用“大肌肉”进行的身体活动统称“运动”。如以性质分类，可分为竞技性运动和非竞技性运动。前者须依照既定的规则进行，目标是通过竞争获得优胜；后者不一定有特定规范和竞争对手，常以促进个人健康为目的。如以能量代谢形式分类，可分为有氧代谢运动和无氧代谢运动。前者通过耐力锻炼，以促进心肺功能为主；后者常利用重量和阻力进行锻炼，以增健肌肉骨骼为主。

休闲活动
Recreation Activity

源于“Re – Create”，含有再创造之意。泛指善用闲暇时间，自愿地参与有计划和有建设性的活动，从而获得乐趣和恢复活力。休闲活动的形式很多，有些并不涉及体力活动或大肌肉活动的文娱活动，如桥牌、棋艺等。

体适能与体育、运动及休闲活动的关系，可用图 (1.3.1)作一解释。

从体育的角度看，体育可以是具运动特性的游玩或游戏，以不同的技巧，通过共同遵守既定的规则去竞争。体育也可具休闲活动的特性，如闲暇时间、身体及建设性的活动。

从运动角度看，运动可以包含体育的学习过程及锻炼身体的作用；运动也可以拥有休闲活动的建设性、自我驱使及从参与中获得满足感的特性。

从休闲活动的角度看，休闲活动可以有体育教育及学习的特性，也可具备游戏、竞争或共同遵守规则的特性。

从体适能学术定义角度看，体适能则同时拥有体育、运动及休闲活动三者的属性。体适能可以是知识技术上的传授，可以是借运动、游戏、竞争而达到身体适应生活的效果；也可以是欢悦地、自愿地、建设性地善用闲暇时间。但体适能是追求个人的健康身心，满足日常生活的需要，不会有高竞技运动中为求胜利而不择手段的训练方法。在休闲活动中，有些活动是不以个人身体健康为归属的，例如某些人将所有休闲时间都放在静态的活动中 (如文艺写作)，却把维持健康的身体活动忽略了，这是体适能概念中所不允许的。体适能与以上三者各有异同，清楚地明白体适能，做到知行合一，才能达到身心健康、健康人生 (wellness) 的境界。

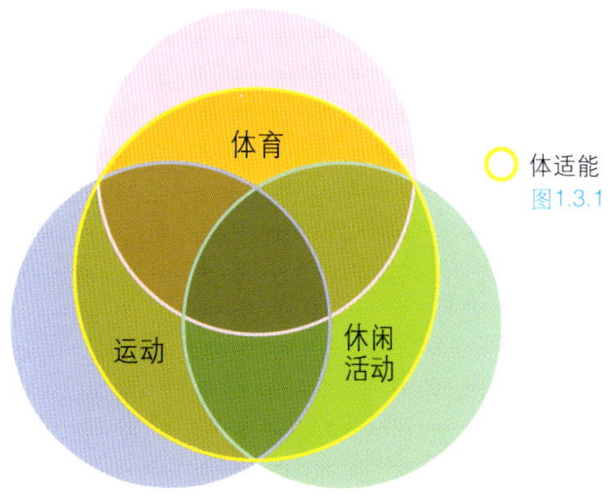

图1.3.1

体适能 (Physical Fitness) 的观念其实自古已有，而且是随着历史的演进而不断赋予新的意向和内涵(表1.3.1)。

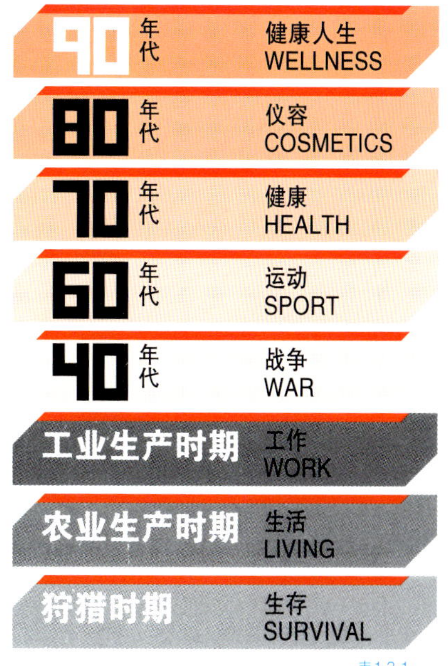

90 年代 健康人生 WELLNESS
80 年代 仪容 COSMETICS
70 年代 健康 HEALTH
60 年代 运动 SPORT
40 年代 战争 WAR
工业生产时期 工作 WORK
农业生产时期 生活 LIVING
狩猎时期 生存 SURVIVAL

表1.3.1

体适能(Physical Fitness)的类别范畴(表1.4.1):

体适能

健康体适能 Health-Related Physical Fitness	竞技体适能 Sports-Related Physical Fitness
1. 心肺耐力	1. 心肺耐力
2. 肌力及肌耐力	2. 肌力及肌耐力
3 柔韧性	3 柔韧性
4. 身体成分	4. 身体成分
5. 神经肌肉松弛	5. 神经肌肉松弛
	6. 灵敏性 Agility
	7. 平衡性 Balance
	8. 速度 Speed
	9. 爆发力 Power
	10. 协调性 Co-ordination

目的:健康的身体 优质的生活	目的:运动比赛中获得奖牌与荣誉

健康体适能及竞技体适能的关系 (图1.4.1)

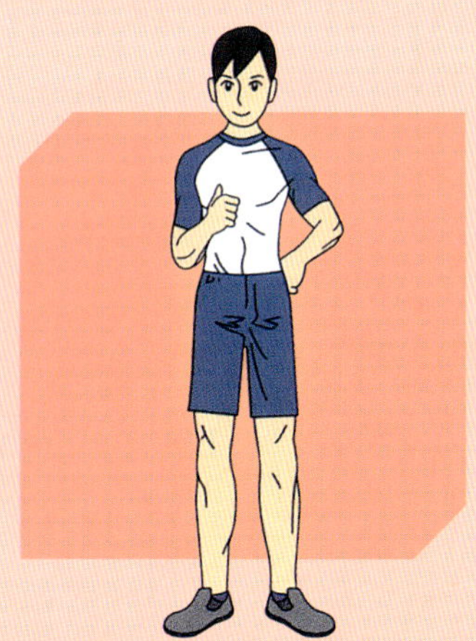

竞赛 (高水平) *

竞赛 (中、低水平)

提高生活质量和生产力

享受余暇、应付变故

日常生活/工作

* 愈高水平的竞赛，对体能锻炼的要求愈高，但有时候不一定合乎健康的原则。

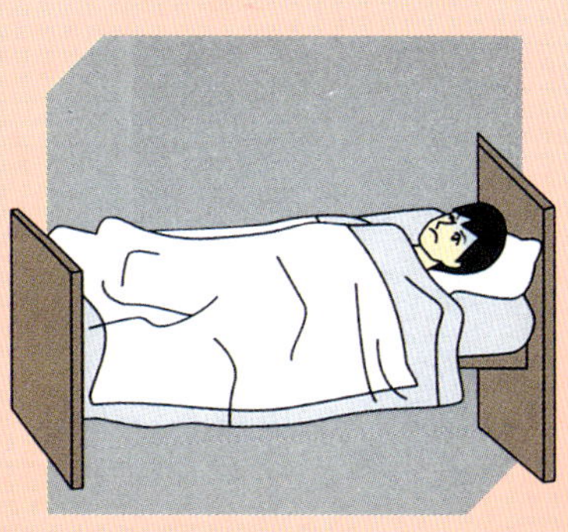

卧床、无力自顾

图1.4.1

第五节

健康体适能的五大要素（香港体适能总会采用）

衡量健康体适能状况的五大要素

1. 心肺耐力 (Cardiorespiratory Endurance)

——心、肺及循环系统能够有效地为肌肉提供足够的氧气及养分，并且带走留在肌肉中的废物的能力。

2. 肌力与肌耐力 (Muscular Strength & Endurance)

——肌肉系统能够有效工作的能力，如：保持身体姿势、走路、慢跑甚至快跑等。

3. 身体成分 (Body Composition)

——身体瘦体重与身体脂肪相对比例。

4. 柔韧性 (Flexibility)

——身体各关节能有效地活动到最大范围的能力。

5. 神经肌肉松弛 (Neuromuscular Relaxation)

——指减少或消除肌肉不必要的紧张和精神或心理压力。

第六节

体适能的发展趋势

基于风行一时的达尔文适者生存学说 (Survivor of the Fittest)，以生物学为基础的教育家，认为教育是帮助个人适应其生活环境的一种影响或训练。

对于不同人，体适能可以代表不同的意义。一位久坐办公室工作的人所需的体适能，显然与体力劳动者所需的体适能大大不同。但个人的体适能必须是全面的，它应包括身体的、心智的、情绪的、精神的和社会的要素，缺其一就无法达到整体健康 (Holistic Concept of Health)。全美体育、健康及休闲同盟 (American Aillance of Health, Physical Education and Recreation) 则将体适能定义为个体发挥功能的能力 (Ability of the individual to function)，认为体适能良好的人应具备：

1. 身体器官健康，并拥有应用现代医学知识的能力。
2. 足够的协调能力、体力和活力以应付日常生活及突发事件。
3. 稳定的情绪以适应现代生活的紧张和干扰。
4. 团队意识和适应团队生活的能力。
5. 充足的社会知识及解决问题的能力。
6. 全面参加日常活动所应有的态度、价值观和手段。
7. 健康的精神状态和良好社会道德。

履行体适能运动以达到身体健康的目的，美国运动医学会在健康与体适能月刊中提出了崭新的体适能观念：身体活动金字塔(图1.6.1)

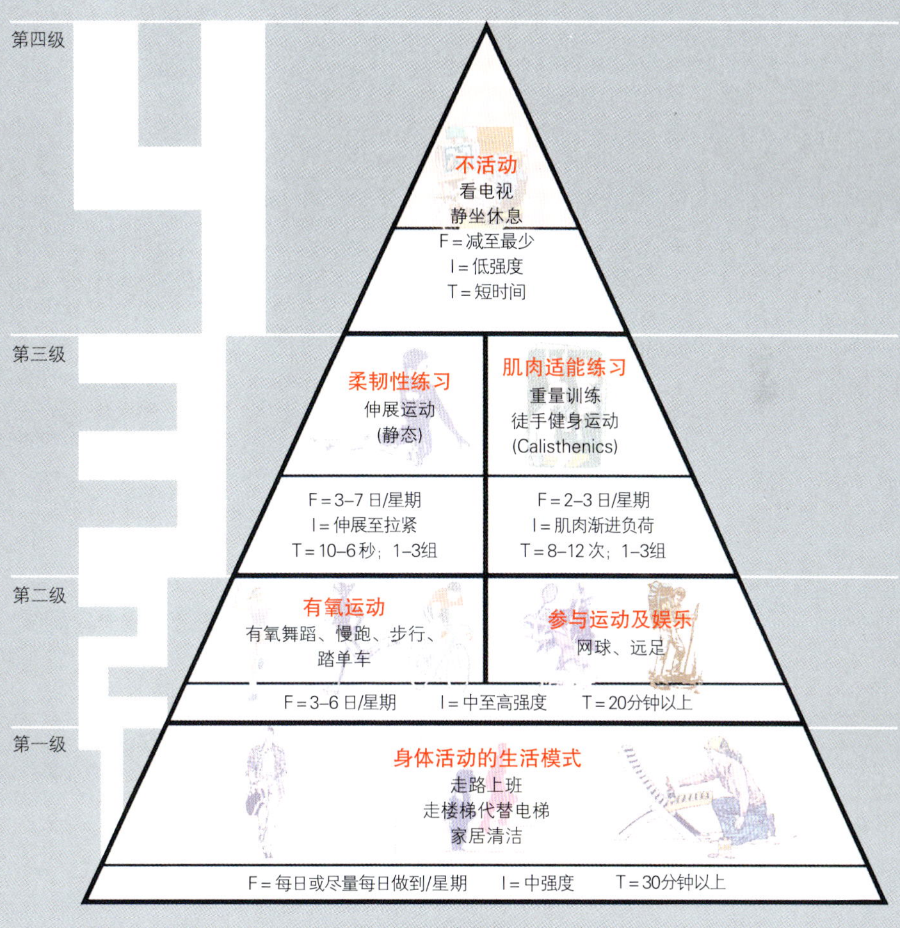

ACSM. (1998) Physical activity pyramid. Health & Fitnes Journal, 1(2), 13.

图1.6.1

此身体活动金字塔，底部的部分（第一级）表示在日常生活中较容易进行及越多越好；最上面部分（第四级）表示在日常生活中（除正常睡眠外）出现的次数应该较少，所花的时间亦应较短。

进行身体活动金字塔第一级的活动可减少心脏疾病、糖尿病及肠癌的机会，而额外热量的消耗可使体脂肪减少。进行第二级的活动可比第一级更为健康和适应生活。进行第三级的活动更值得鼓励，这级别的活动可加强身体柔韧性及肌肉适能，并可减少骨骼疏松症及腰背痛的机会。

美国的Surgeon General’s Report on Physical Activity and Health指出，在美国人口中的24%不活动者中，若能令他们从事定期的中等强度运动，可使美国国民健康及经济受益。

看来体适能的发展趋势，不只是个人身体健康的选择，可延伸至团体及地区，甚至是国策上的抉择。

参考文献

1. ACSM. (1998). Physical activity pyramid. *Health & Fitnes Journal*, 1(2), 13.
2. Conters for Disease Control and Preventiion. (1996). Surgeon General's Report on Physical Acivity and Health. U.S. Department of Health and Human Services. The President's Council on Physical Fitness and Sprots.

第二章

健康人生由你决定

第一节

何谓身心健康?

早在1946年，世界卫生组织 (WHO) 已指出，健康 (Health) 的标准不单只是没有疾病 (absence of disease)，而是保持身体、精神和社会方面的完美状态。近年健康 (Health) 概念更被延伸为包含情绪、心灵及事业健康，合称为身心健康 (wellness)，是达到优质人生的完整模式 (图2.1.1)。

图2.1.1

第二节

身心健康六要素与五育的关系

21世纪的整体身心健康模式包含以下六大要素：

- 身体健康 (Physical Wellness)
- 理智健康 (Intellectual Wellness)
- 社会健康(Social Wellness)
- 情绪健康 (Emotional Wellness)
- 心灵健康 (Spiritual Wellness)
- 事业健康 (Vocational Wellness)

其实中国自古以来的五育（德、智、体、群、美），都同样以达到优质人生为目标，与源自西方的Wellness有异曲同工之效。

德育　指培养人、是非判断的看法，是一种价值观教育。包括社会规范及生活共同习惯教育。道德是受社会进步及环境的影响，并不是与生俱来，需要后天的教育。道德是有原则标准的，但也具有个人的感性面。由此可见，德育是发展现今所说的心灵健康(Spiritual Wellness)，社会健康(Social Wellness)，也在某种程度上培育理智(判断）健康 (Intellectual Wellness)。

智育　是知识的教育。指通过认知、理解、应用、分析、综合、评价等过程，使人发挥潜能。这正是Wellness中的理智健康(Intellectual Wellness)。

体育　为了增进人类完美的发展，而寓教育于身体运动的教育历程。体育是以大肌肉活动为形式，以有机体的身心成熟为依据，使个体在身体力行中，锻炼完美的体格，同时发展理性行为，充实心智活动。进而提高适应能力，发扬生命意义。而这也正是身体健康 (Physical Wellness)。

群育　在于养成人类群体生活，互助合作以及和谐相处的习惯，培养良好公民的教育。使人际关系的教育，以谋求维系个人与个人，个人与集体，集体与集体之间的正常良好关系，并且促进集体与个人的发展。这与社会健康 (Social Wellness)，事业健康(Vocational Wellness) 十分吻合。

美育　首先是美感教育。也就是凡能引起美好感觉的事物，通过学习方式来加以熏陶，有助于生活修养的充实与改善。美育的另一层次是美化教育、美化环境、美化人生，强调美化相关事物的运作对人生活和人类生命具有无形的感染和影响。美没有客观的定义，只是自己从中得到快乐及精神上满足和解脱。美育能开拓情绪健康(Emotional Wellness) 及心灵健康 (Spiritual Wellness) 的发展。

到底你有多健康？身心健康测试

为帮助读者更加了解身心健康的概念，以下将身心健康的每一要素列项说明，并提供一简单测试。此测试虽简单，未经科学验证，但希望能对读者自我状态判断作一参考。

★读者只需在每一选项标出能够做到的程度。每一选项依完成程度不同分5个层次，如下列所示：

每一要素的各选项评分完毕后，将分数相加，得出总分，然后根据下列标准来评价自己在该要素的状态。

分数	等级
6–9	急需改进
10–14	需改善
15–19	合格
20–24	良好
25–30	非常好

完全做不到 → 完全做到

身体健康 (Physical Wellness)	分数				
1. 经常做适当运动和保持正确身体姿势以达到良好身体机能操作	1	2	3	4	5
2. 有良好的营养及饮食习惯，不吸烟、不酗酒	1	2	3	4	5
3. 避免依赖化学物质或滥用药物	1	2	3	4	5
4. 避免危险的行为及预防意外发生，并且关注疾病的早期征兆	1	2	3	4	5
5. 对性行为负责，只接受有责任感及安全的性关系	1	2	3	4	5
6. 充足休息和睡眠	1	2	3	4	5

总分：　　等级：

理智健康 (Intellectual Wellness)	分数				
1. 有良好的思考、推理、分析及解决问题的能力	1	2	3	4	5
2. 有丰富的生活阅历，能够不断地自我学习	1	2	3	4	5
3. 对新事物有良好的接受能力及创新能力	1	2	3	4	5
4. 对各种问题都能掌握充足资料，具备批判能力	1	2	3	4	5
5. 经常关注社会问题及其转变	1	2	3	4	5
6. 经常增加对世界的认识和了解	1	2	3	4	5

总分：　　等级：

社会健康 (Social Wellness)	分数				
1. 与他人维持良好的人际关系	1	2	3	4	5
2. 有良好及广阔的关系网(包括家庭、朋友及同事等)，并在有需要时互相帮助	1	2	3	4	5
3. 对社会负有责任感和归属感	1	2	3	4	5
4. 有良好的沟通技巧，能用心聆听对方讲话，并留意对方的肢体语言表达，且自己的表达要简洁真诚	1	2	3	4	5
5. 懂得尊重别人，欣赏别人的长处	1	2	3	4	5
6. 懂得分配并处理好自己在不同社群中的角色	1	2	3	4	5

总分：　　等级：

完全做不到 → 完全做到

情绪健康 (Emotional Wellness)	分数				
1. 能够了解自己的情绪及掌握自己的感觉，并对自己的行为作出明智的抉择	1	2	3	4	5
2. 能妥善控制及表达自己的情绪，情绪低落时，能够自我安慰，重新振作	1	2	3	4	5
3. 能克制及忍耐经常的负面情绪和冲动，能自我激励	1	2	3	4	5
4. 能设身处地的认知感受他人情绪	1	2	3	4	5
5. 能够适当且技巧地处理他人的情绪	1	2	3	4	5
6. 当有需要时，懂得寻求帮助或辅导	1	2	3	4	5

总分：　　等级：

心灵健康 (Spiritual Wellness)	分数				
1. 已经找到生命的意义、人生目标和理想	1	2	3	4	5
2. 能以坚强的信念，积极的价值观来处事	1	2	3	4	5
3. 遵守规则，有自己的行为原则及道德标准	1	2	3	4	5
4. 能体会爱与被爱的感受	1	2	3	4	5
5. 遇困难时，能平静面对，以内在意志和精神去处理，并对事物持积极乐观的看法	1	2	3	4	5
6. 能发挥自己和他人的潜能	1	2	3	4	5

总分：　　等级：

职业健康 (Vocational Wellness)	分数				
1. 能认识自己的才能和特质	1	2	3	4	5
2. 能树立职业理想，确定事业发展的目标	1	2	3	4	5
3. 能不断充实提高，积极把握机会	1	2	3	4	5
4. 能与他人团结合作，完成任务	1	2	3	4	5
5. 工作上尽职尽责，并能享受其满足感	1	2	3	4	5
6. 能因自己的工作对社会作出贡献而感到骄傲和自豪	1	2	3	4	5

总分：　　等级：

第四节

个人身心健康剖析网

下图（图2.4.1）的六角形可用来评价剖析个人身心健康的状态。请在代表每一个要素的角线上用点标出自己所得的分数，然后将各点依次连接得出代表个人身心健康的图像。并根据图像比较各要素的优劣：优者要保持，劣者要改善。

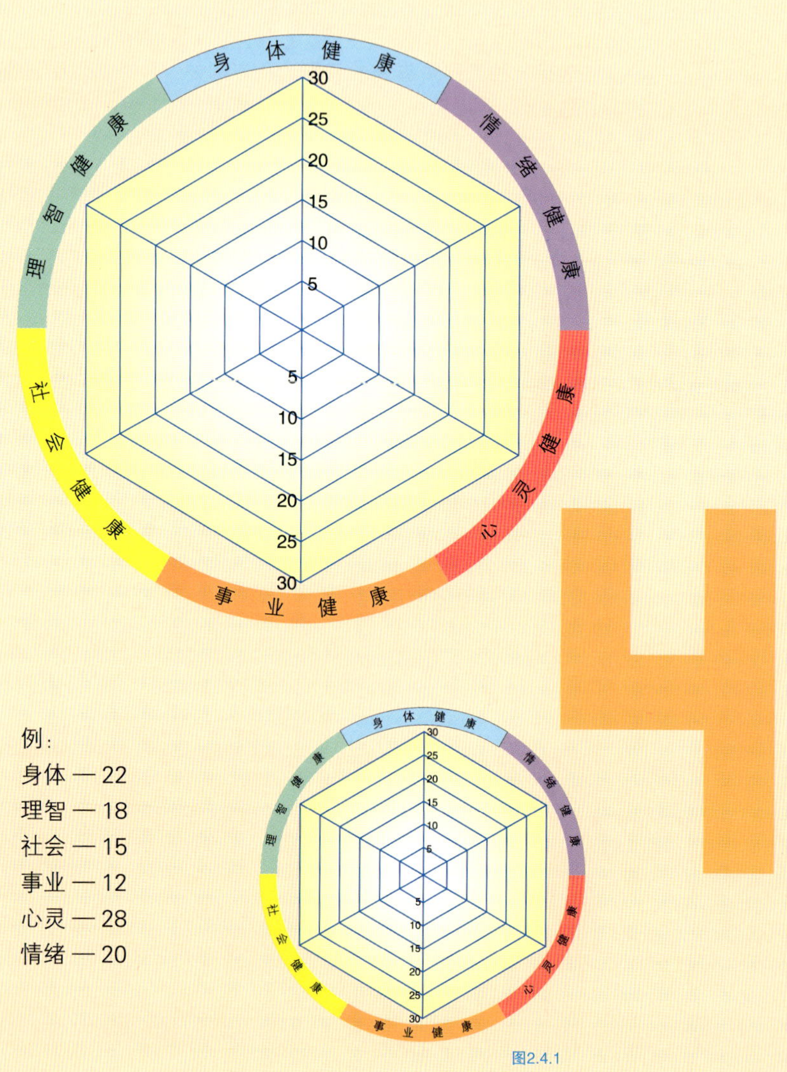

图2.4.1

第五节

身心健康的实践

身体健康 (Physical Wellness)

总而言之，身体健康包括有充沛的体力，注意运动、营养和饮食的结合，不吸烟，不酗酒，不滥用药物，避免危险的行为；留意自己的身体状况和有充足的休息。

实践建议

一 运动习惯的培养

1. 选择一种自己最喜爱的有氧运动，例如：步行、慢跑、慢速游泳、划船、踏单车、跳绳……
2. 选择一种适合自己的重量（力量）/阻力运动，例如：多用途器械或单项器械练习、哑铃或杠铃练习、拉橡皮筋练习、徒手练习……
3. 选择一种自己最有兴趣的球类运动，例如：足球、篮球、网球、乒乓球、羽毛球……
4. 每天做1小时运动，如半小时是有氧运动，半小时是阻力运动；也可以隔天做球类运动。
5. 学会上述至少两种不同的运动项目以供自己选择。
6. 与家人一起做户外活动，例如：远足、到沙滩游泳、参加百万行活动等。
7. 每天运动前后应做伸展运动（静态伸展）。

二 合理营养的摄取

1. 三餐有规律，定时定量。
2. 至少应在睡前3小时前进食晚餐。
3. 三餐食物搭配合理。
4. 三餐正餐之间不可吃零食。
5. 每天适量饮水（约8杯）。
6. 尽量避免摄取高糖分的食物或饮料，如糖果、巧克力、汽水……
7. 尽量避免摄取高脂肪的食物或动物油，如鸡皮、肥猪肉、油炸食物、雪糕、全脂奶……
8. 食盐要适量。
9. 尽量避免饮用酒精（每天不多于一罐啤酒）。
10. 不吸烟。
11. 在医生指导下，服用营养补剂或药物。
12. 避免依赖化学物质或滥用药物。

三 良好的生活模式培养

1. 每天睡眠7~8小时。
2. 每天早睡早起。
3. 经常注意室内的空气流通。
4. 经常注意自己有没有疾病的早期征兆，若有的话，便立刻请教医生。
5. 每年做一次全面的身体检查。
6. 对性行为负责，只接受有责任及安全的性行为。

四 个人安全的注意

1. 经常注意家居及职业安全，如设置有效的急救箱、灭火器，注意职业安全守则或指导等。
2. 避免危险的行为，如超速驾驶或超载，在烈日下曝晒，在飓风或暴雨时外出等。
3. 当驾车或乘车时，要扣上安全带。

理智健康 (Intellectual Wellness)

理智健康是指个人的智力和思维，在推理、处理问题和逻辑等方面能力，也包括个人寻求知识和对新事物的接受和创作能力。

实践建议

1. 每天都用一些时间去学习一些自己不急于需要的事物。例如：阅读各种不同的书籍。
2. 经常增加对世界的认识和了解。
3. 经常留意社会问题和其转变。
4. 经常关注国际时事。
5. 每天用5分钟来锻炼自己集中注意力。例如：定睛注视烛光。
6. 对生活抱有积极和肯定的态度，遇有不如意或困惑，不要让它缠绕自己多于5分钟。
7. 擅用自己的创意去解决问题，凡事不满足于一个解决办法，相反，尝试寻找多种不同解决方法，择优决定。

社会健康 (Social Wellness)

社会健康是指个人与家人、朋友、同学和同事等有良好的沟通关系，乐于一同参与活动，困难时能互相扶持。

实践建议

1. 结交数位知己和密友。
2. 培养多种兴趣，会有助于与人交往，扩大生活圈。
3. 培养与人良好的沟通。
4. 与人沟通时，经常保持适当的幽默感。
5. 经常留意及欣赏他人的好处和优点。
6. 经常花时间去帮助及关心他人。

情绪健康 (Emotional Wellness)

情绪健康者能够适当地表达自己的感受、情绪与爱心，能以冷静、理性和客观的态度去处理困难与挫折，能充满信心地去面对挑战与逆境。情绪不稳定时，也会懂得寻求帮助。

实践建议

一 情绪自知与表达

1. 当自己情绪有变化时，尝试倾听自己的感觉，能明确地形容描述给自己听，还可与他人分享 (包括负面情绪)。
2. 当不愉快的感受影响到工作时，尝试让人知道，使其释放，而且还可得到别人的意见及开解。

二 情绪处理

1. 如遇压力或紧张时，可先做5次深呼吸，然后再想办法应付。
2. 面对问题或相反意见时，尝试放下问题，寻求不同的角度来思考解决，并视困难为一种学习机会。
3. 对自己的决定负责，这可增加自我信心。
4. 情绪低落时，说服自己走出阴霾或寻求协助。
5. 珍惜别人对自己的批评，并实践改进。

三 他人情绪的处理 (沟通技巧)

1. 耐心聆听别人的说话。
2. 在提出个人意见前，先考虑别人的感受。
3. 多注意别人的优点及称赞别人的良好表现。
4. 在必要时对一些要求说不，这可避免不必要的压力。

心灵健康 (Spiritual Wellness)

精神健康是指个人能够找到生命意义和目标，包括个人的价值观念、道德观念、处事原则、信任、基本的求生能力和爱与被爱的能力等。精神健康的人能够欣赏大自然的奥妙，并可与大自然融为一体，使个人内在精神充满动力，迈向优质的人生。

实践建议

一 人生意义及价值观的确立

1. 经常思索人生中何事是最有意义的，建立自己的人生方向。
2. 经常澄清自己的价值观念，把生命中最重要的事情依优先次序排列。
3. 经常检视及改善自己的时间管理，看时间分配是否按自己心中的重要次序来安排，使自己生活得快乐。
4. 每日自我反省。
5. 多看有关人生哲理的书籍，多了解自己的发展，才可把自己的潜能发挥出来。

二 爱与被爱的培养

1. 多尝试关怀别人，如问候和帮助别人等。
2. 勇于敞开心扉，接受别人的关心。

三 积极人生信念的培养

相信大自然的秩序和规律法则，只要怀抱积极的信念，一切困难终究会过去，目标自会实现。

职业健康 (Vocational Wellness)

职业健康是指在工作上能够发挥个人才能，不断学习及提升自己的工作能力而获得工作的满足感，并能因自己的工作对社会作出贡献而感到光荣自豪。

实践建议

一 自我充实，积极进取

1. 不断地通过专科进修，课余或工余活动及工作经验来充实自己，提高自己的做事能力，建立自己的事业理想。
2. 关注就业市场及各种职位的要求动向，权衡选择较理想的职业。

二 工作上建立良好人际关系

1. 在工作场所中，多主动与上司沟通，以了解和判断自己的工作现状。
2. 当身为上司时，多给员工一些发展个人潜能的机会，多与员工沟通，以了解员工的需要及其事业发展的意向。
3. 同事有异议时，耐心聆听，并能融洽地讨论问题，互相尊重。

三 增强工作满足感

1. 多思考如何才能把工作做得更好，更进步。
2. 多思考自己的工作对社会的贡献和价值体现，是否自我满意。

第六节

推动健康人生的巨轮

健康人生是一多元化、富有动力的生活取向。目标清晰地利用您的责任感可令生活更有质量及有意义。您怎样去展开一个积极正面的生活方式呢？您怎样知道选择权在您的掌握之中呢？您又怎样知道如何去推动健康人生的巨轮吗？下图(图2.6.1) 可为您提供一些参考：

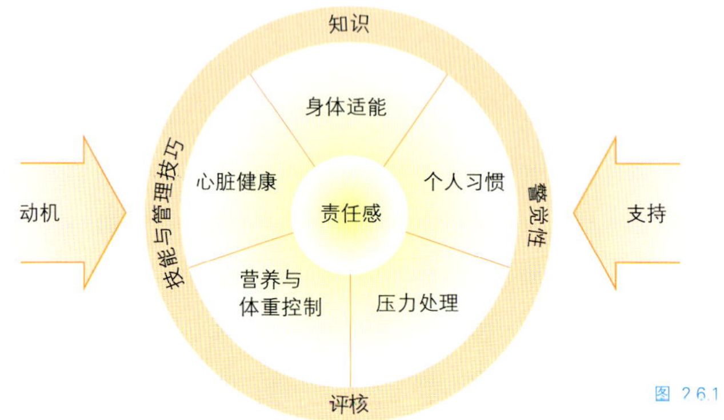

图 2.6.1

资料来源：
Robbins, G., Powers, D. & Burgess, S. (1994).
A wellness way of life. (2nd ed.).
Wm. C. Brown Communication Inc.

图中确立出五种生活习惯 (身体适能、个人习惯、心脏健康、营养与体重控制及压力处理) 对我们的身心健康有着莫大的影响。它们的周围是一些必需的工具 (知识、警觉性、技能与管理技巧及评核) 用来推动达至优质生活。两边箭头指向巨轮 (动机及支持) 是强烈影响我们达至健康人生的行为因素。

达至优质生活、迈向健康人生

达至优质生活

知识可使你作出应对的决定。当你了解或认识到自己心脏有问题、体脂过多或生活节奏出现问题时，首先要知道：心脏发生什么问题？脂肪多出的百分比有多少？生活节奏出现问题的压力源是什么？知识可帮助你了解危机，引导你去完成目标。

警觉性是健康人生中的重要课题。我们知道医学上预防性治疗比对抗性治疗更重要（即常说的预防胜于治疗）。你要对你的健康、喜怒哀乐及生活质量有着强烈的警觉性，凡事防范于未然，及早为你的健康及生活作好计划及准备。

技能与管理技巧 可以帮助你在优质生活中作出选择、建立目标、行为改变及个人策略建设的技巧，可使生活方式有所转变。压力到来时如何得以舒缓？运动时如何选择适当的项目及强度？好的技能与管理技巧能使你生活中的点滴培养成一生不变的生活习惯。

评核在优质生活中要经常进行。人生多变，在不同的时期都有不同的身心状况。身心状况要评核，运动能力要评核，营养及体重要评核，就是心智或性格也要经常评核，评核是一个自我观察及了解现况的一个好机会。

迈向健康人生

好的动机能令你在开始或在活动进行中达至健康的境界。动机是个人化的、复杂的，在你的一生中它是基于你与环境的互动而作出转变的。个人的自尊、自信、自我形象通常是产生动机的内在因素；同辈间相互影响及社会化过程可能是影响你选择优质生活的外在因素。内向性格、压力、金钱至上的价值观则可能影响你达至健康人生。

当周围没有支持或鼓励时，就只有你自己可选择或继续坚持你的生活取向。戒烟戒酒是走向优质生活的开始，家人的支援、对自我信念的坚持、个人的承诺，都有助于迈向完美的生活境界。当然，当周围环境的人有坏习惯或生活不正常时，你要改变生活习惯也绝非易事。因此，当我们决意要选择一个好的生活环境和工作环境以达至健康人生的境界时，是否得到家人和朋友的支持？而最关键的人物——你又是否有所坚持呢？

要迈向健康人生，是一种无名的责任感，特别是环保意识强烈的今天，个体要对自己和社会负责。我们的健康行为，由细小的个体，从点、线、面至体，形成一个大潮流，达到一个大同境界。健康人生包括上述六大要素，每个要素都要取得适当平衡。当中何者较强，何者较弱？忽略某要素或过分强调某要素范畴都有其利弊。我们要学会如何取得全面平衡，令生活达到至诚至圣的领域，令健康人生蕴藏着充沛的生命力 (Zest for Life)。

参考文献

Robbins, G., Powers, D. & Burgess, S. (1994). *A wellness way of life.* (2nd ed.). Wm. C. Brown Communication Inc.

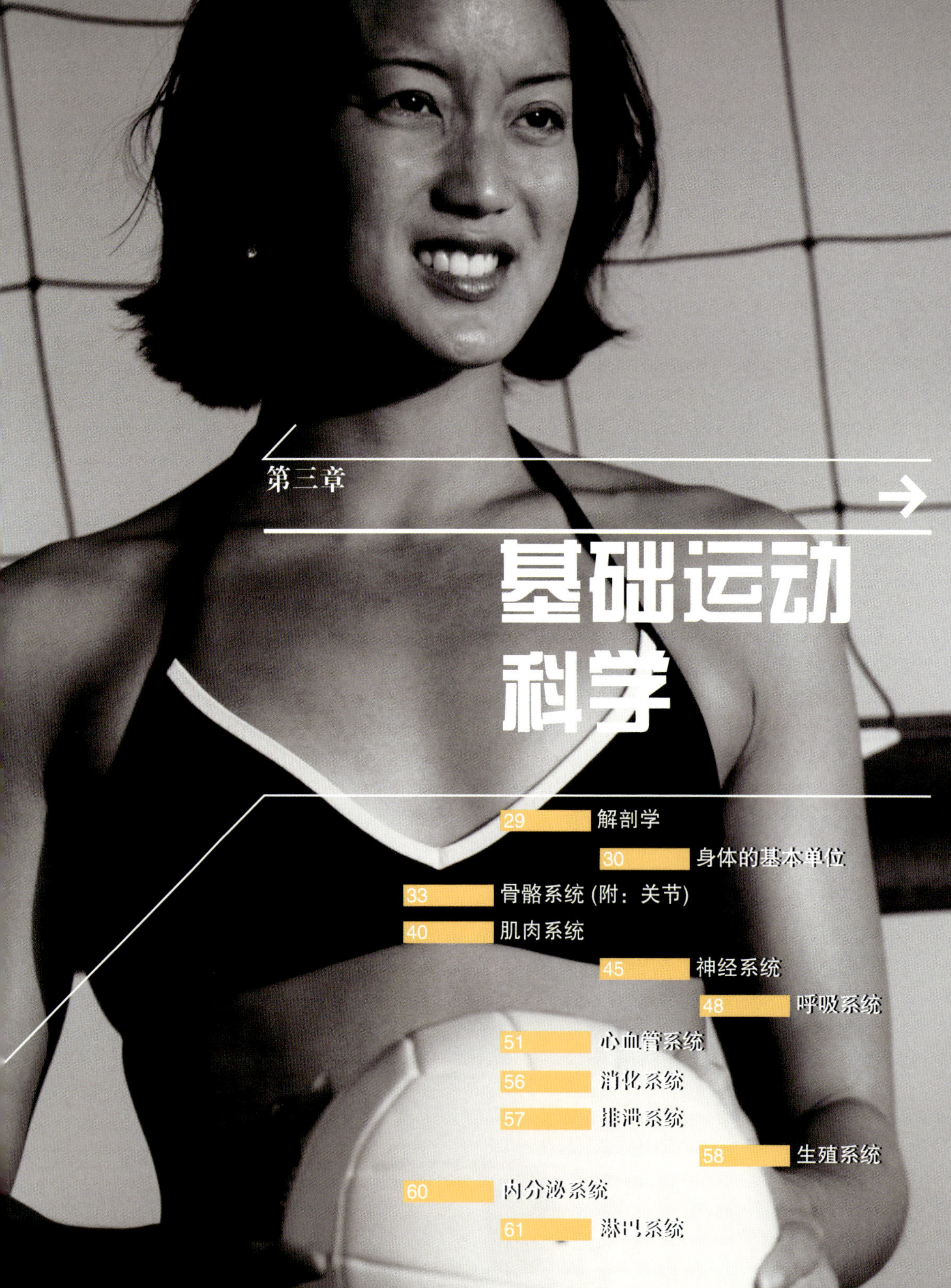

第三章

基础运动科学

解剖学

解剖学可说是人体的地理学。肌肉、骨骼相当于河川山脉，各系统的连成，制造出一个活的地形。肌肉、骨骼及神经系统必须一起配合才能提供随意的运动。某部分的肌肉或肌群受到刺激后，将讯息传递到神经系统，再由神经系统发出指令讯息以控制该部分肌肉或肌群的收缩。肌肉收缩后，骨骼与肌肉所产生的杠杆作用是关节运动。人体各种动作或运动，便由这些系统互相配合而产生。

运动解剖学在科学上的位置及其扮演的角色

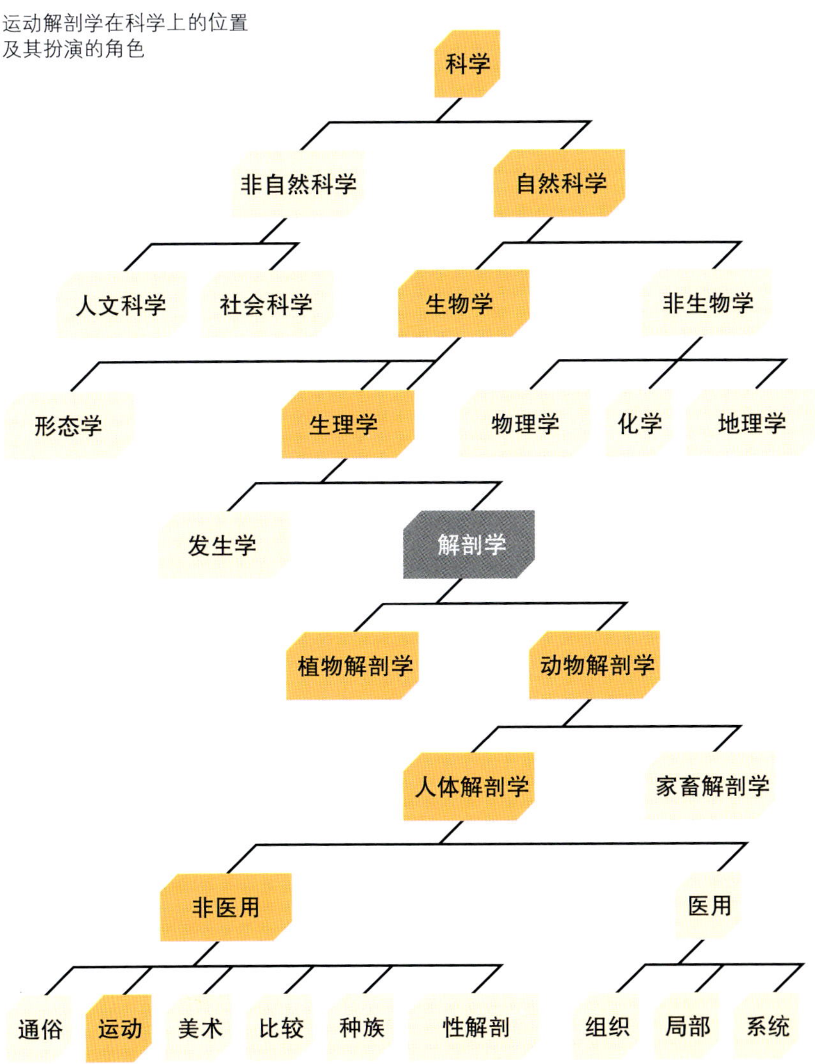

身体的基本单位

身体的基本单位是细胞，而身体内大约包含75万亿个不同形状、不同大小、不同功能的细胞。多数的细胞都非常微小，只有借助高倍显微镜才能看得见；大一点的细胞像卵细胞则可用肉眼观察得到。细胞最基本的结构就是胶状的细胞质，在细胞质内，则持续不断地进行着复杂的生化反应。尽管细胞的形状、大小及功能不同，但他们都有着下列共同特性：

1. 每个细胞都需要养分来维持生命。
2. 每个细胞都有一特别结构——线粒体 (mitochondria)，内含氧化酶 (oxidative enzymes)，负责细胞个体氧的吸取 (线粒体有动力工厂之称，吸收养分后再氧化产生能量)。
3. 每个细胞不仅能利用氧气将养分转化为能量，还都有排泄作用，可将水、二氧化碳及尿素等排出体外。
4. 大部分细胞都有再生能力，并通过新陈代谢作用形成新细胞，以取代老细胞。

执行身体同样功能的一群细胞称为组织 (tissue)；而各种不同的组织可以构成器官 (organ)；不同的器官可以结合而成系统 (system)；不同的系统便结合成整个人。例如神经 (组织)、肌肉 (组织) 及结缔 (组织) 等可以共同结合而构成心脏 (器官)；而心脏则是构成循环 (系统) 的器官之一。另外，附着在骨骼上的肌肉 (组织) 则是人体骨骼肌肉 (系统) 的一部分，它 (系统) 是人体运动的主要执行者。而神经 (系统) 及内分泌 (系统) 主要司职人体机能的协调和控制；神经可以感受刺激并传导讯息，对于肌肉的反应也有控制的功能。内分泌腺所分泌的激素也扮演着一种化学信号的角色，可以帮助控制身体的活动。总体来说，各个系统不能独立工作，而是互相配合，使人体的工作完整统一。

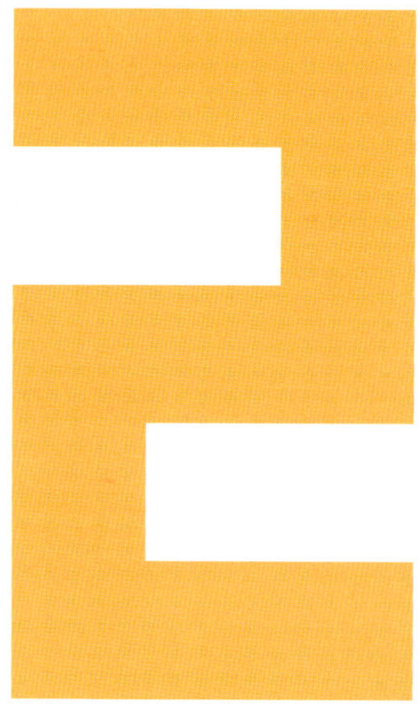

细胞 THE CELL

——细胞为多细胞动物 (Many-celled Animal) 的结构 (Structural) 和功能 (Functional) 单位。

——一般的动物细胞 (A Generalized Animal Cell) (分泌型) [较微小的部分需在电子显微镜下才可看见]。

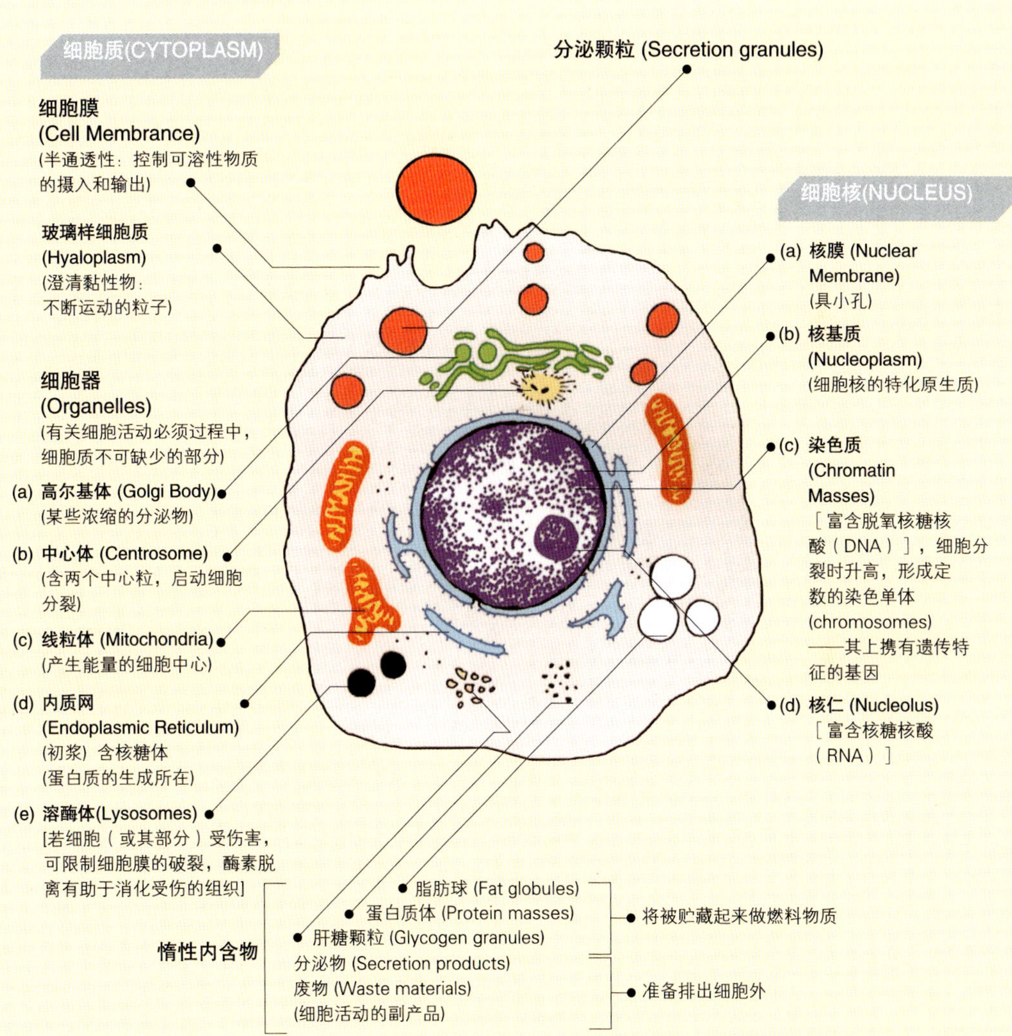

人体系统 THE BODY SYSTEMS

必须的生命过程——由下列各个系统组合完成。

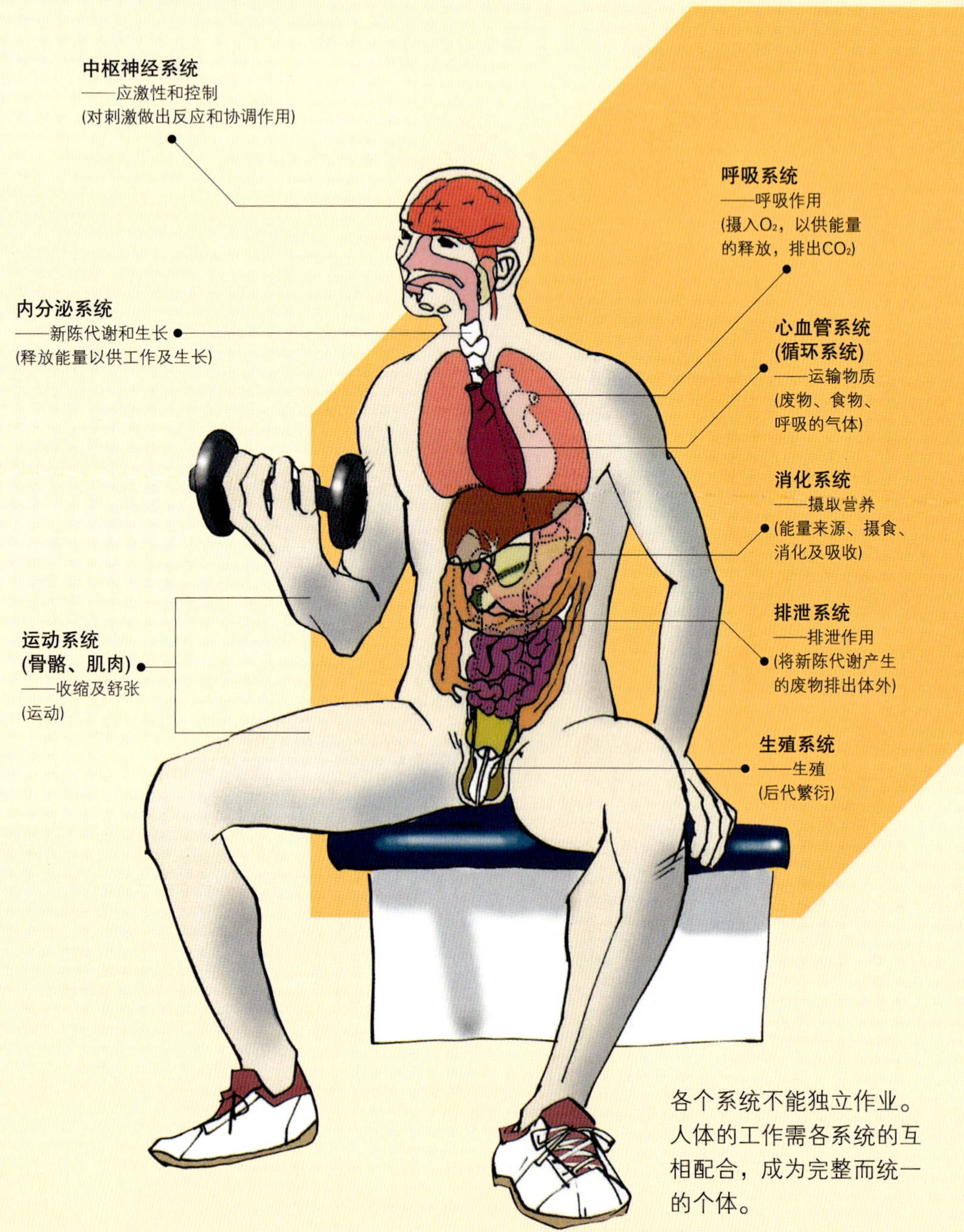

各个系统不能独立作业。人体的工作需各系统的互相配合，成为完整而统一的个体。

骨骼系统（附：关节）

1. 结构

成人　50%水分，（液体）

50%固体，1/3有机体
（蛋白质 Protein，胶原纤维 Collagen fiber）
2/3无机体（钙Ca^{2+}，镁Mg^{2+}等矿物质）

幼年　骨内有机质较多（较少机会骨折）

2. 功能

骨骼功能	例子
保护	保护内脏、脑、脊髓、眼球等柔软的内脏及器官。
给予外型 / 支持	支援身体各部分，如：椎骨及下肢骨有支援体重的作用；使身体能对称均匀及给予有支架的外型。
储藏	储藏钙、磷等无机物与无机盐类，在必要时释放于血中。
造血	红骨髓，造血作用旺盛。红骨髓起初存在于所有的骨内，随着年龄的增长，长骨内的红骨髓逐渐被脂肪组织所替代，呈黄色，称黄骨髓，已失去造血功能。长骨的骨端、扁平骨、短骨等骨松质中，人的一生都保留红骨髓，有造血作用。
杠杆/肌肉附着点	骨为多数肌肉的附着点，在关节发挥杠杆臂的作用。

3. 骨的种类及作用

骨的种类	作用	例子
长骨	杠杆	肱骨、股骨
短骨	力量及容易位移	腕骨、踝骨
扁骨	保护内脏	盆骨、胸骨、肋骨、头骨
不规则骨	支持身体	脊椎、骶骨、尾椎骨

骨骼系统 SKELETAL SYSTEM

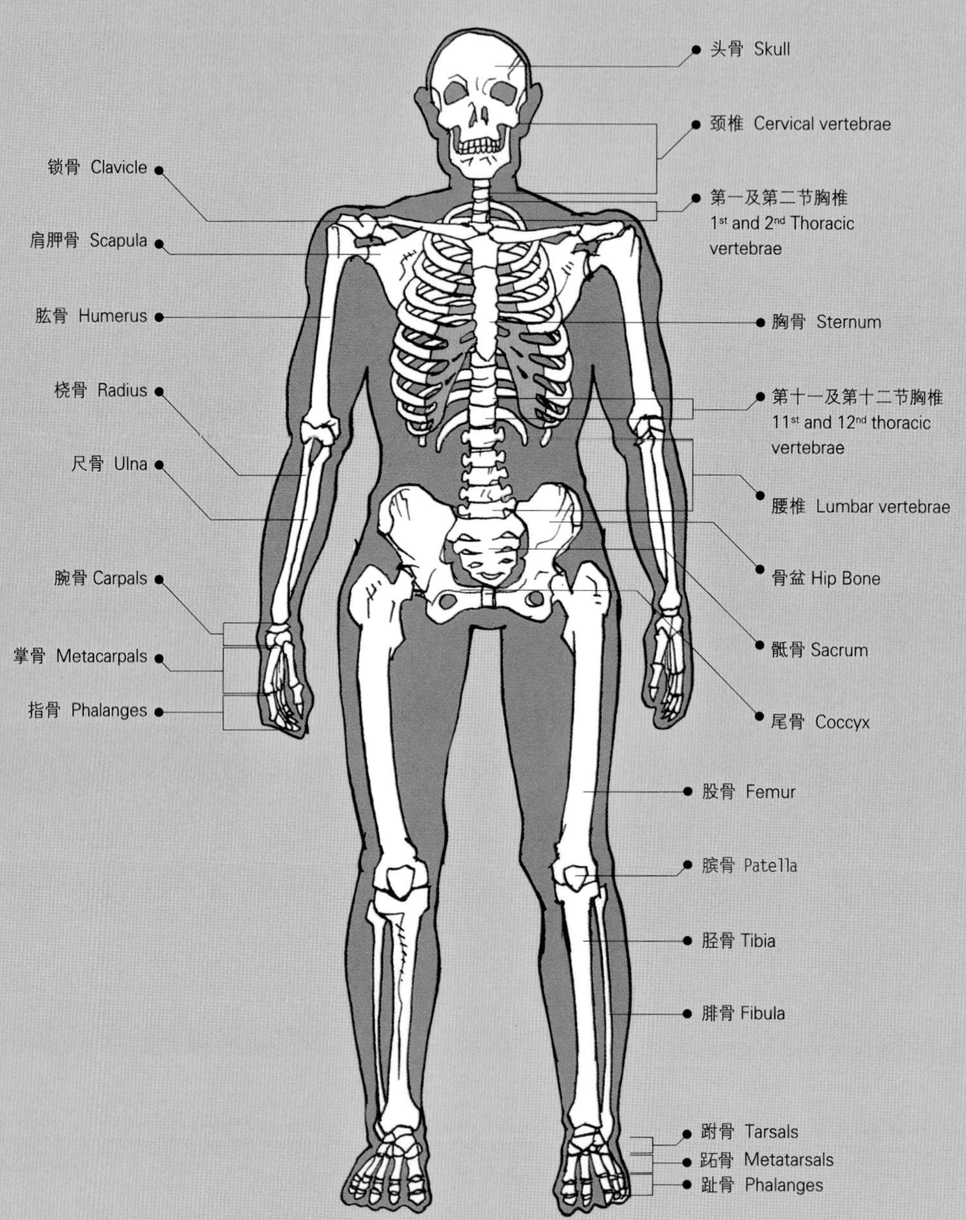
头骨 Skull
颈椎 Cervical vertebrae
锁骨 Clavicle
第一及第二节胸椎
1st and 2nd Thoracic
vertebrae
肩胛骨 Scapula
肱骨 Humerus
胸骨 Sternum
桡骨 Radius
第十一及第十二节胸椎
11st and 12nd thoracic
vertebrae
尺骨 Ulna
腰椎 Lumbar vertebrae
腕骨 Carpals
骨盆 Hip Bone
掌骨 Metacarpals
骶骨 Sacrum
指骨 Phalanges
尾骨 Coccyx
股骨 Femur
膑骨 Patella
胫骨 Tibia
腓骨 Fibula
跗骨 Tarsals
跖骨 Metatarsals
趾骨 Phalanges

4.骨的数目

i) 颅骨29块	a) 脑颅骨8块 b) 面颅骨14块 c) 舌骨1块 d) 听小骨6块
ii) 躯干骨51块	a) 椎骨26块(33块) b) 胸骨1块 c) 肋骨24块
iii) 上肢64块	
iv) 下肢62块	
合计206块或213块	

5.骨的化学成分

i) 氧化钙	CaO	52.83%
ii) 无水磷酸	P_2O_5	38.73%
iii) 二氧化碳	CO_2	5.38%
iv) 氧化镁	MgO	0.48%
v) 氟	F^-	0.47%
vi) 氯	Cl^-	0.21%

6.关节 Joints

骨与骨连结之处称为关节，而骨的结合方法有纤维性连结、软骨和骨性连结（软骨关节）以及滑膜关节三大类。

i) 不动的连结（纤维性连结 Fibrous Joint）

例：颅骨的冠状缝合；桡尺骨间及胫腓骨间的骨间膜。

(a) 缝状连结 Suture

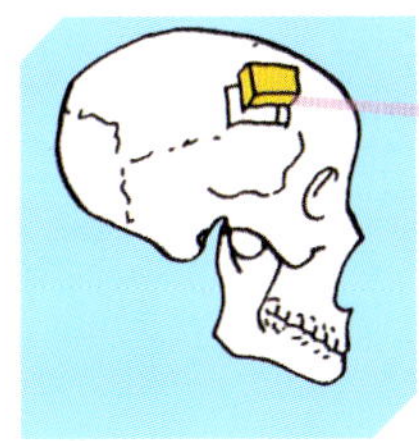

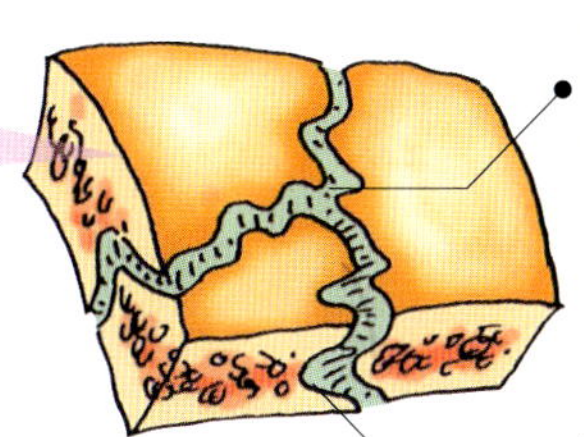

(b) 韧带连结 Syndesmosis

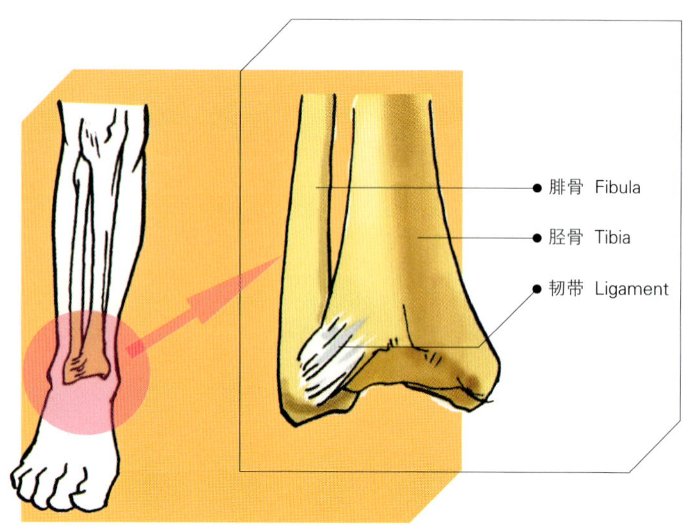

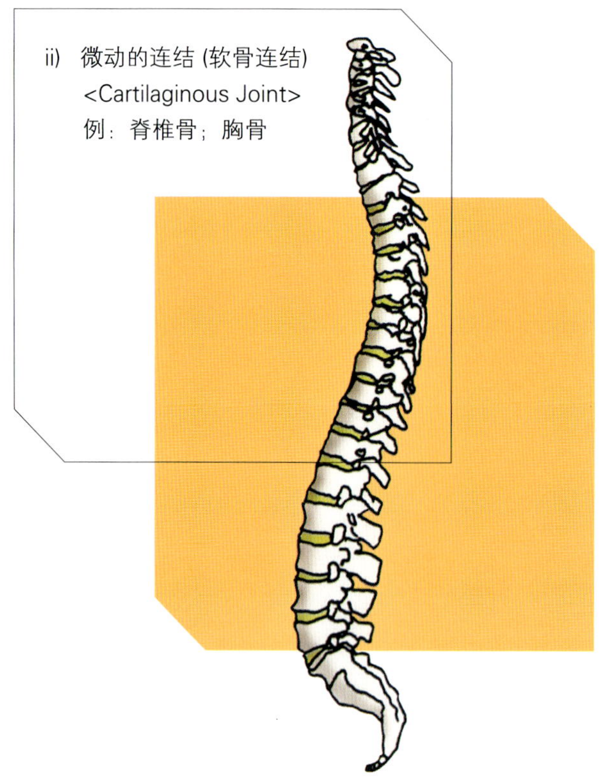

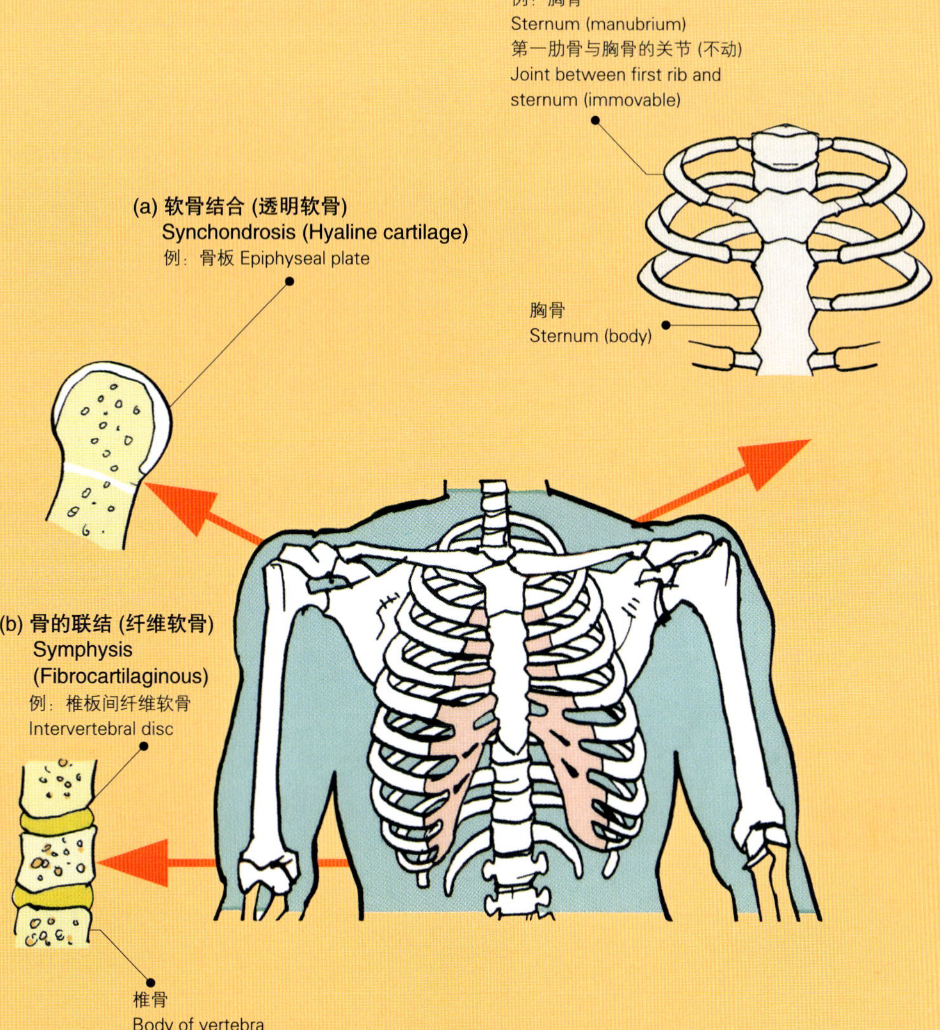
例：胸骨
Sternum (manubrium)
第一肋骨与胸骨的关节 (不动)
Joint between first rib and
sternum (immovable)
(a) 软骨结合 (透明软骨)
Synchondrosis (Hyaline cartilage)
例：骨板 Epiphyseal plate
胸骨
Sternum (body)
(b) 骨的联结 (纤维软骨)
Symphysis
(Fibrocartilaginous)
例：椎板间纤维软骨
Intervertebral disc
椎骨
Body of vertebra

iii) 自由活动的连结（滑液性）<Synovial Joint>

(i) 平面关节 Plane joint

腕骨 Carpals

(ii) 屈戍关节 (铰链) Hinge joint

肱骨
Humerus
尺骨
Ulna

(iii) 轴柱关节 Pivot joint

尺骨
Ulna
桡骨 Radius

(iv) 髁状关节 Condyloid joint

掌骨 Metacarpal
指骨 Phalange

(v) 鞍状关节 Saddle joint

腕骨
Carpals
掌骨 Metacarpal

(vi) 球窝关节 Ball-and-socket joint

肱骨头 Head
of humerus
肩胛骨
Scapula

滑液性关节的结构

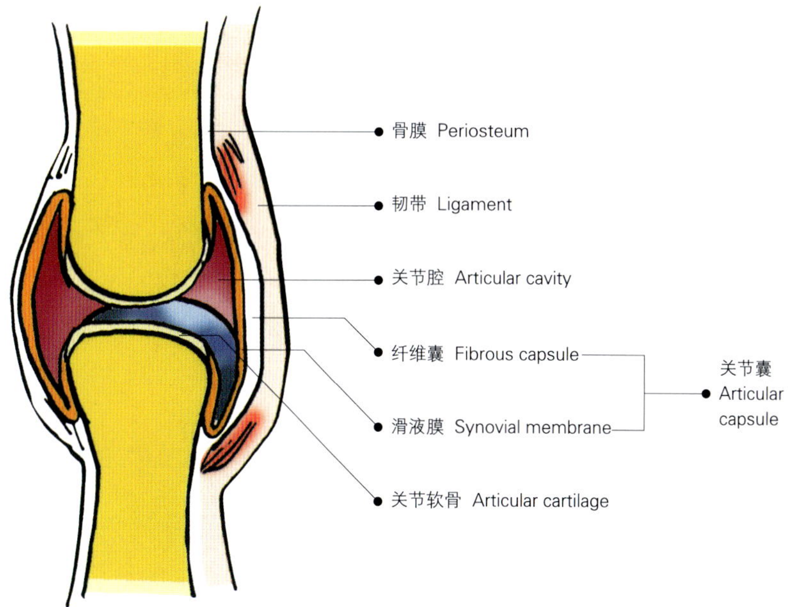

7. 骨骼的结缔组织

a) 韧带 (Ligament) —— 连接骨与骨的组织，提供有限的弹性活动范围及稳定关节。

b) 肌腱 (Tendon) —— 连结骨与肌肉的组织，提供极少的弹性。

c) 软骨 (Cartilage) ——是一层软垫位于关节间，用作减少关节间的摩擦。

d) 肌膜 (Fascia) ——保护及分隔肌肉的一层纤维物质。

肌肉系统

人体肌肉组织可分为三种，分别是平滑肌（Smooth Muscle）、心肌（Cardiac Muscle）和骨骼肌（Skeletal Muscle）。而心肌及平滑肌可称为不随意肌（Involuntary Muscle）；骨骼肌可称为随意肌（Voluntary Muscle）。

	肌肉组织	例子
随意肌	骨骼肌	胸大肌、股直肌、股三头肌
不随意肌	心肌	心脏的构成
	平滑肌	内脏：肾、胃、肺……

本章我们将会重点探讨骨骼肌。

1.肌肉的解剖结构

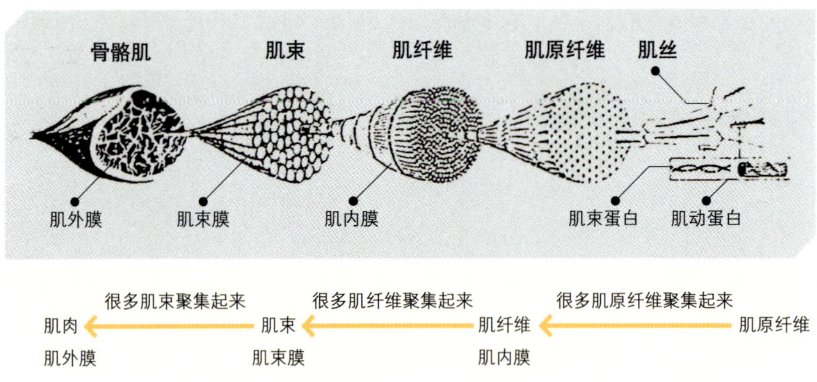

2. 肌肉的结缔组织

a) 肌腱 (Fascia) —— 肌肉的末端，与骨骼相连接的组织。

b) 肌外膜 (Epimysium) —— 骨骼肌的最外层组织。

c) 肌束膜 (Perimysium) —— 有胶原纤维和弹性纤维所组成而包着每束肌束 (Fasciculi) 的衣膜。

d) 肌内膜 (Endomysium) —— 肌束内所包着每个细胞的衣膜。

3. 肌肉的形状 (骨骼肌)

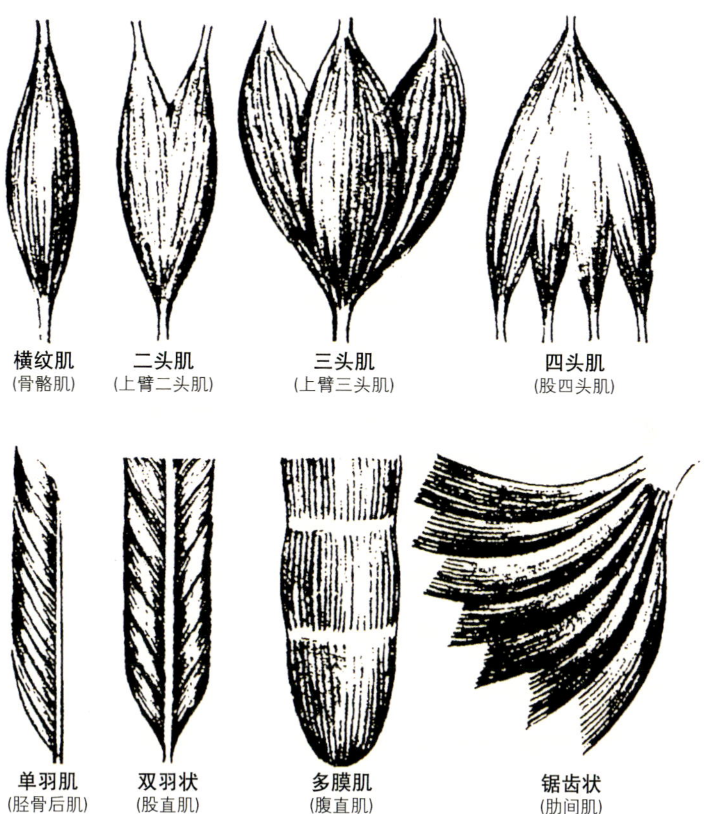

4. 肌肉纤维的种类

骨骼肌主要可分为两类肌肉纤维

i) 慢肌纤维 (slow twitch fibre) (type I)

长时期运动、慢收缩，有氧能量高，简称“红肌”。

ii) 快肌纤维 (fast twitch fibre) (type II)

速度快的运动，易疲倦、无氧能量高，简称“白肌”。

a) Type IIa—利用氧化糖分解产生能量的快肌。
(Fast Oxidative Glycolytic fibre)

b) Type IIb—利用糖分解产生能量的快肌。
(Fast Glycolytic fibre)

5.a 骨骼肌（背视图）SKELETAL MUSCLES (Back View)

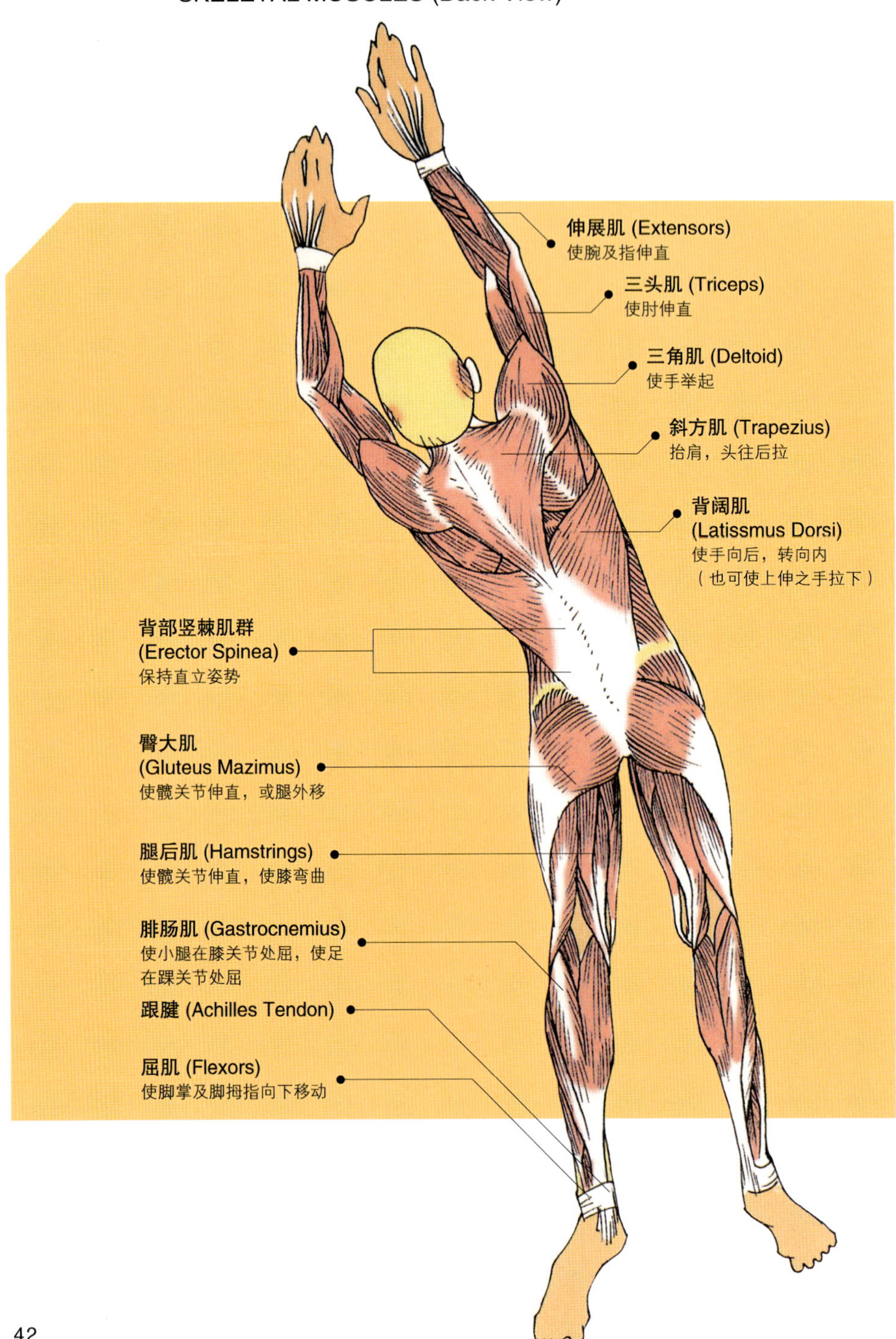

5.b 骨骼肌（前视图）
SKELETAL MUSCLES (Front View)

肌肉附着于骨骼上，相对的肌肉收缩及放松配合时，关节便能活动。

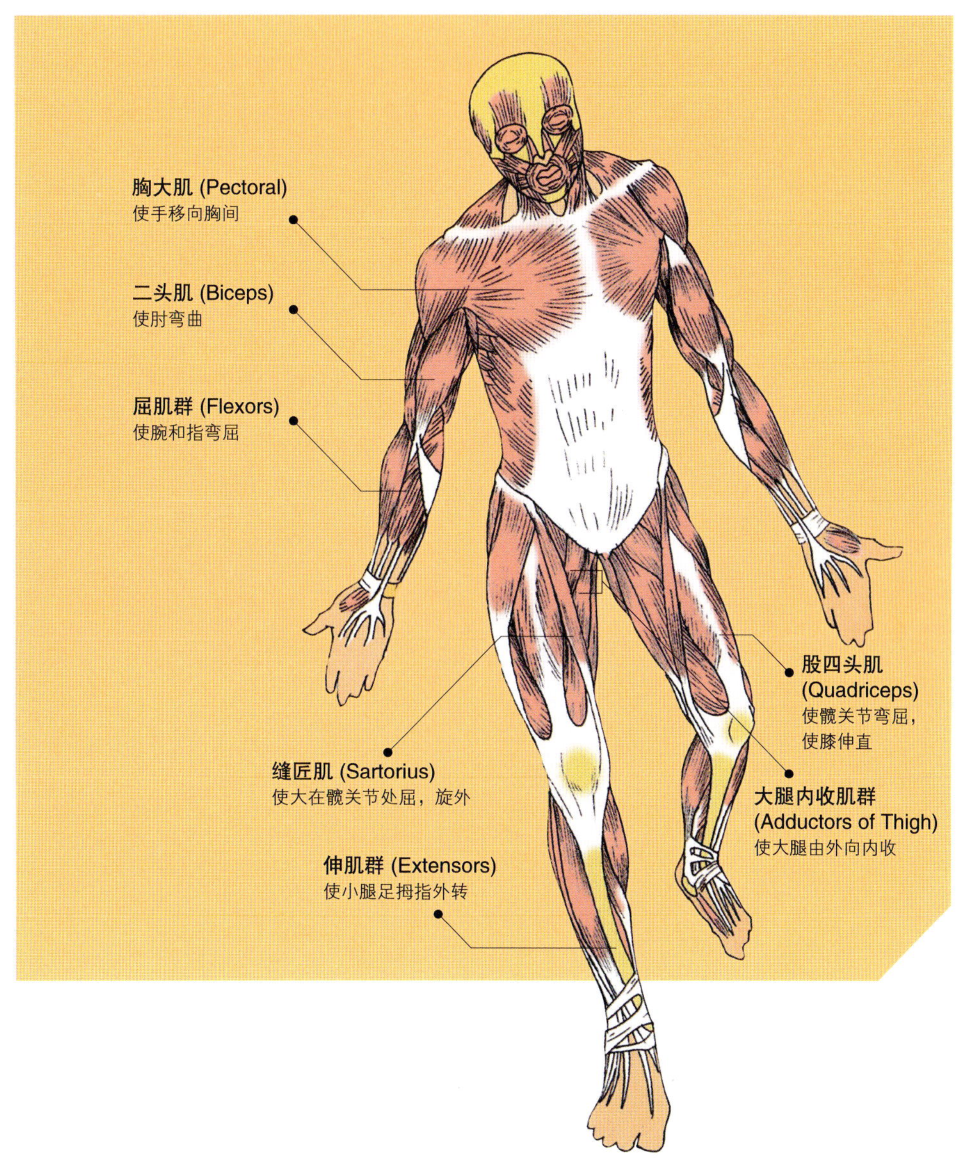

6. 产生各种运动的肌肉群

屈肌群	i)	屈曲 (Flexor)	—— 于关节处产生弯曲运动的肌肉群
伸肌群	ii)	伸展 (Extensor)	—— 于关节处产生伸直运动的肌肉群
外展肌群	iii)	外展 (Abductor)	—— 将肢体移离身体正中线的肌肉群
内收肌群	iv)	内收 (Adductor)	—— 将肢体靠拢身体正中线的肌肉群

7. 肌肉收缩的种类

种类	解述	例子
等张收缩 (Isotonic Contraction)	肌肉收缩时，在整个动作范围(ROM)内，外在阻力不变，但肌肉张力(tension)却不同	■ 以哑铃来做动作
i) 向心 (Contraction)	在相等的阻力下，肌肉的起止点距离缩短	■ 做俯卧撑时，肱三头肌的撑起动作
ii) 离心 (Eccentric)	在相等的阻力下，肌肉的起止点距离拉长	■ 脚着地时，大腿股四头肌的制动
等长收缩 (Isometric Contraction)	肌肉持续收缩，但肌肉产生最大张力；在这种情况下，外在阻力是等同肌肉所产生的力量	■ “拗手腕”时，双方在同一位置争持，二头肌的收缩情况 ■ 推、拉一些不能动弹的物件
等动收缩 (Isokinetic Contraction)	肌肉的起止点距离缩短或增长，在过程中，所有关节角度所产生的张力通常都是最大，但关节角度的转变速度是被固定的	■ Cybex之等速器材
调动阻力收缩 (Dynamic Variable Resistance Contraction)	肌肉的起止点距离缩短或增长，在整个运动的范围内，外在阻力可增可减，以提高对肌肉在不同活动范围的刺激	■ 可调整阻力的健身器械(有Cam滑轮) ■ 水中阻力运动

神经系统 NERVOUS SYSTEM

神经系统与全身各种功能活动的整合 (Integration)、控制 (Control) 有关。

它有 (1) 应激性 (Irritability) ——感受刺激，对内外环境的刺激具接受及反应的能力。(2) 传导性 (Conduction) ——传导兴奋，具传递刺激进出协调中枢 (Co-ordinating center) 的能力。

神经系统
The Nervous System

其中包含 ↓

中枢 (Central part)
—— 大脑 (Brain) 和
脊髓 (Spinal cord)

连接分布在外的神经元 

神经末梢 (Peripheral part)
—— 神经纤维 (Nerve fiber)

→ **感觉 (Sensory) 神经纤维**
—— 将“刺激”由组织或器官传递到大脑或脊髓。

→ **运动 (Motor) 神经纤维**
—— 将冲动由脑或脊髓传至组织或器官

身体的组织或器官

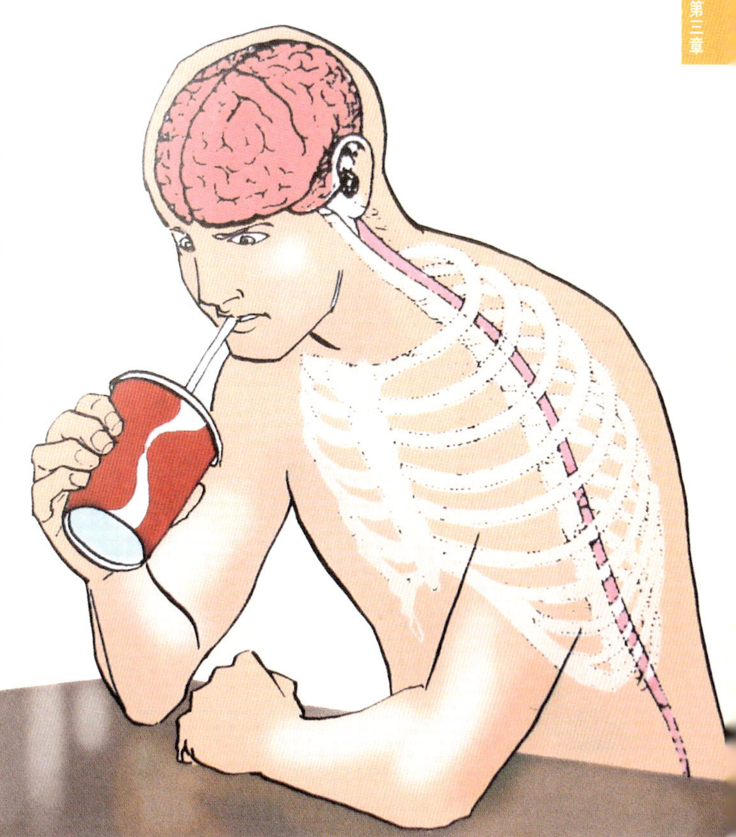

第五节

神经系统（NS）

1. 结构

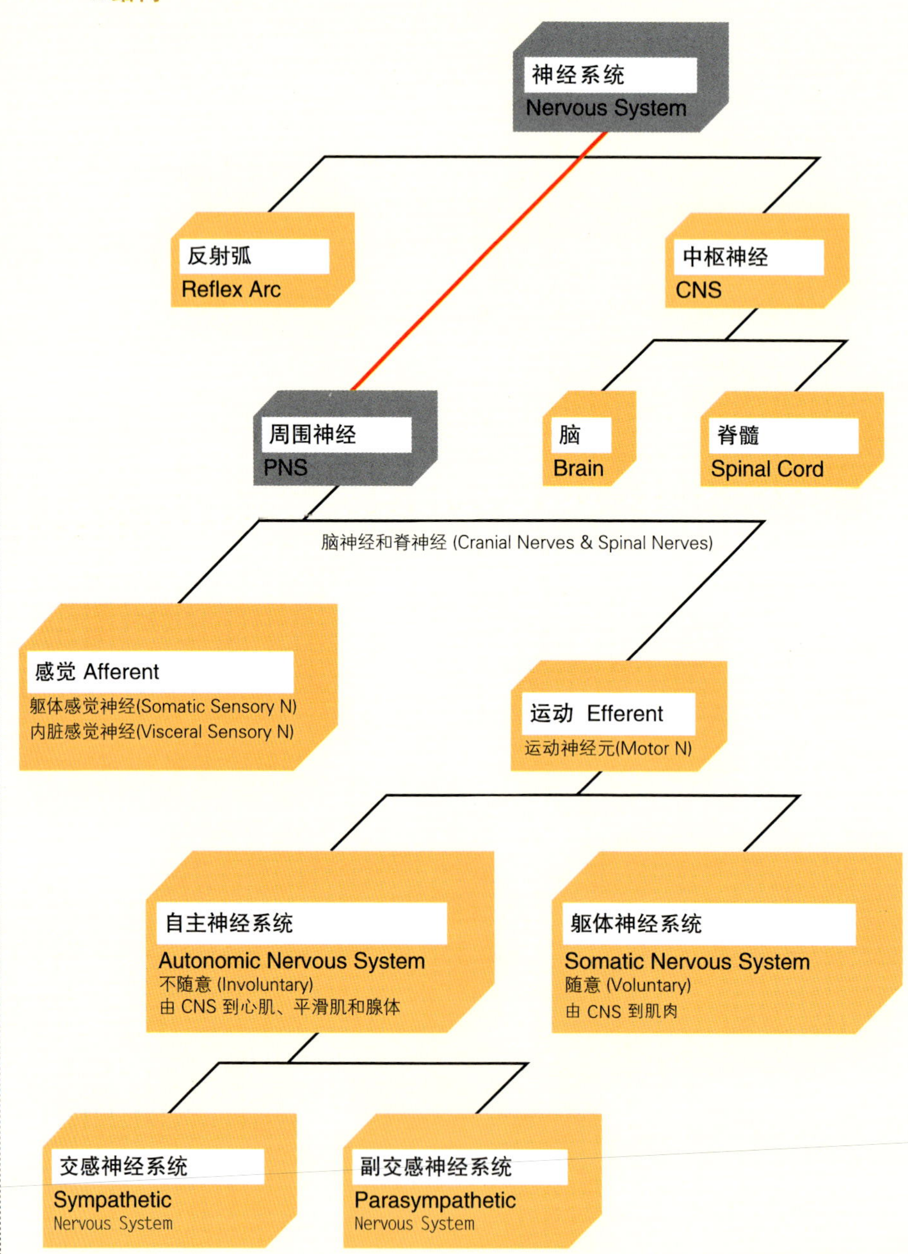

神经系统
Nervous System
反射弧
Reflex Arc
中枢神经
CNS
周围神经
PNS
脑
Brain
脊髓
Spinal Cord
脑神经和脊神经 (Cranial Nerves & Spinal Nerves)
感觉 Afferent
躯体感觉神经(Somatic Sensory N)
内脏感觉神经(Visceral Sensory N)
运动 Efferent
运动神经元(Motor N)
自主神经系统
Autonomic Nervous System
不随意 (Involuntary)
由 CNS 到心肌、平滑肌和腺体
躯体神经系统
Somatic Nervous System
随意 (Voluntary)
由 CNS 到肌肉
交感神经系统
Sympathetic
Nervous System
副交感神经系统
Parasympathetic
Nervous System

2. 功能

神经系统为协调各器官系统活动和适应内外界环境的全部神经装置。由脑和脊髓以至遍布全身各处。

a) 感觉 (Afferent/Sensory) 神经：即“传入神经”。一端连接感受器，另一端与脑或脊髓相连。感受器接受讯息后，将产生的神经冲动传至中枢 (脑或脊髓)，引起感觉。

b) 运动 (Efferent/Motor) 神经：即“传出神经”。根据支配部位不同分为两种：一是躯体运动神经，支配头、颈、躯干及四肢骨骼肌的运动；一是内脏运动神经，支配心肌、平滑肌和腺体的活动。

3. 运动神经网络

人体拥有两套复杂的运动神经网络：

a) 躯体运动（随意）神经系统——是随个体的意愿运动的系统。例：举手的意愿传到中枢神经后，手便可举起。

b) 内脏运动（不随意）神经系统——主要是控制内脏的机能如心脏、消化器官。根据结构和功能特点，内脏运动神经系统通常又分为交感神经系统和副交感神经系统。

交感神经系统——神经纤维分布于平滑肌、心肌和腺体，调节心脏及其他内脏器官的活动，能引起腹腔内脏及皮肤末端血管收缩，使心跳加快和加强、支气管平滑肌舒张、代谢加强、瞳孔开大等。其作用主要是保证人体在紧张状态时的生理需要。

副交感神经系统——能引起心跳减慢、消化腺分泌增加、瞳孔缩小、支气管平滑肌收缩等。交感和副交感神经系统对同一器官的作用既互相拮抗，又互相配合。

呼吸系统

1. 结构

所有活性细胞需从周围的组织液中摄取氧气 (Oxygen)，及排出二氧化碳 (Carbon Dioxide)。

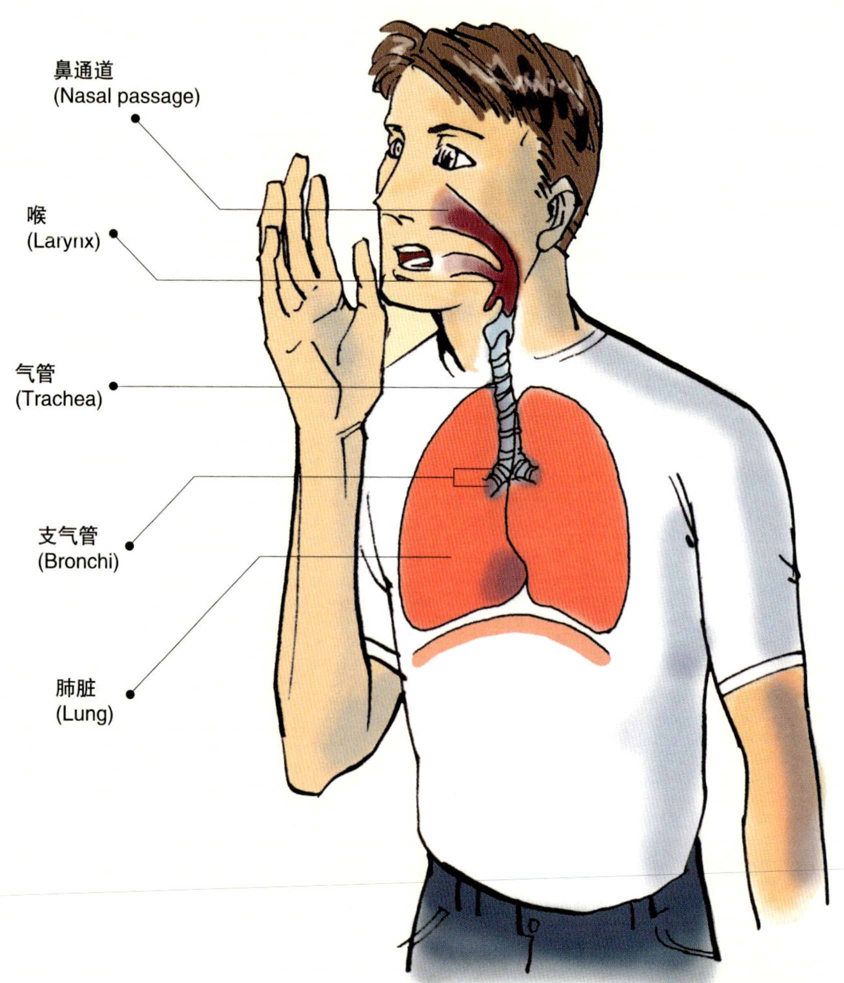

2. 呼吸运动

吸气 — 主动地把横膈膜收缩向下推，让外间空气进入肺内，是呼吸作用中的最初步过程。

呼气 — 横膈膜无抵抗地（被动地）放松，而肋骨轻微下移，使胸腔压增大，令气体从肺内排出体外。

3. 两个呼吸阶段

i) 外呼吸 (External Respiration)：借助呼吸器官的活动，外界空气与肺循环血液进行气体交换。它包括外界空气与肺泡之间的气体交换以及肺泡与肺循环血液之间的气体交换两个过程。

ii) 内呼吸 (Internal Respiration)：体循环血液通过组织液与组织细胞之间的气体交换。血液供给组织细胞代谢所需的氧气，同时吸收组织细胞代谢所产生的二氧化碳。

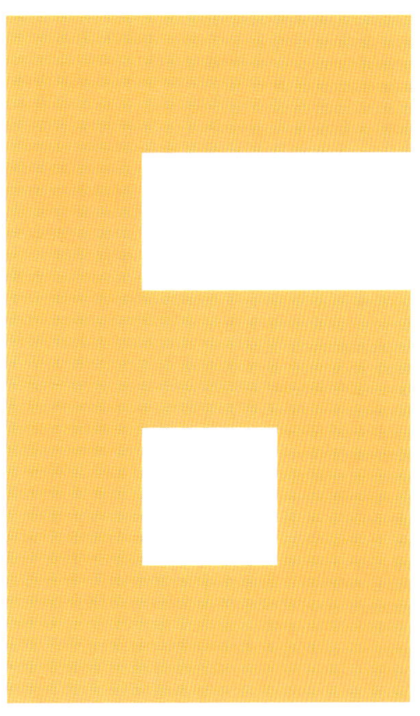

4. 瓦耳萨耳瓦氏反应（Valsalva Maneuver）

举起重物时，喉部紧闭，产生呼气努力（expiratory effort），腹部肌肉同时收缩。由于气体无法排出，胸内压上升，静脉血回流心脏受阻，此时静脉压上升，动脉压下降。放下重物后，原先潴留于静脉的血液迅速回流心脏，心输出量也大增，此时收缩压（Systolic Blood Pressure）可能上升至平时的两倍，此现象称为 Valsalva 现象。

5. 第二次呼吸（Second Wind）

许多人做运动时，在开始阶段会觉得呼吸困难，并且感到辛苦和气促。然而，在运动了一段时间后，身体突然感到呼吸恢复顺畅，辛苦和气促的感觉亦消失了。这现象称为第二次呼吸。其发生的可能原因如下：

i) 在运动的开始阶段，呼吸调整较慢，因而出现呼吸困难、一侧胸痛（side stitch）的感觉。其后呼吸循环系统逐渐适应，呼吸困难和胸痛的现象便逐渐消除。

ii) 运动开始后，身体内血液流动开始产生变化，血液开始由内脏流往工作肌，这种血液流动和重新分配的过程，会将运动开始时所累积的乳酸，借氧化作用清除掉。所以，身体对运动的感觉，便恢复顺畅了。

心血管系统 Cardiovascular System

循环系统 (circulatory system) 是封闭的管道系统，包括心血管系统和淋巴系统两部分，心血管系统是一个完整的循环管道，其内流动着血液，由心脏、动脉、毛细血管和静脉组成，淋巴循环系统由毛细淋巴管、淋巴管、淋巴结和淋巴组织组成，是一个单向的循环管道，其内流动着淋巴液，最后导入静脉，可视为静脉系的辅助系统。循环系统主要机能是将消化吸收的营养物质和肺吸收的氧气运送到全身各器官、组织和细胞，协助新陈代谢，并将它们的代谢产物如二氧化碳、尿素等运送到肺、肾和皮肤等排泄器官，排出体外。保证人体新陈代谢的正常进行。此外，内分泌腺分泌的激素，也借循环系统输送至相应的器官、组织、细胞，以调节其生理机能。淋巴系的淋巴结和其他淋巴组织还能产生淋巴细胞和抗体，参与机体的免疫机能。所以，循环系统对维持人体内环境的相对稳定，如酸碱平衡和电解质平衡等起着重要作用。

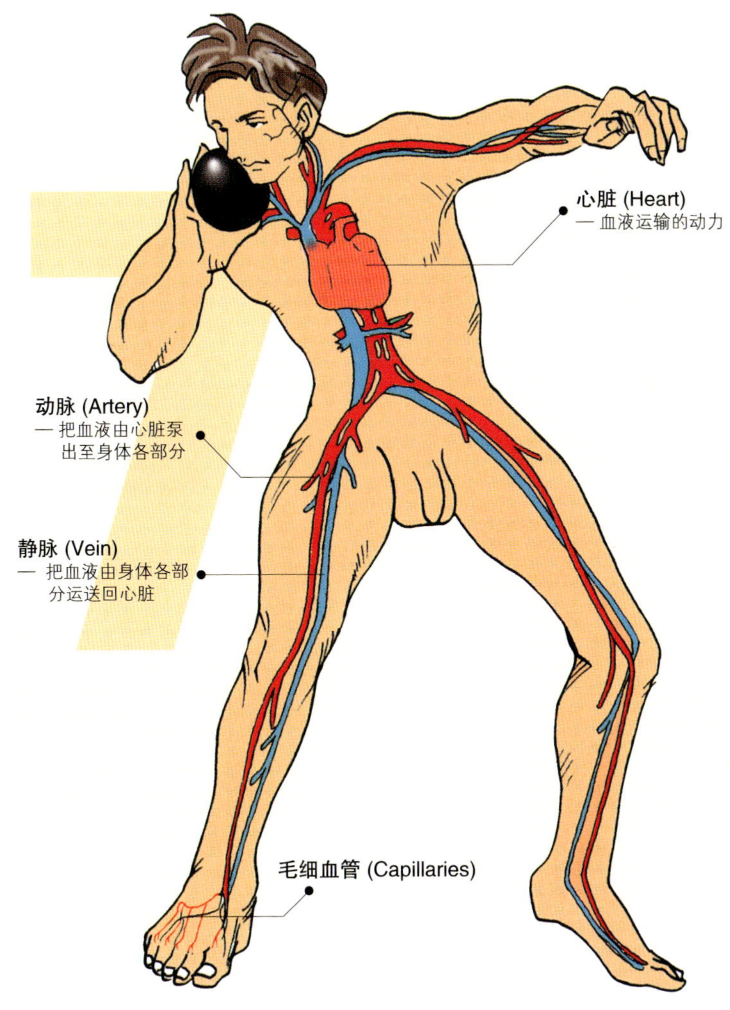

名词解释

心脏——构造包括四个腔室，上方两个称为心房，下方两个称为心室，心房之间及心室之间有肌肉加以分隔（称房间瓣和室间瓣）。这种分隔，使心脏的运作形同两个管子一样。心房与心室之间有瓣膜的构造（房室瓣），可以防止血液逆流。

血管——血管可分为动脉 (Artery)、静脉 (Vein) 及毛细血管 (Capillary)。动脉分支为微动脉(Arterioles) (最细的小动脉)，再分支为毛细血管，而毛细血管以漏斗形式汇合成微静脉 (Venules），微静脉汇聚成有单向瓣膜的大静脉。

心率 (Heart Rate) ——心脏在一分钟内跳动的次数 (bpm)。

每搏输出量 (Stroke Volume) ——一侧心室每次收缩时所射出的血量。

每分钟输血量 (Cardiac Output) $\dot{Q}$——每分钟左心室射入主动脉的血量。

血压 (Blood Pressure) ——血压多为体循环中的动脉血压，是在有足够的血液充满血管的前提下，由心室收缩射血、外周阻力和大动脉弹性的协同作用产生的。血压因个人的年龄、性别、遗传及生理状况而有所不同，平均血压大概为120/80毫米水银柱。

收缩压 (Systolic Blood Pressure) ——心脏收缩时，血液射入主动脉时动脉管壁所受到的压力。测量血压时数值较高者。

舒张压 (Diastolic Blood Pressure) ——心脏舒张时，动脉管壁弹性回缩压迫血液继续流动，此时动脉管壁所受的压力。测量血压时数值较低者。

* 以下公式可表达 $\dot{Q}$, S.V. 及 HR 的关系：

$$\dot{Q} = HR \times S.V.$$

心脏 HEART

人类心脏活像两个互相配合的泵 (Double Pump) —各自分离，却又共同合作。

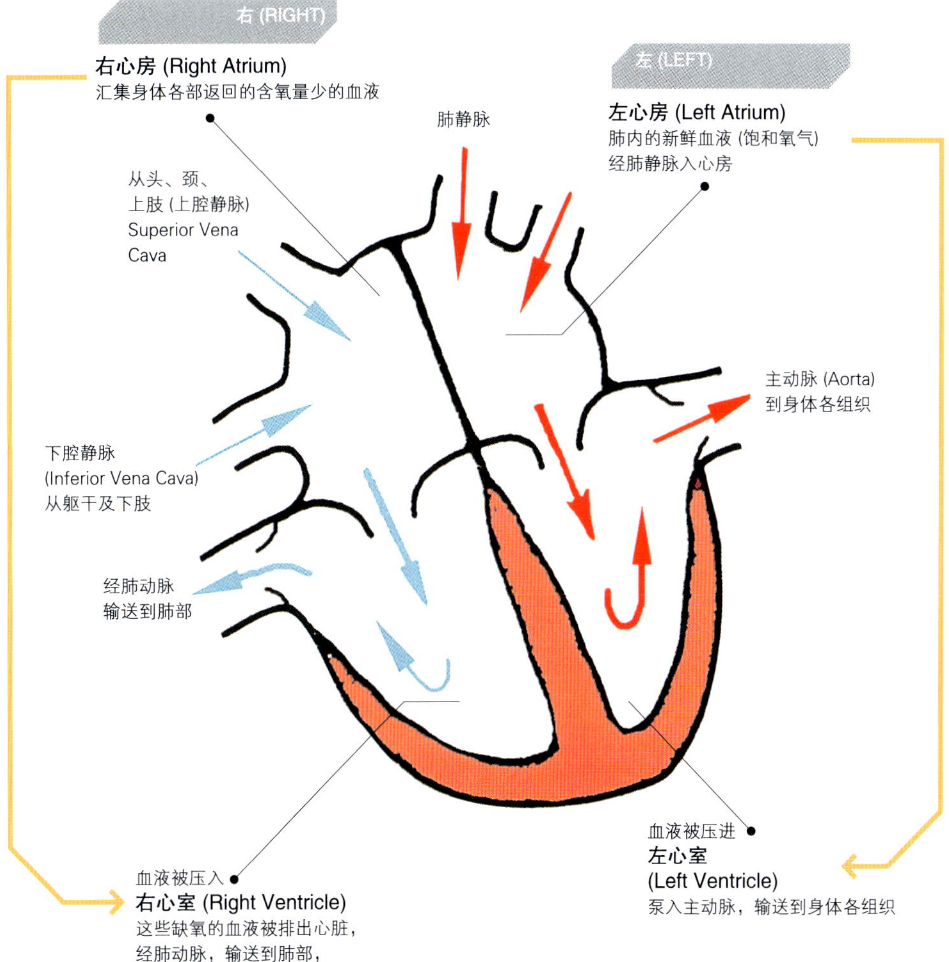

第三章

心动周期 (CARDIAC CYCLE)

当一次心跳时，心脏所发生的一系列变化 (如示图)

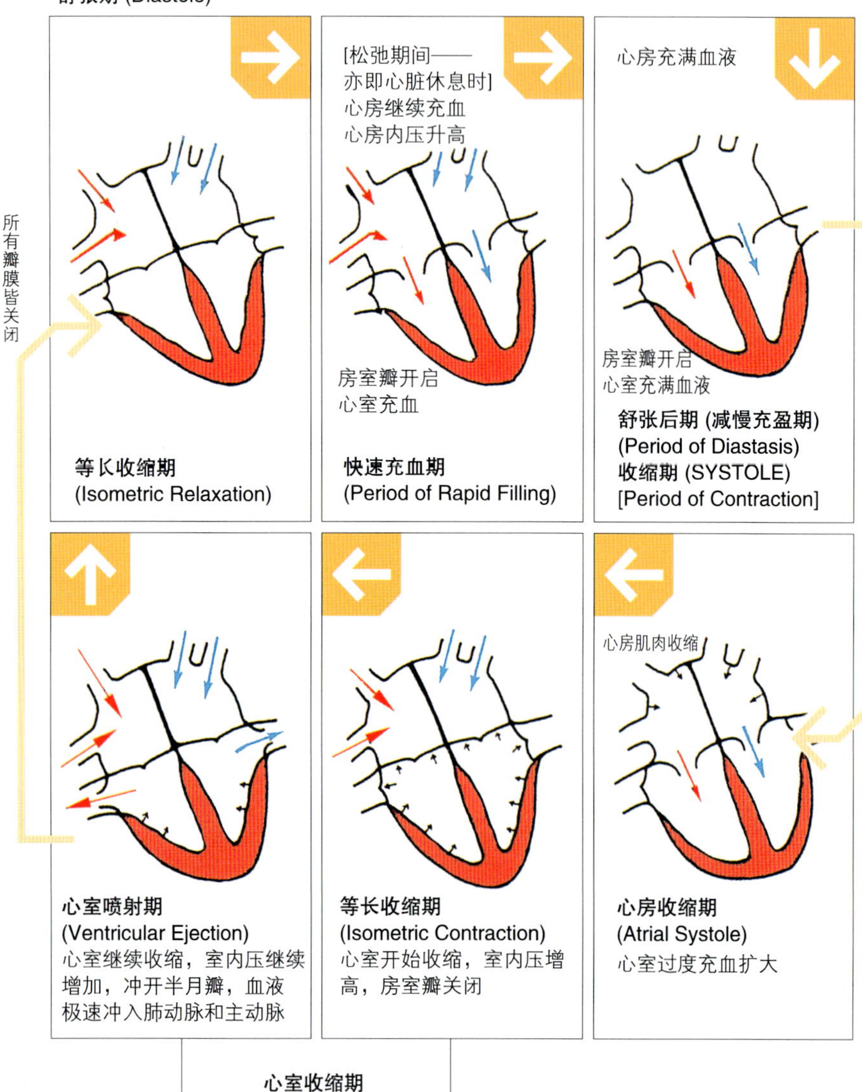

当心跳每分钟75次时整个周期历时0.8秒

血液循环的一般路径

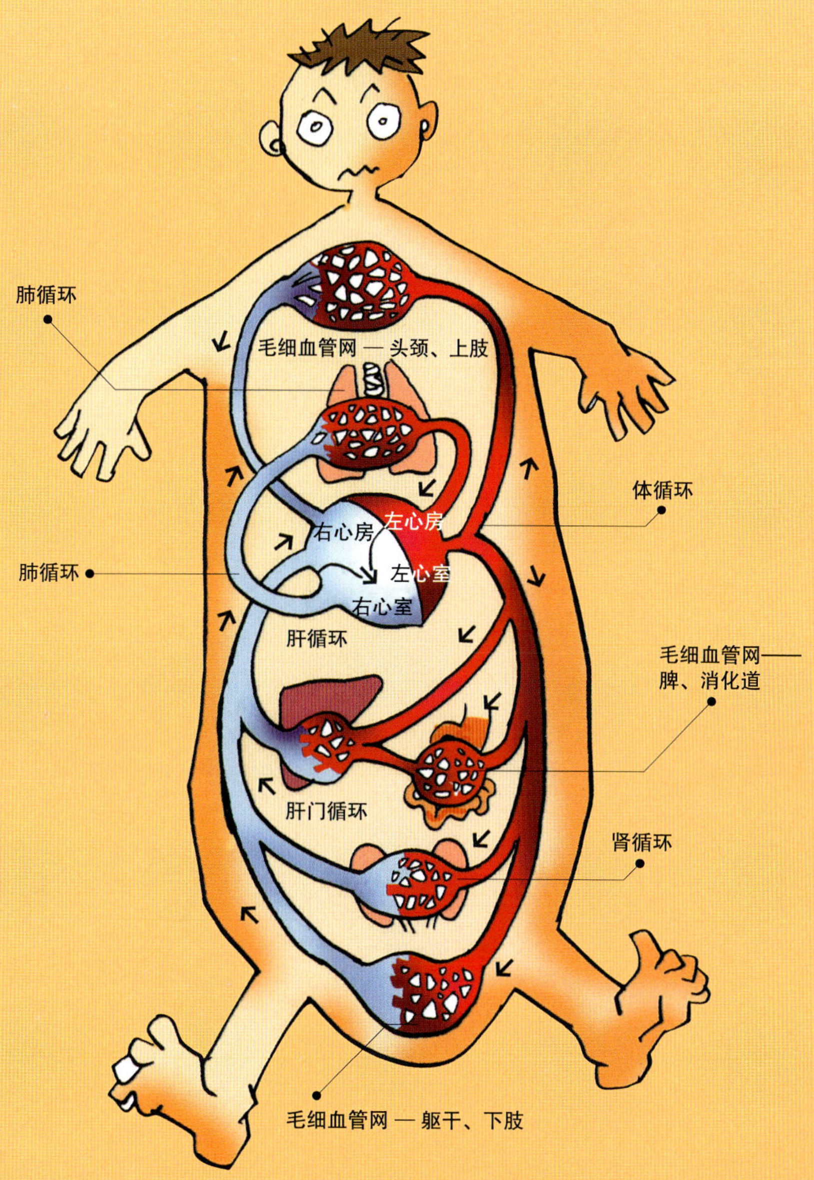

肺循环
毛细血管网 — 头颈、上肢
体循环
左心房
右心房
肺循环
左心室
右心室
肝循环
毛细血管网——
脾、消化道
肝门循环
肾循环
毛细血管网 — 躯干、下肢

消化系统 Digestive System

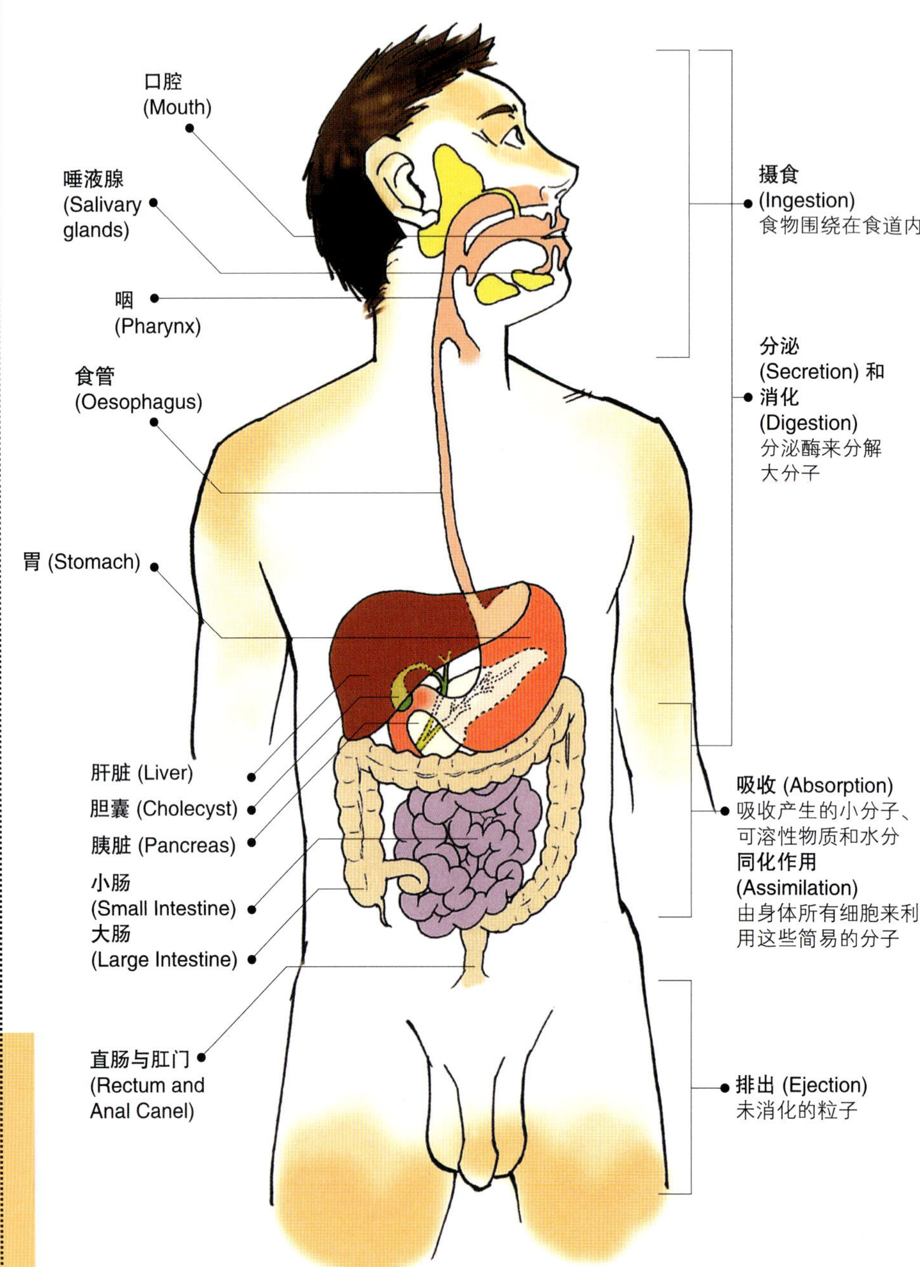
口腔
(Mouth)
唾液腺
(Salivary glands)
咽
(Pharynx)
食管
(Oesophagus)
胃 (Stomach)
肝脏 (Liver)
胆囊 (Cholecyst)
胰脏 (Pancreas)
小肠
(Small Intestine)
大肠
(Large Intestine)
直肠与肛门
(Rectum and Anal Canel)
摄食
(Ingestion)
食物围绕在食道内
分泌
(Secretion) 和
消化
(Digestion)
分泌酶来分解大分子
吸收 (Absorption)
吸收产生的小分子、可溶性物质和水分
同化作用
(Assimilation)
由身体所有细胞来利用这些简易的分子
排出 (Ejection)
未消化的粒子

排泄系统 Excretory System

肾脏与呼吸系统及皮肤同具排泄功能，而肾脏 (KIDNEYS) 为身体最主要排泄器官。在左心室输出的血液，其中25%均会经由肾脏过滤。

肾脏排泄新陈代谢的废物，调节体内消耗的水分及电解质，以保持体液量及体液组成的稳定。

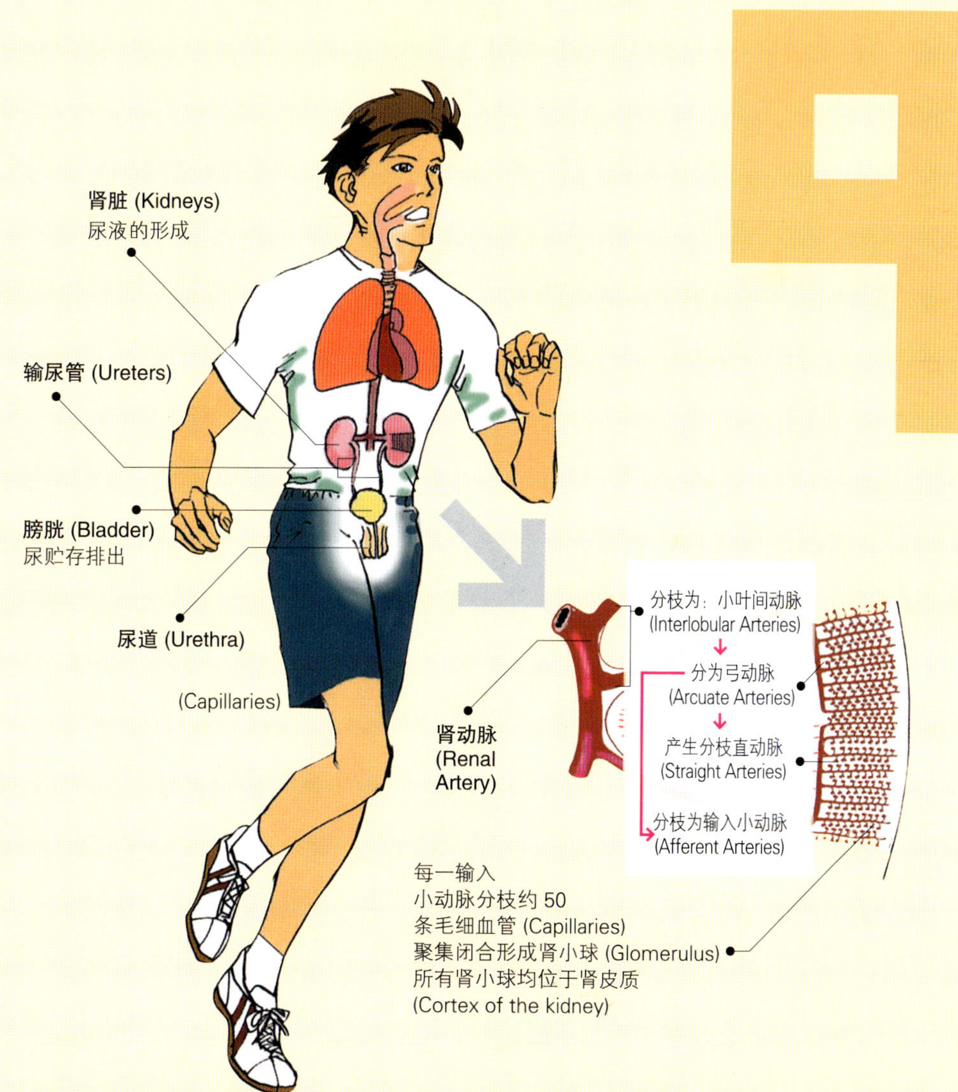

生殖系统

男性生殖系统 MALE REPRODUCTIVE SYSTEM

第一性器官Primary Sex Organs
睾丸 (2个) (Testis)
可产生精子 (Spermatozoa)
以及分泌男性激素——雄激素 (Testosterone)

雄激素在青春期负责发展第二性器官 (Secondary Sex Organs):

1. 副睾 (Epididymis) (2个)
2. 输精管 (Vas Deferens) (2个)
   ——从睾丸输送精子
3. 精囊 (Seminal Vesicles) (2个)
4. 前列腺 (Prostate Gland)
   ——分泌液体介质以便输送精子
5. 阴茎 (Penis) ——从男性输送精子到女性处

以及显现出第二性征 (Secondary Sex Characteristics):

1. 咽部改变——声音低沉
2. 长出阴毛、腋毛和面部胡须
3. 男性体格特征

10

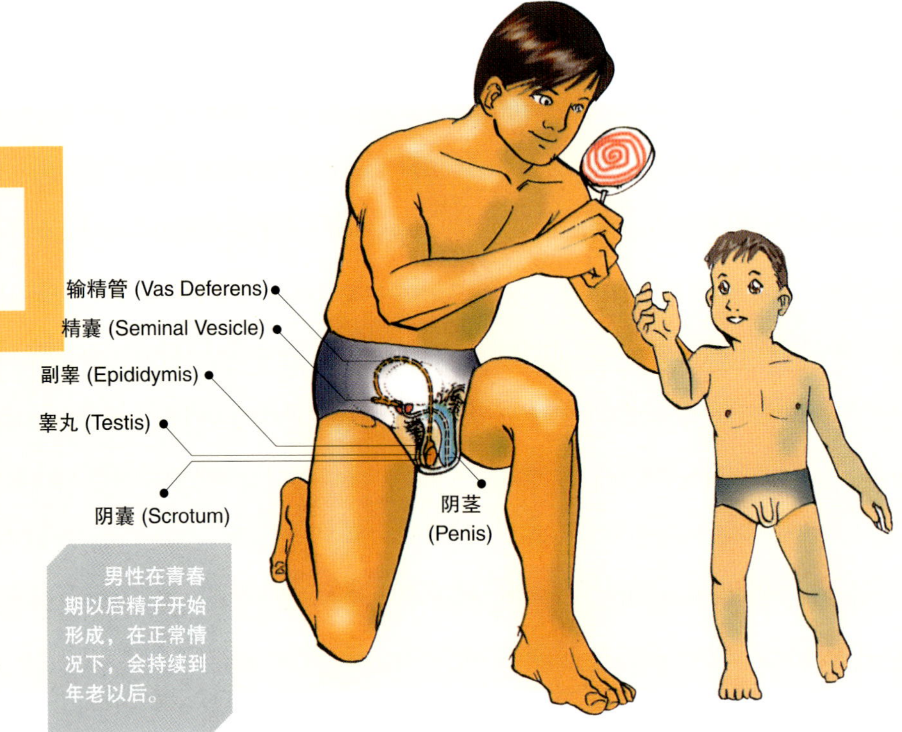

男性在青春期以后精子开始形成，在正常情况下，会持续到年老以后。

女性生殖系统 FEMALE REPRODUCTIVE SYSTEM

第一性器官 (Primary Sex Organs)
卵巢 (Ovary) (2个)
可生成女性的生殖细胞——卵子 (Ova)和
女性激素——雌激素 (Estrogen) 和
黄体激素 (Progesterone)

雌激素和黄体激素在青春期负责发展第二性器官 (Secondary Sex Organs)：

1. 输卵管 (Fallopian Tubes) (2个) ——将卵子从卵巢输出，并提供卵子受精的地方
2. 阴道 (Vagina)——接受精子
3. 子宫 (Uterus)——提供受精卵营养和发育——而形成胚胎 (embryo)
4. 乳腺 (Mammary Glands) (2个)——生产后，提供新生命所需要的营养

以及显现出第二性征 (Secondary Sex Characteristics)：

1. 乳房的发育
2. 腋毛和阴毛的生成
3. 典型的女性身段

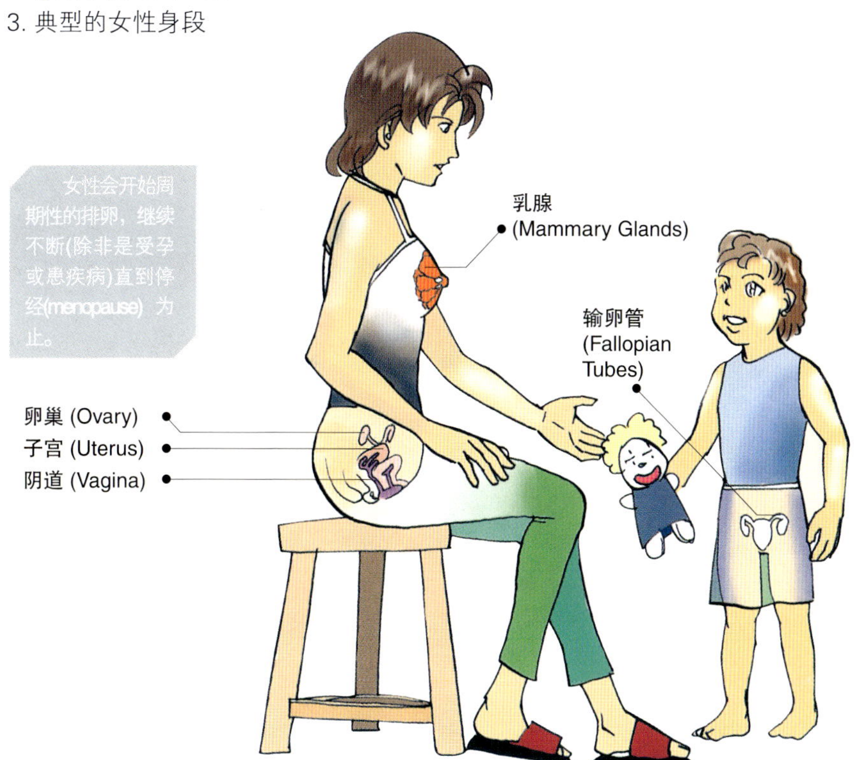

内分泌系统 Endocrine System

内分泌腺
(Ductless Glands)
分泌激素 (Hormones)
进入全身循环 (General Circulation)的血流中，以激起或抑制其他组织或器官的活动。

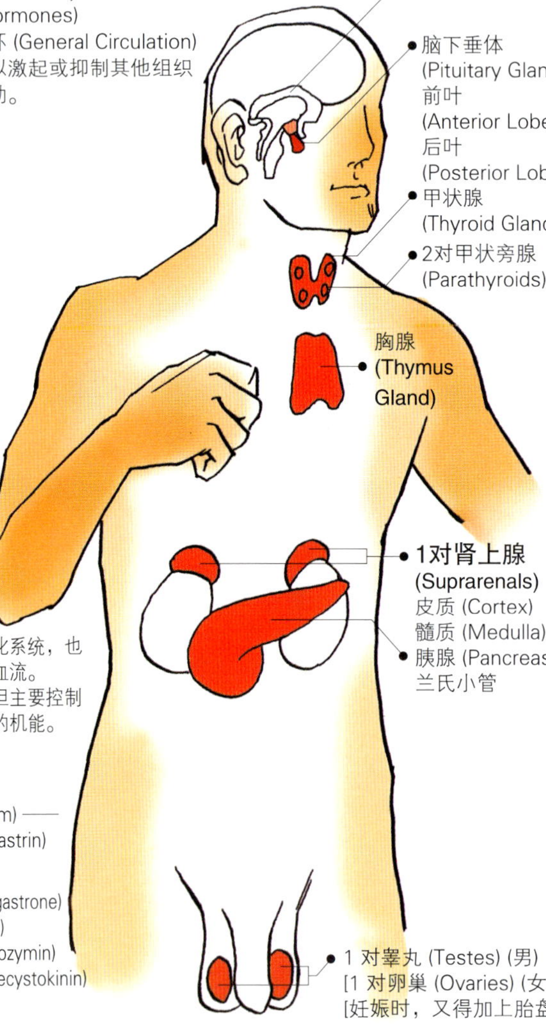

下丘脑 (高级指挥系统)
(Hypothalamus)

脑下垂体
(Pituitary Gland)
前叶
(Anterior Lobe)
后叶
(Posterior Lobe)

甲状腺
(Thyroid Gland)

2对甲状旁腺
(Parathyroids)

胸腺
(Thymus Gland)

1对肾上腺
(Suprarenals)
皮质 (Cortex)
髓质 (Medulla)

胰腺 (Pancreas)
兰氏小管

1 对睾丸 (Testes) (男)
[1 对卵巢 (Ovaries) (女)]
[妊娠时，又得加上胎盘]

腺体的分泌与全身各处的各种过程相配合，协调一致诸如:

新陈代谢
Metabolism
生长
Growth

保持内环境的稳定
Homeostasis

抵抗精神压力和生殖作用

直接分泌到血液(或淋巴液)，运至全身

有些系统，如消化系统，也会分泌激素流入血流。虽亦循环全身，但主要控制其本身系统局部的机能。

消化系统
(Digestive System)
胃：胃泌激素 (Gastrin)

小肠
肠抑胃素 (Enterogastrone)
分泌素 (Secretine)
促胰液素 (Pancreozymin)
胆囊收缩素 (Cholecystokinin)

肾脏
如红细胞生成素 (Erythropoietin)
肾素 (Renin)
1：25 DH

虽然所有内分泌腺 (Endocrine Gland) 皆具特殊功能，但均相关联；任一腺体活动过多或不足都会影响整个系统。

淋巴系统 Lymphatic System

淋巴系统是与血液循环系统一起运作的。当血液循环系统把富含氧气和养分的血液从大动脉 (Aorta) 经小动脉输送到毛细血管时，因管道越收越窄，且管壁变薄，所以部分血浆携着氧气和养分渗出毛细血管壁进入组织间隙，成为组织液(Tissue Fluid)。这些氧气和养分继而渗入细胞内，而细胞产生的代谢废物亦同时渗出组织液中。较小的分子则通过小静脉，经静脉带走，而较大的分子如蛋白质、细菌、病毒、废物及过多的水分便渗入每条毛细血管互相缠绕的淋巴毛细管 (Lymphatic Capillaries)，再经淋巴管 (Lymph Vessels) 至淋巴结 (Lymph Node)。在淋巴结内，淋巴液得到过滤、净化后可以对抗外来细菌。来自下肢及左半身的淋巴液汇集于胸管 (Thoracic Duct)；而来自头、颈、胸及手的右半身淋巴液则汇集于右淋巴总管 (Right Lymphatic Duct)，再入右锁骨下静脉 (Right Subclavian Vein)，连同胸管的淋巴液一起流入上腔大静脉 (Superior Vena Cava)，再回流至右心房，最后完成整个血液循环过程。

血液循环系统及淋巴系统关系图

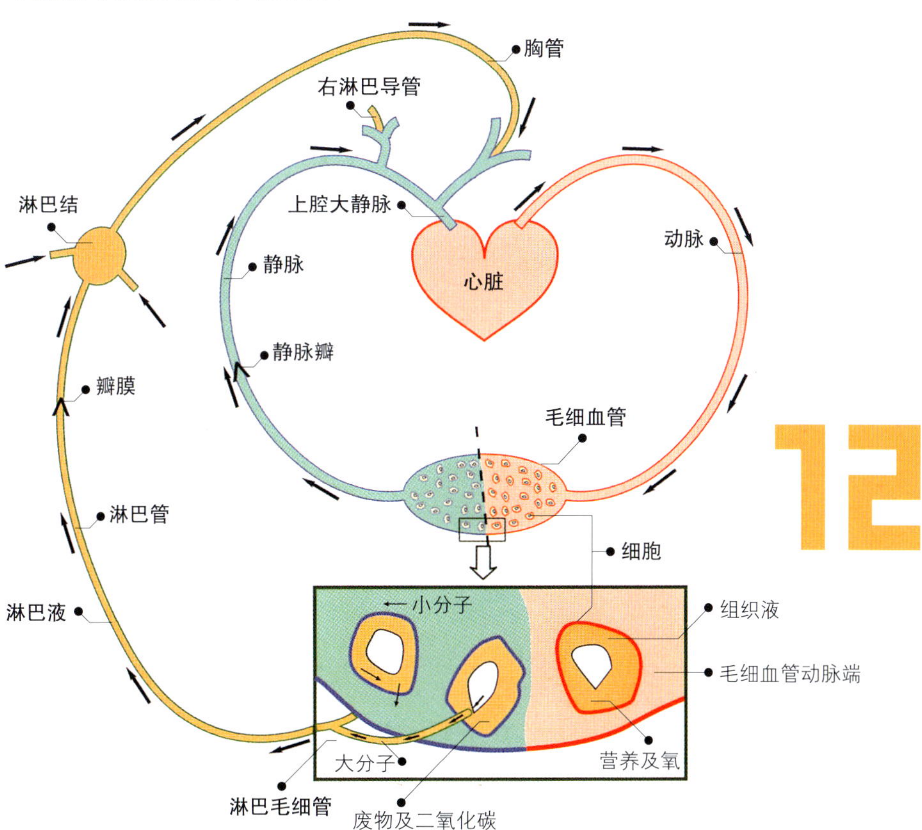

血液循环系统及淋巴循环系统关系图表

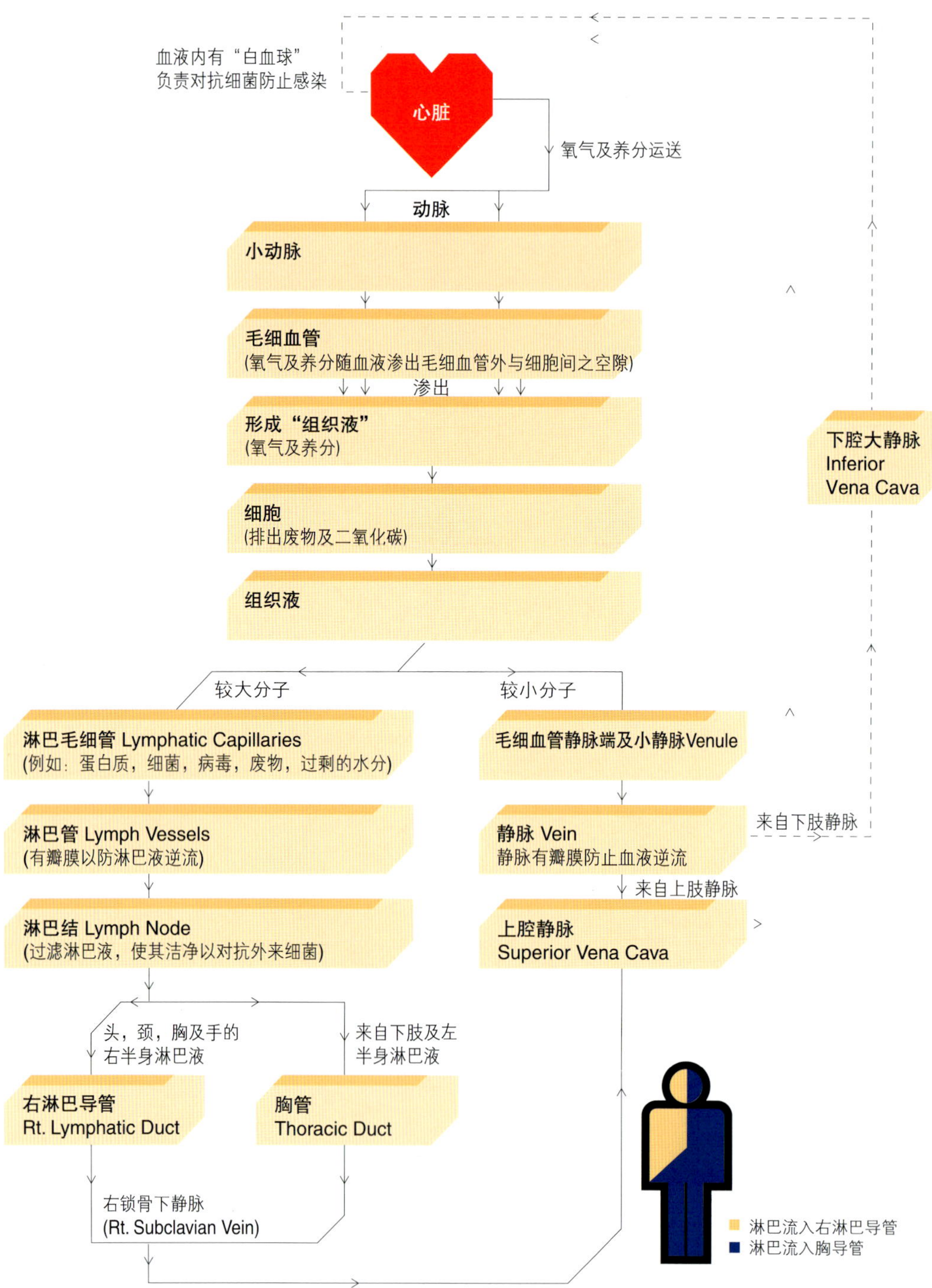
血液内有“白血球”
负责对抗细菌防止感染
心脏
氧气及养分运送
动脉
小动脉
毛细血管
(氧气及养分随血液渗出毛细血管外与细胞间之空隙)
渗出
形成“组织液”
(氧气及养分)
细胞
(排出废物及二氧化碳)
组织液
较大分子
较小分子
淋巴毛细管 Lymphatic Capillaries
(例如：蛋白质，细菌，病毒，废物，过剩的水分)
淋巴管 Lymph Vessels
(有瓣膜以防淋巴液逆流)
淋巴结 Lymph Node
(过滤淋巴液，使其洁净以对抗外来细菌)
头，颈，胸及手的
右半身淋巴液
来自下肢及左
半身淋巴液
右淋巴导管
Rt. Lymphatic Duct
胸管
Thoracic Duct
右锁骨下静脉
(Rt. Subclavian Vein)
毛细血管静脉端及小静脉Venule
静脉 Vein
静脉有瓣膜防止血液逆流
来自下肢静脉
来自上肢静脉
上腔静脉
Superior Vena Cava
下腔大静脉
Inferior
Vena Cava
淋巴流入右淋巴导管
淋巴流入胸导管

参考文献

1. 杨伟基译 (1990) . 运动能力的解剖基础. 国立台湾师范大学体育学会出版.
2. 施俊雄，沈庆村原，陈长安编译 (1987). 图解生理学. 国立台湾大学医学院. 合记图书出版社.

第三章

第四章

运动生理学

为什么有很多人从不运动，或者开始了运动计划但不到一个月便放弃呢？这是由于他们对自己身体的功能，运动时身体的生理反应及运动如何使身体功能改进等缺乏足够认识所致。因此，本章将概述运动时，身体所作出的适应及变化。

身体对运动的适应

身体对运动的适应可分为急性反应 (Acute Responses) 及慢性适应 (Chronic Adaptations) 两种。

1. 急性反应：因运动而使身体在功能上作出的突然和短暂的转变，而这些转变会在运动停止后，很快恢复。
2. 慢性适应：指人体经长期运动或训练后，身体在结构或功能上发生了持久的改变，得以适应该运动或训练的需要。

下表是身体各系统对运动所产生的急性反应和慢性适应。

系统	短期反应	慢性适应
骨骼	■ 无显著的即时变化	■ 增加肌腱强度
		■ 增加关节中软骨厚度
		■ 关节表面胶原纤维增多、增厚以加强保护
		■ 在身体需要时，可增加骨髓中红细胞及白细胞的生成能力
		■ 增加骨密度
		■ 减少退化性骨质疏松症 (Osteoporosis) (其病因可能是遗传、缺乏运动、钙质流失等)

表 4.1

系统	短期反应	长期适应
肌肉	■ 增加肌肉细胞的能量 (ATP) 生成	■ 提高肌肉力量及耐力
	■ 提高肌肉温度	■ 肌肉增粗
	■ 增加运动肌肉的血流量	■ 参与供血的血管增多、增粗
		■ 最大摄氧量 ($\dot{V}O_2max$) 提高
		■ 产生能量所用的燃料会由以碳水化合物为主，渐变以脂肪为主
		■ 肌纤维横切面面积改变： a. 有氧训练 – 慢肌 b. 无氧训练 – 快肌
神经	■ 无显著的即时变化	■ 缩短反应时间
		■ 运动感增强
		■ 减少交感神经的不随意活动
心血管	■ 心输出量 (Cardiac Output) 增加 (可由5 →25升/分钟)	■ 安静心率下降 (约训练后6～8周才出现)
	■ 心率 (Heart Rate)增加 (可由70 →200bpm)	■ 安静血压下降或正常化
	■ 内脏血流量减少 (例如：肝、胃、肾等)	■ 心室容量增加
	■ 工作肌肉血流量增加 (例如：心脏肌及骨骼肌)	■ 总血量增加
	■ 由于工作肌肉收缩对其静脉产生按摩作用，因此静脉血量回流增加	■ 心肌增厚及收缩力量增加
	■ 以一个健康成年人为例，收缩压上升而舒张压则维持或微升降	■ 运动后心率恢复加快
	■ 在瓦耳萨瓦耳氏现象下，心脏供血减少	
	■ 聚集在工作肌的血量 (Blood Pooling) 增加，且剧烈运动后，如缺乏放松运动而立刻停下来休息，会导致晕眩，同时不利于恢复，消除代谢废物。	

系统	短期反应	长期反应
呼吸	■ 随着运动强度的增加，呼吸深度和速率都增加	■ 安静呼吸深度增加
	■ 可供换气的肺泡及有关的毛细血管增加，换气量增加	■ 安静呼吸频率下降
	■ 肌纤维的换气量增加	■ 运动后较快恢复到安静呼吸频率
		■ 肺泡的血管数目增加
消化	■ 消化系统的供血量减少	■ 内脏活动及食欲增加
		■ 吸收正常化
新陈代谢		■ 总胆固醇量下降
		■ 高密度脂蛋白 (HDL) 量提高
		■ 低密度脂蛋白量下降

当我们运动时，身体各系统便立刻产生一些急性反应以满足运动需要，这是很正常的短暂身体变化。而当我们的运动计划坚持6～8周，身体的部分系统便开始出现长期的适应性改变。此时，我们已开始感受到运动带来的好处。

现在我们已了解在运动时，身体会因能量产生而引起各系统的急性反应。但能量又是如何在身体内产生的呢？这是我们接下来要探讨的内容。

人体的能量系统

人体的运动是由身体各部分肌肉的协调收缩来完成，而肌肉的收缩是需要能量的，这些能量是由富含高能量的“三磷酸腺苷分子(Adenosine Triphosphate，ATP)”而得到的。

公式：ATP $\xrightarrow{H_2O}$ ADP + Pi + E (能量)

因此，如身体能够不断地提供足够ATP的话，肌肉便可不断地快速收缩。但ATP又是怎样在我们体内产生的呢？现在让我们先看看人体内部的三个产生ATP的能量系统吧！

人体内部的三个能量系统是：(1)磷酸原供能系统 (ATP–PC System)，(2) 糖酵解供能系统 (Lactic Acid System) 和 (3) 有氧代谢供能系统 (Aerobic System)，它们的介入是基于身体所需ATP的迫切性及运动强度而定。

1. 磷酸原供能系统(ATP–PC System)

燃料 (能源)：预先储存在肌肉内的少量ATP分子。

氧的需求：此系统产生能量过程中，无须用氧，所以属无氧系统。

供能情况：当人体运动强度突然增加的时候。

供能速度：即时快速 (ATP随时可以分解供能)。

供能最佳时段：由0秒至10秒是最好的 (最长可至30秒，视运动强度剧增的程度而定)。

燃料恢复过程：当ATP分子释放出能量时，被水解为二磷酸腺苷分子(Adenosine Diphosphate，ADP) 及磷酸 (Hydrogen Phosphate Ion，Pi)，而肌肉内储存量较ATP储存量多几倍的磷酸肌酸分子 (Creatine Phosphate，CP) 与产生的ADP可合成ATP，储存回肌肉内，同时生成肌酸分子(C)。当能量充足时(由有氧系统提供)，此肌酸分子 (C) 便与磷酸 (Pi) 合成CP，再储存回肌肉内。

此过程的简化公式如下:

ATP $\xrightarrow{H_2O}$ ADP + Pi + E (能量)	产生能量过程
CP + ADP → ATP + C Pi + C + E → PC (来自有氧代谢供能系统产生的能量)	恢复过程 (需时约3分钟)

运动举例：100米短跑、跳高、跳远、推铅球、举重等项目。

2. 糖酵解供能系统(Lactic Acid System)

燃料 (能源)　：预先储存在肌肉内的肌糖元 (Muscle Glycogen) 和肝糖原 (Liver Glycogen)。

氧的需求　：此系统只把糖原的每个葡萄糖单位无氧酵解产生能量，在此过程中无须用氧，所以也属无氧系统。

供能情况　：当人体从事短时间剧烈运动的时候，磷酸原供能系统及有氧代谢供能系统都不足应用时，此系统便会提高运转速度。

供能速度　：很快。

供能最佳时段：1分钟至3分钟。

代谢产物　：乳酸 (在肌肉及血液内)。当乳酸积累过量时，此系统便不能操作，因为肌肉和血液的酸性增加(即pH值降低)，肌肉的活动量和酶(PFK)便会受到抑制(Sahlin，1978；Triveldi & Danfoith，1966) ,于是肌肉便不能有效地收缩，运动的强度便不能再维持下去。最后，运动会很自然地慢下来，甚至停下来。

燃料恢复过程：当肝糖原或肌糖原经过无氧糖酵解 (Anaerobic Glycolysis) 生成有限ATP时，同时产生乳酸分子。大部分乳酸在休息时继续被氧化成ATP储存，少量乳酸转化为肝糖原和肌糖原，储存在肌肉或肝脏内，以便有需要时再用。

此过程的简化公式如下:

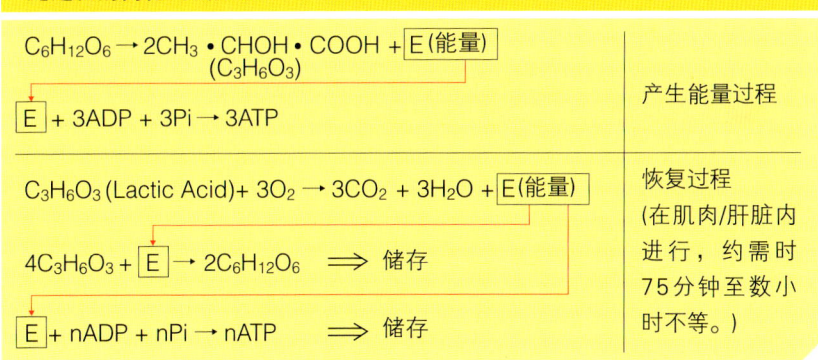

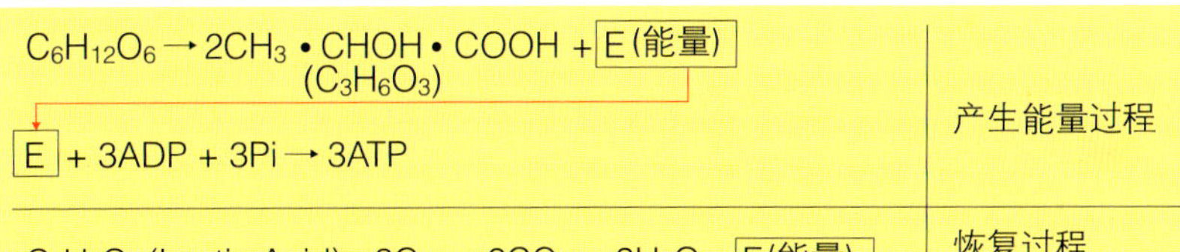

$C_6H_{12}O_6 \rightarrow 2CH_3 \cdot CHOH \cdot COOH + E$(能量) ($C_3H_6O_3$) $E + 3ADP + 3Pi \rightarrow 3ATP$	产生能量过程
$C_3H_6O_3$ (Lactic Acid) $+ 3O_2 \rightarrow 3CO_2 + 3H_2O + E$(能量) $4C_3H_6O_3 + E \rightarrow 2C_6H_{12}O_6$ ⟹ 储存 $E + nADP + nPi \rightarrow nATP$ ⟹ 储存	恢复过程 (在肌肉/肝脏内进行，约需时75分钟至数小时不等。)

运动举例：400米、800米、1500米跑、重量训练。

虽然此系统的效率很低，但相对ATP–PC系统来说，产生的能量已较多。假若此系统未经训练，人们在短时间或低强度的运动后，肌肉内就会积聚过多的乳酸（≥2.3g/kg肌肉）；相反，如果此系统经过训练，人们从事较大强度或较长时间的运动才会有乳酸聚集过多的现象出现（即疲劳）。这便可解释为什么一些跑5000米的运动员平均圈速都会比一些从未运动过的人士尽全力跑一圈（400米）的速度还要快。

3. 有氧代谢供能系统(Aerobic System)

燃料：预先储存的肌糖元/肝糖元和脂肪等。

氧的需求：此系统将完全把葡萄糖和脂肪酸氧化，产生大量ATP，所以这是有氧系统。它需要氧来氧化以上燃料。

氧化位置：在细胞的线粒体（Mitochondria）内进行完全氧化。

供能情况：当人体在静止状态或从事中、低强度的耐力运动时。

供能速度：较慢，因为人体吸取空气中的氧气后需要一段时间才能运送到工作中的肌肉。另外，完全氧化上述燃料亦需时间，所以供能速度较慢。

供能最佳时段：由开始运动3分钟后，便可较全面提供所需的ATP(在运动开始后5分钟更为理想)。

代谢产物：在有氧代谢供能系统中，最后的产物是水和二氧化碳，水分对人体有用，二氧化碳则经血液运回肺部呼出，所以并无令身体不适的代谢物积累。

能量产生过程：

A 能量产生过程的简化公式

$C_6H_{12}O_6 + 6O_2 \rightarrow 6CO_2 + 6H_2O + \boxed{E}$ (能量)
(Glucose)

$\boxed{E} + 39ADP + 39Pi \rightarrow 39ATP$

$C_{16}H_{32}O_2 + 23O_2 \rightarrow 16CO_2 + 16H_2O + \boxed{E}$ (能量)
(Palmitic Acid)

$\boxed{E} + 130ADP + 130Pi \rightarrow 130ATP$

B 葡萄糖及脂肪酸代谢过程（图4.1） 长期适应

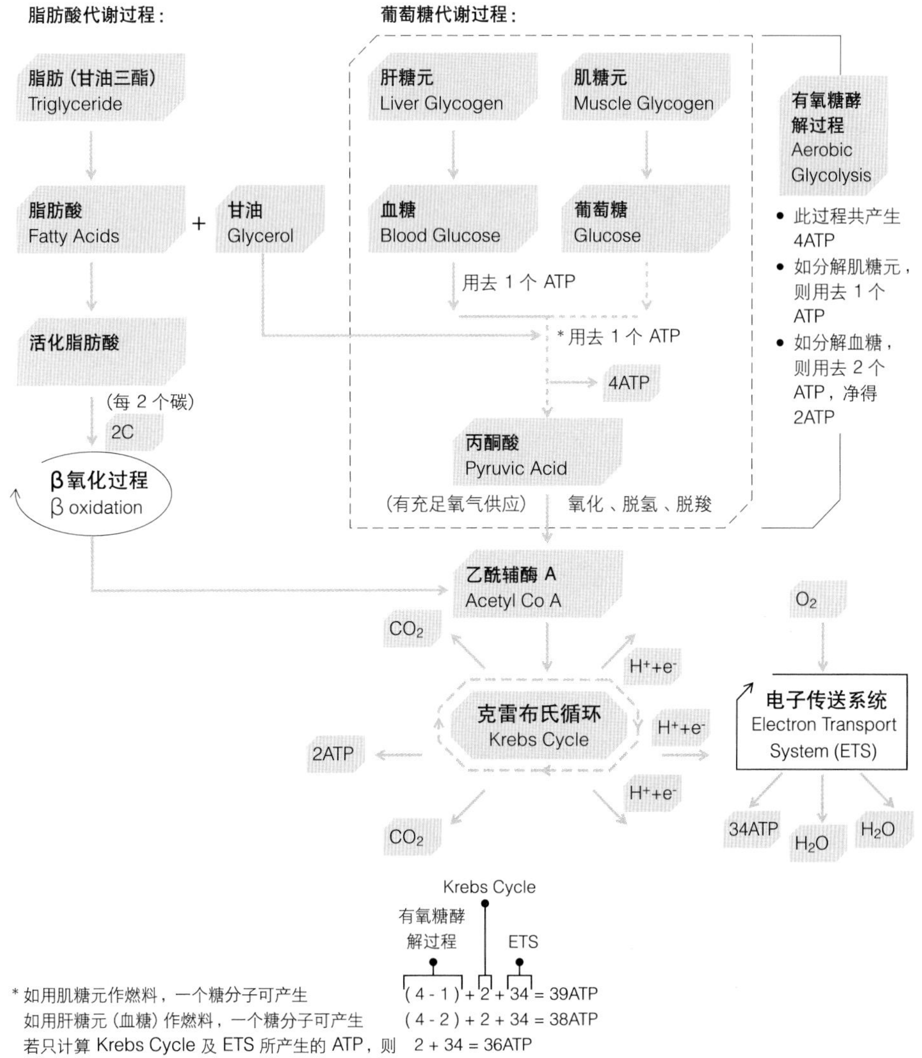

燃料恢复过程：葡萄糖分的恢复要靠食物中多摄取淀粉如米饭、面包、意大利粉等。而脂肪的恢复较碳水化合物慢，可由摄取的多余的碳水化合物转化为脂肪储存。

运 动 举 例：5分钟或以上的慢跑、步行、低冲激性健康舞、慢速游泳、踏单车、划船等中低强度的耐力运动。

4. 各能量系统之间的运作

有氧代谢供能系统虽然（相对其他两系统）供能速度慢，但产生能量的效率极高。只要完全氧化一个葡萄糖分子便可得到约39个ATP。脂肪酸的氧化过程最长，但一个脂肪酸分子的完全氧化，可提供上百个ATP。因此，若我们从事长时间低强度的运动，身体自然会多动用脂肪，少用碳水化合物作燃料。倘若运动强度突然增加，身体需求ATP数量提高，身体便会以碳水化合物为主要燃料，脂肪次之，这可加速产生ATP。如运动强度继续增加，及至有氧代谢系统供应ATP的速度不及，糖酵解供能系统便会加入运作，提供适量的ATP至有氧代谢供能系统适应满足ATP的需求量为止。或有氧代谢系统供能到了极限，糖酵解供能系统的代谢产物【乳酸】生成量超越肌肉所能忍受的程度时，人体便会产生疲劳而自然地降低运动量甚至停下来。

但如果糖酵解供能系统发挥作用时，运动强度会立即提到最高。像5000米跑的终点冲刺，糖酵解供能系统在尽量发挥的同时，磷酸原系统（倘若肌肉中仍储存有ATP及CP的话）便会立即释放额外的能量，作最后数秒的冲刺。这是一个运动强度由低到高的能量系统动员的优先次序。倘若以1500米比赛为例，在发令后，身体立刻便需要大量的ATP来冲抢前几十米，争取领先。这时，ATP–PC系统便成为主要的供能系统，但只可维持10~30秒。随后的2分钟，身体的有氧代谢供能系统在未能有效地提供足够的ATP情况下，糖酵解供能系统便成为这段时间的主要供能系统，足以维持运动员在前1~3分钟内以一个较快的速度来维持比赛。同时，因运动的持续需要，有氧代谢供能系统亦正在增加。开始比赛后约3分钟，有氧代谢供能系统开始变为主导，提供更多的ATP。而糖酵解供能系统所提供的ATP亦骤减，因为此系统在剧烈运动约3分钟后，便不再成为主要供能系统了；而且有氧代谢供能系统此时供能已较多，亦无须糖酵解系统提供的ATP了。因而在比赛4~5分钟时，供能最佳的系统已变成有氧代谢供能系统了。

若到最后阶段要冲刺而提速的话，这就要视运动员体内储存的尚未用尽的及重新被还原生成的ATP含量，以及乳酸积聚程度：如果乳酸积累过多，而且ATP又未能被还原储存，那么就只好看着别人超越冲刺了。

这是一个自始至终都要求最大强度的能量系统动员的优先次序。

从上述两个不同强度需求和变化的运动中，我们知道身体内三个能量系统的动用有先有后，但他们也不是独立工作的。

在安静状态时，因为能量需求不大，也不急切，身体维持正常工作以有氧代谢系统供能为主。但运动中基本上不存在任何一种燃料单独供能的情况。肌肉可以利用所有燃料，只是动用的时间、顺序及各燃料的相对比率要视具体的运动状况 (运动时间和强度) 而定。

人体三个能量系统的相对关系如下图 (图4.2)。

图4.2 能量系统的相互关系

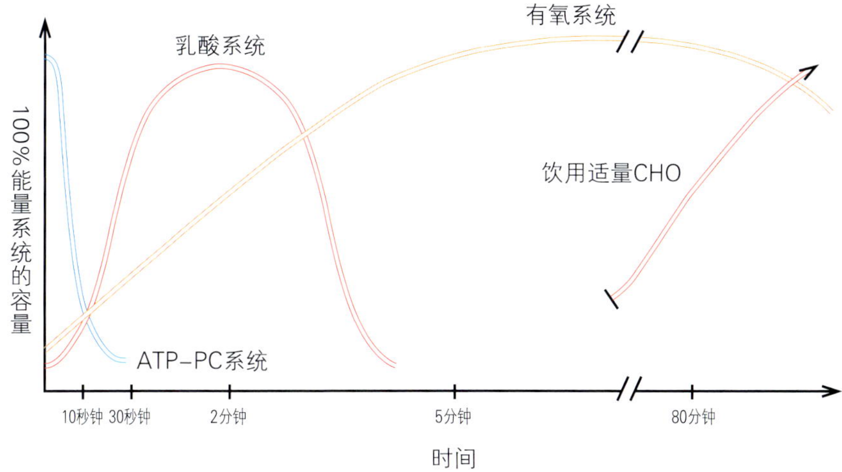

5. 各运动项目的主要供能系统

在我们经常参加的运动项目中，项目特点不同，各能量系统供能的比重不同。通常三个能量系统都会共同合作产生能量，只是不同的项目百分比不同而已。表4.2是一些运动项目主要供能系统的举例。

运动项目	磷酸肌酸及乳酸系统	乳酸及有氧系统百分比	有氧系统百分比
田赛	90	10	0
径赛			
100米，200米	98	2	0
400米	80	15	5
800米	30	65	5
1500米	20	55	25
3000米	20	40	40
5000米	10	30	70
10000米	5	15	80
马拉松	0	5	95
游泳			
50米	98	2	0
100米	80	15	5
200米	30	65	5
400米	20	40	40
1500米	10	20	70
体操	90	10	0
柔道	80	20	0
拳击	45	45	10
乒乓球	60	30	10
网球	70	20	10
羽毛球	45	45	10
棒(垒)球	80	20	0
排球	90	10	0
篮球	85	15	0

能量代谢基础概念

1. 能量代谢途径

基于上一节的人体能量系统介绍，我们可把能量代谢的途径概括为无氧代谢(Anarrobic Metabolism) 及有氧代谢 (Aerobic Metabolism) 两种。无氧代谢亦有两个途径：(1) 分解肌肉内储存的 ATP 和 CP (Stored Phosphagens) 和 (2) 无氧糖酵解 (Anarrobic Glycolysis)。而有氧代谢过程则经过有氧糖酵解 (Aerobic Glycolysis) 后，再进入克雷布氏循环 (Krebs Cycle) 和电子传递系统 (Electron Transport System) 产生 ATP的。

在以上各种能量代谢的途径中，除无氧代谢分解肌肉内储存的ATP和CP外，均以氧化不同比例的碳水化合物、脂肪酸或/及蛋白质来产生能量。在这个过程中，细胞会用氧气来氧化燃料。不同燃料氧化反应的耗氧量不同，产生的二氧化碳和水的量也不同。因此我们若能测量运动时身体消耗的氧气量及产生的二氧化碳量，便可推算出在运动时身体用以产生能量的各种燃料的百分比。

2. 身体耗氧量的测量

身体的耗氧量 (Oxygen Consumption，$\dot{V}O_2$) 可由我们吸入空气时的含氧量减去在呼气时呼出气体中的含氧量计算，如下列公式：

$\dot{V}O_2$ = 吸入O_2量 – 呼出O_2量

以一个人安静状态下自然呼吸为例，一分钟呼吸次数为12次，每次呼吸的量(潮气量，Tidal Volume) 500毫升，则他的 (每分钟) 肺通气量 (Ventilation Volume)：

每分钟肺通气量=12次/分x 500毫升/次
=6000毫升/分钟=6升/分钟

空气中氧的含量为 20.93%，而在安静时呼出的气体中，氧气占 16.93%，那么，身体在安静状态下耗氧量：

$\dot{V}O_2$ = 6升/分钟 x (20.93% –16.93%)
= 6升/分钟 x 4%
= 0.24升/分钟

3. 身体呼出二氧化碳量的计算

用以上方法，每分钟身体产生二氧化碳量亦可通过下列公式计算：

$$\dot{V}_{CO_2} = \text{呼出}CO_2\text{量} - \text{吸入}CO_2\text{量}$$

空气中二氧化碳含量为0.03%，而安静状态下呼出气体中的二氧化碳含量为3.23%，那么身体在安静状态下的二氧化碳呼出量为：

$$\dot{V}_{CO_2} = 6\text{升/分钟} \times (3.23\% - 0.03\%)$$
$$= 6\text{升/分钟} \times 3.2\%$$
$$= 0.192\text{升/分钟}$$

4. 呼吸商(R值)的计算

呼吸商 (Respiratory Quotient，RQ) 是指一定时间内机体二氧化碳生成量与耗氧量的比值。但实际是通过口中呼吸来测量，所以又称为呼吸比(Respiratory exchange ratio，R) 。通过 RQ (R) 值可以推算身体当时消耗的燃料比例，所以十分重要。上述例子的R值为：

$$R = \frac{\dot{V}_{CO_2}}{\dot{V}_{O_2}}$$

$$= \frac{0.192\text{升/分钟}}{0.24\text{升/分钟}}$$

$$= 0.80$$

根据表4.3，R = 0.80表示在安静状态时，身体用 66.7% 的脂肪及 33.3% 的碳水化合物作燃料。

表4.3

每个R值(在无蛋白质消耗情况下)的对应卡路里(千卡/公升氧)与来自碳水化合物及脂肪的热能百分比*

运动状态	呼吸商〔R值〕无蛋白质消耗情况	千卡热能 公升耗氧	碳水化合物的氧化百分比	脂肪的氧化百分比
	0.70	4.686	0.0	100.00
	0.71	4.690	1.10	98.90
	0.72	4.702	4.76	95.20
	0.73	4.714	8.40	91.60
	0.74	4.727	12.00	88.00
	0.75	4.739	15.60	84.40
	0.76	4.751	19.20	80.80
	0.77	4.764	22.30	77.20
	0.78	4.776	26.30	73.70
	0.79	4.788	29.90	70.10
安静休息	0.80	4.801	33.40	66.60
	0.81	4.813	36.90	63.10
	0.82	4.825	40.30	59.70
	0.83	4.838	43.80	56.20
	0.84	4.850	47.20	52.80
轻量运动	0.85	4.862	50.70	49.30
	0.86	4.875	54.10	45.90
	0.87	4.887	57.50	42.50
	0.88	4.899	60.80	39.20
	0.89	4.911	64.20	35.80
中量运动	0.90	4.924	67.50	32.50
	0.91	4.936	70.80	29.20
	0.92	4.948	74.10	25.90
	0.93	4.961	77.40	22.60
	0.94	4.973	80.70	19.30
剧烈运动	0.95	4.985	84.00	16.00
	0.96	4.998	87.20	12.80
	0.97	5.010	90.40	9.58
	0.98	5.022	93.60	6.37
	0.99	5.035	96.80	3.18
疲劳衰竭	1.00	5.047	100.00	0.00

*资料来源 Zuntz and Schumberg in Lusk(1928)

5. 运动中燃料的动用

运动中，以蛋白质为燃料的比率低于5%，在此暂不作讨论(Powers & Howley，1990)。能量代谢中最重要的燃料便是葡萄糖(可来自肌糖原、肝糖原和血糖)和脂肪酸 (可来自皮下脂肪或肌肉中藏存的脂肪)。

当我们假设身体只用葡萄糖作燃料的话，按以下完全氧化葡萄糖的化学式来看，1个葡萄糖分子需要6个氧分子才可完全氧化，产生6个二氧化碳分子和6个水分子。所以单纯用葡萄糖作燃料的R值为1.0。

$$\underset{\text{葡萄糖}}{C_6H_{12}O_6} + \boxed{6}\,O_2 \longrightarrow \boxed{6}\,CO_2 + 6H_2O + E\ (\text{能量})$$

$$R = \frac{\dot{V}CO_2}{\dot{V}O_2} = \frac{6}{6} = 1.0$$

如果我们身体只用脂肪酸作燃料的话，从以下完全氧化脂肪酸的化学式得知1个棕榈油脂肪酸分子需要23个氧分子才可完全氧化而产生16个二氧化碳分子及16个水分子。所以单纯用脂肪酸作燃料的R值为0.7。

$$\underset{\text{棕榈油脂肪酸}}{C_{16}H_{32}O_2} + 23O_2 \longrightarrow 16CO_2 + 16H_2O + E\ (\text{能量})$$

$$R = \frac{\dot{V}CO_2}{\dot{V}O_2} = \frac{16}{23} \approx 0.7$$

从以上的R值计算显示，当R值等于0.85时，身体是用50%的葡萄糖及50%的脂肪酸作燃料。所以从表4.3资料可以看出R值越接近1.0，身体便以葡萄糖作主要燃料，如果R值越接近0.7，身体便以脂肪作主要燃料。但有些时候在实验室作$\dot{V}O_2max$ 测试时，气体分析时却会显示R值超过 1.0 (例如RQ = 1.10)。这种情况，显然不仅是因为以葡萄糖为主要燃料，还是因为身体中产生的二氧化碳比计算中的多。因为在非常剧烈运动时，身体产生乳酸，其氢离子 (H^+) 与血浆里储存的碳酸氢根离子 (HCO_3^-) 进行化学反应会释放出额外的二氧化碳 (CO_2)，如下式：

$$H^+ + HCO_3^- \rightarrow H_2O + \boxed{CO_2 \uparrow}$$

这些二氧化碳不是从葡萄糖及脂肪中的有氧代谢所产生的，而这些额外呼出的二氧化碳会把R值升高至大于1.0，这种现象称为过度换气 (Hyperventilation)。

总结

通过以上三节的介绍，我们可以了解到运动引起身体的急性反应及长期适应，人体能量系统的运作及其关系，还有能量代谢的基础概念。这有助于我们科学的计划未来的运动方法，有目的地训练自己的身体，达到运动强化身体机能的目的。

参考文献

1. McArde, W. D., Katch, F. I., Katch, V. L. (2000). *Essentials of exercise physiology*. (2nd ed.).
2. Lusk, G. (1928). *Science of nitrition* (4th ed.). Philadelphia: W.B. Saunders.
3. Powers, S. K., Howley, E. T. (1997). *Exercise physiology - Theory* and application to fitness and performace. (3rd ed.). Brown and Benchmark publishers.

第五章

心肺耐力适能

第一节

你在平日是否会因轻微的运动便感到气喘或辛苦呢 (即俗语说“气短”)? 若真的如此，你应该细心阅读本章，便会明白其中的原因及如何改善这种情况。

心肺耐力的定义与概念

1. 定义

心肺耐力是指全身大肌肉进行长时间运动的持久能力 。这是体内心肺系统供氧给身体各细胞及其用氧的能力。

2. 概念

i) 按以上定义，即是说如果身体的心脏及血管功能良好，心脏泵血的能力和效率高，体内血管 (包括动脉和静脉) 又畅通无阻，富有弹性，血液便可有效地运送到身体各个细胞。但只是运输过程顺畅，这仍未足够，还要呼吸系统的配合。若呼吸系统正常工作，吸入的氧气便很容易进入肺泡的血管中，而同时体内各细胞因代谢产生的二氧化碳又很容易由肺毛细血管进入肺泡并呼出体外。这样，氧和二氧化碳的气体交换程序顺畅，便构成良好心肺耐力的第二大因素。第三大因素便是身体细胞利用氧的能力。若此能力较低的话，心肺系统即使高效率地供氧给肌肉细胞，它都不能有效地运用那些氧来氧化葡萄糖和脂肪产生能量。若你经常锻炼心肺耐力的话，身体细胞用氧的能力便提高，加上强健的心肺系统协助，你便可从事较长时间的全身大肌肉运动了。也就是说，你有较佳的心肺耐力了。

ii) 若我们经常从事心肺耐力练习的话，我们的心血管系统、呼吸系统及细胞用氧能力都会提高，使身体可以在很短的时间内获得充足的氧供应而产生足够的能量，供全身大肌肉做长时间的持久性运动。这便是有氧运动引致的心肺耐力体适能 (Cardiorespiratory Endurance)。

iii) 氧气的吸入、运输及使用能力都是衡量反映心肺耐力强弱的指标，常用的心肺耐力测试有1英里步行、12分钟跑、1.5英里跑或自行车测试。以上各种测试都有一个共同目标，便是找出一个人的最大摄氧量(Maximal Oxygen Consumption，$\dot{V}O_2max$)。$\dot{V}O_2max$数值越高，表示这个人的心肺耐力与身体细胞的用氧能力越高；相反$\dot{V}O_2max$越低，心肺耐力及身体用氧能力便越低，他在跑步时呼吸便越辛苦。

vi) 最高摄氧量($\dot{V}O_{2max}$)的单位是毫升/公斤/分钟 (ml/kg/min)。也就是说每分钟，你的每公斤体重所能消耗的氧量 (多少毫升纯氧)。通常男性 (青少年)的$\dot{V}O_{2max}$值在34~42毫升/公斤/分钟左右，而女性(青少年)的$\dot{V}O_{2max}$值在31~37毫升/公斤/分钟左右。通常年龄越大，此值越小。若以马拉松选手来说，男性可达到70~80毫升/公斤/分钟，而女运动员则可达到60~70毫升/公斤/分钟。

影响心肺耐力的敌人——冠心病 (Coronary Heart/Artery Disease, CHD/CAD)

1. 美国人的头号杀手——冠心病

自1990年起 (除1918年外)，心血管疾病一直是美国人的头号杀手。美国心脏协会2002年的统计数字显示，1999年冠心病的死亡率占总死亡率的20%，即平均约1分钟便有一人死于此病，死亡人数共约53万。在今日美国的2.73亿人口中，约有6000万人 (超过全国人口的22.6%) 患此类疾病。美国国家健康统计中心 (National Center for Health Statistics) 的资料显示，若以上的6000万人都能避免患上各种形式的心血管疾病，国民平均寿命可提高7年多。相对来说，癌症是美国人的第二号杀手，若美国人能避免所有癌症，国民平均寿命便可提高3年。中风是美国人的第三号杀手，每年死亡人数约17万。所以，心血管病的普遍程度及对人类寿命的影响可想而知。过去20年，香港冠心病死亡率上升了两倍，而每年因病死亡的人数近4000人。香港医务卫生署公布的数据显示，2003年死亡人数统计中，心脏病引致死亡的有5309人(14.58%)，是香港人的第二号杀手；而脑中风引起死亡的有3462人(9.5%)，是香港人的第四号杀手。

2. 心血管疾病在美国的普遍性

在上述的近6000万 (其中只有2475万人在65岁或以上) 各类心血管疾病的患者中，其分类统计如下：

i) 高血压 (Hypertension)
(>140/90毫米水银汞柱或正服用降压药)：5000万人。
ii) 冠心病 (CAD)：1260万人。 [1]
iii) 中风 (Stroke)：460万人。 [1]
iv) 先天性心脏病 (Congenital Cardiovascular Defects)：100万人。[2]
v) 有任何一种心血管病：总人口的五分之一。 [1]

[1] 来源：National Health and Nutrition Examination Survey III (NHANES III) 1988-94, CDC/NCHS and the American Heart Association.
[2] 来源：National Health and Nutrition Examination Survey II (NHANES II) 1976-80, CDC/NCHS and the American Heart Association.

3. 心血管疾病在美国的死亡率

1999年，心血管疾病在美国夺去了958775人的生命，这约占总死亡率的40%，即平均约33秒钟便有一人死于心血管病。其中，超过1/3是在75岁以下。有些专家则认为这是一种现今社会的“富贵病”。在这个自动化、科技先进的社会里，我们得到一个较舒适生活的同时，也少了运动身体的机会，加上对饮食的认识又不足，便很容易跌入心血管疾病的陷阱。

4. 动脉粥样硬化(Atherosclerisis)

心脏是由一种很强健有力而又耐劳的心肌纤维组成，它每天可收缩达10万次之多。把足够的血液通过约6万英里长的血管运送到身体各部分。血液虽然经常通过心脏泵出，但心脏肌肉并未从此得到养料。供应氧气及养料给心脏肌肉的血液是由另一组在心脏外层的血管网负责，我们称为冠状动脉(Coronary Arteries)。当左心室收缩，把血液泵出大动脉时，便有部分血液分流泵入冠状动脉，由它供氧及养料给心脏肌肉使用。心脏肌肉产生能量收缩后，便把代谢产物由冠状静脉回流入右心房，这便构成了冠状循环。

如果身体过于劳累、盐分和脂肪摄取过多，正常的动脉会变硬且容易受伤。若脂肪及胆固醇摄取仍过多的话，在血管内受伤的部位便容易积聚血块及胆固醇，使血管变硬及变窄，这种现象称为“动脉硬化” (Atherosclerisis)。此情况如继续恶化，血板便会增厚，阻碍血流，因而会有供血不足的情况出现。严重时，血块及胆固醇便完全梗塞血管，使血液不能通过，这便是“动脉粥样硬化”。如果这些动脉为冠状动脉的话，当部分梗塞时，便会感到心悸或心绞痛(Angina)，称心肌缺血 (Ischemia)；若冠状动脉完全梗塞时，心肌便得不到血液供应而缺氧坏死，这称作心肌梗塞 (Myocardial Infarction)，此刻亦随时会有“心脏病发作”(Heart Attack) 的危险。倘若上述情况发生在脑部的血管中，便是“中风” (Stroke) 了。动脉粥样硬化的过程可见下图 (图5.1)。

第五章

动脉粥样硬化过程 Atherosclerosis Process (图 5.1)

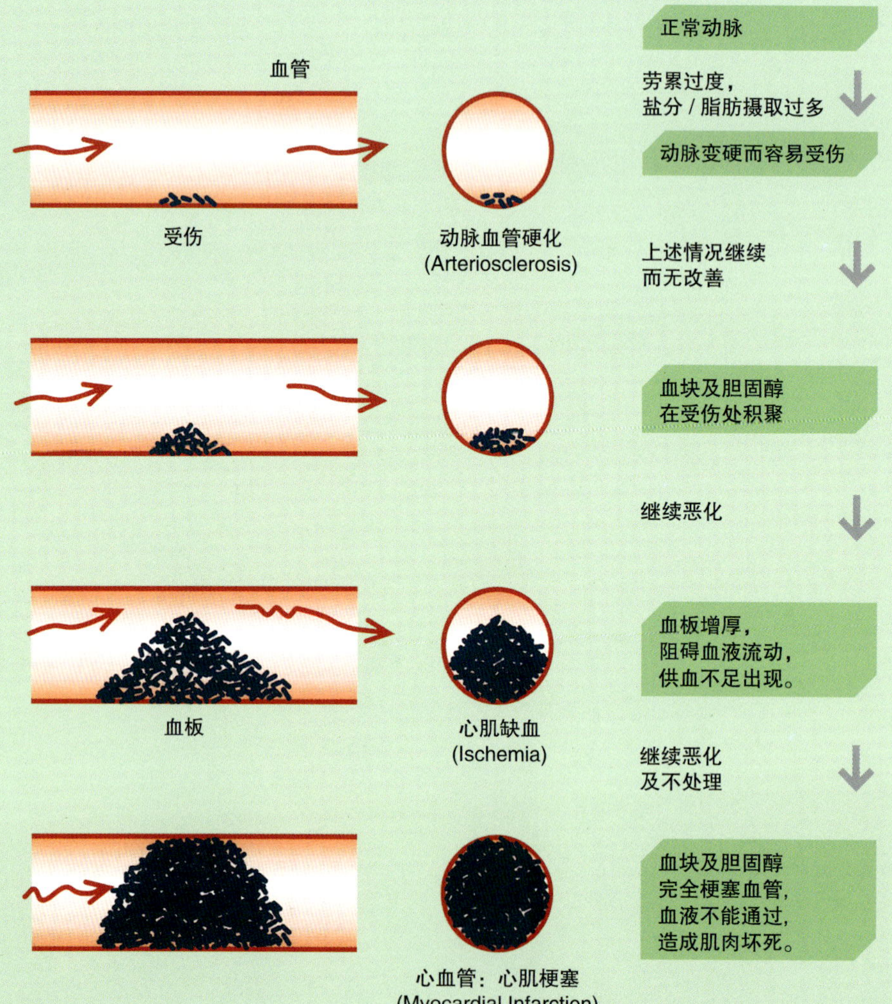

血管
受伤
动脉血管硬化
(Arteriosclerosis)
血板
心肌缺血
(Ischemia)
心血管：心肌梗塞
(Myocardial Infarction)
或脑血管：中风(Stroke)
正常动脉
劳累过度，
盐分 / 脂肪摄取过多
动脉变硬而容易受伤
上述情况继续
而无改善
血块及胆固醇
在受伤处积聚
继续恶化
血板增厚，
阻碍血液流动，
供血不足出现。
继续恶化
及不处理
血块及胆固醇
完全梗塞血管，
血液不能通过，
造成肌肉坏死。

图5.1

5. 冠心病(Coronary Heart Disease, CHD)的危险因子

当心脏表面的冠状动脉出现粥样硬化时，便是患上冠心病了。形成此病的成因很多，而这些成因也被美国运动医学会（ACSM）归类成冠心病的危险因子(Risk Factors)。现将各危险因子列表如下（表5.1.1）：

美国运动医学会(ACSM)用作危机分层的冠心病危险因子

冠心病危险因子	界定标准
阳性因子	
A 家族病史	你的男性直系亲属(父亲或兄弟)在55岁前，或女性直系亲属(母亲或姊妹)在65岁前，患有心肌梗塞，接受心脏手术或猝死。
B 吸烟	目前仍然吸烟，或戒烟不足6个月。
C 高血压	在不少于2次不同情况下测量的收缩压(Systolic Blood Pressure)大于或等于140mmHg，或舒张压(Diastolic Blood Pressure)大于或等于90mmHg，或正在服用降压药。
D 高血胆固醇	低密度脂蛋白(Low Density Lipoprotein)大于130mg/dL(3.4mmol/L)，或高密度脂蛋白(High Density Lipoprotein)低于40mg/dL(1.03mmol/L)，或正在服用降脂蛋白药物。若只有总胆固醇量的资料可参考的话，便以血液中的总胆固醇量(Total Cholesterol)大于或等于200mg/dL(5.2mmol/L)为准。 *注：各类脂蛋白的功能见表(5.1.2)*
E 血糖失调	在不少于2次的不同情况下测量，确定禁食后的血糖水平(Fasting Blood Glucose Level)大于或等于100mg/dL(5.6mmol/L)。
F 肥胖	身体质量指数(Body Mass Index)大于或等于30kg/m²，或男士腰围大于102cm(女士腰围大于88cm)；或男士腰/臀比例大于或等于0.95(女士大于或等于0.86)〔注：身体质量指数的计算方法为体重(千克)除以身高(单位米)的平方〕。
G 缺乏运动	非经常运动人士或每天累积的中等强度体力活动少于30分钟。
阴性因子	
H 高密度脂蛋白	血液中高密度脂蛋白(HDL)大于60mg/dL(1.6mmol/L) *(注：HDL能将体内多余胆固醇回收到肝脏处理，被视为良性胆固醇)。*

表5.1.1

要计算心血管疾病危险程度，方法是先检查参加者是否有上表所列的危险因子 (阳性因子)，然后将出现的阳性因子数目相加得出总数。如果你有阴性因子 (如高密度脂蛋白)的话，便应将阳性因子总数减去阴性因子总数，心血管疾病危险相应的会减少。再对照年龄和性别等资料，评定你的健康风险等级。

各类脂蛋白的功能

各类脂蛋白(Lipoproteina)功能

超低密度脂蛋白(VLDL)

肝脏(Liver) —甘油三酯(Triglycerides)→ 脂肪细胞(Fat Cells)

低密度脂蛋白(LDL)

肝脏(Liver) —胆固醇(Cholestrol)→ 身体细胞(Body Cells) → 构造细胞膜

高密度脂蛋白 (HDL)

身体细胞(Body Cells) —胆固醇(Cholestrol)→ 肝脏(Liver) → 排走(Excrete)

表5.1.2

若你很想得知自己患心脏病的风险有多高，可简单地作以下的测试(心脏病风险评估测试，RISKO)：(见下页)

6. 冠心病与运动安全

我们在进行体适能测试或实行运动计划前，一定要检查一下自己有没有以上的冠心病危险因子。除此之外，更重要的是要检查一下自己有没有心肺疾病的主要病症 (或病状)。如有出现以下征兆，便需请教医生。

i) 心肺疾病的主要病症或病状

a. 因缺氧而令胸、颈、颚、手或其他地方出现疼痛或不适(或类似绞痛，Anginal Equivalent)

b. 在休息时或进行低强度运动时气喘或气促 (Shortness of Breath)

c. 晕眩、休克 (Dizziness or Syncope)

d. 坐立或夜间偶发呼吸困难，通常是因心肺系统障碍导致(如肺气肿、气喘、心绞痛) (Orthopnea or Paroxysmal nocturnal dyspnea)

e. 脚踝水肿 (Ankle edema)

f. 心悸或心率过快 (Palpitations or Tachycardia)

g. 间歇性跛行 (Intermittent Claudication)

h. 心跳有杂音 (Known Heart Murmur)

i. 在日常活动中有异常疲倦或气喘

ACSM's guidelines for exercise testing and prescitiption (6th ed.) (2005). American College of Sports Medicine. P23-24

心脏病风险评估测试 Cardiovascular Disease Risk Factor Estimate

一种心脏病发作可能性的测验方法

							SCORE 分数
1. Age 年龄	1 10~20 Years 10~20	2 21~30 Years 21~30	3 31~40 Years 31~40	4 41~50 Years 41~50	6 51~60 Years 51~60	8 >60 Years 60~70	
2. Heredity: parents and siblings 遗传	1 No family history of CVD 家族成员中无心血管病记录	2 One with CVD over 60 years 曾有一位家族成员患有心血管病而在60岁以上	3 Two with CVD over 60 years 曾有两位家族成员患有心血管病而在60岁以上	4 One death from CVD under 60 years 曾有一位家族成员因患有心血管病而在60岁前去世	6 Two deaths from CVD under 60 years 曾有两位家族成员因患有心血管病而在60岁前去世	8 Three deaths from CVD under 60 years 曾有三位家族成员因患有心血管病而在60岁前去世	
3. Weight 体重	0 More than 5 lbs below standard weight 低过标准体重5磅以上	1 -5 to +5 lbs of stamdard weight 在标准体重5磅以内	2 5 to 20 lbs overweight 超重6~20磅	3 21 to 35 lbs overweight 超重21~35磅	5 36 to 50 lbs overweight 超重36~50磅	7 51 to 65 lbs overweight 超重51~65磅	
4. Tobacco smoking 吸烟习惯	0 Nonuser 不吸烟	1 Occasional ciger or pipe 偶尔吸食雪茄或烟斗	2 Cigarettes 10 or less per day 每天吸食不超过11支香烟	4 Cigarettes 11 to 20 per day 每天吸食11支至20支香烟	6 Cigarettes 21 to 30 per day 每天吸食21支至30支香烟	10 Cigarettes over 30 per day 每天吸食超过30支香烟	
5. Exercise 运动习惯	1 Intensive job and recreational exertion 经常运动(工作或休闲)	2 Moderate job and recreational exertion 中等运动程度(工作或休闲)	3 Sedentary job and intensive recreational 惯做的工作，休闲时经常运动	5 Sedentary job and moderate recreational 惯做的职业，休闲时中等程度运动	6 Sedentary job and light recreational 惯做的职业，休闲时少许运动	8 Sedentary job No special exercose 完全缺乏运动	
6. Cholesterol and triglycerides 饮食脂肪及糖含量	0 Low-fat diet. No sugar intake 低脂肪及不用糖	2 Below-average fat and sugar intake 脂肪及糖的摄取低于正常	3 Normal fat and sugar intake 脂肪及糖的摄取正常	5 High fat and normal sugar intake 糖的摄取正常，脂肪则高过正常	6 High fat and sugar intake 脂肪及糖的摄取均高于正常	10 Excessive fat and sugar intake 脂肪及糖的摄取远超正常	
7. Systolic blood pressure 血压(收缩压)	1 <111 mmHg 111以下	2 111 to 130 mmHg 111~130	3 131 to 140 mmHg 131~140	4 141 to 160 mmHg 141~160	6 161 to 180 mmHg 161~180	8 Above 200 mmHg 200或以上	
8. Gender 性别	1 Female <40 years 女性40岁以下	2 Female 40 to 50 years 女性40~50岁	3 Female >50 years 女性50岁以上	5 Male 男性	6 Male (paunchy) 略肥男性	7 Male (obese) 肥胖男性	
						TOTAL SCORE（总分）:	

Rating:		
6~11	危险性远远低于平均	Risk well below average
12~17	危险性低于平均	Risk below average
18~24	平均程度的危险	Risk generally average
25~33	颇危险	Risk moderate
34~40	很危险	Risk dangerous; you must reduce your score
41~65	极度危险，尽快去看医生	Risk very dangerous; urgent medical treatment recommended

Soruce: American Heart Association

ii) 初步风险分层

以上各种冠心病危险因子及心肺疾病的主要病症（或病状）可告诉你属于哪类风险人士。根据ACSM的指引，可初步判断自己是否需要请教医生，以决定参加中等强度或剧烈的运动。各类人士的特点如下：

初步风险分层		
第一类	低风险	年纪较轻（男<45岁，女<55岁），身体无明显病症，心血管危险因子（阳性因子）减阴性因子的数值为 1 或以下（参考表5.1.1）。
第二类	中风险	年纪较大(男≥45岁，女≥55岁)，身体无明显病症，心血管危险因子（阳性因子）减阴性因子的数值为 2 或以上（参考表5.1.1）。
第三类	高风险	任何人有一个或以上心肺疾病的主要病症（或病状）（参看 6 (i)），如胸口痛、颈痛、脚踝水肿、心率过快或过缓、心跳有杂音等症状，或轻微走动即感呼吸困难或晕眩，间歇性小腿疼痛等；或已患有心血管疾病(例如：心绞痛、中风、冠心病等）或呼吸系统疾病（例如：慢性气管堵塞、哮喘等）或代谢疾病（例如：糖尿病、甲状腺失调、肾病或肝病）。

当知道自己是属于哪一类风险人士之后，可参考下列ACSM的建议（表5.2），判断自己是否需要在执行运动计划前请医生检查及咨询适宜何种运动量的运动。

iii) 根据健康风险评级决定体检的需要及运动测试的要求

美国运动医学院 (2005) 指出，在未给参加者进行任何体能测试或给予运动处方之前，体适能测试员必须根据参加者的健康风险分层来决定是否需要体检及进行运动测试的要求。下表 (表5.2) 为指引的摘要：

运动前体格检查要求及在参与体能测试时是否需医生在场的建议

	低风险	中风险	高风险
运动前体格检查要求[1]			
中等强度运动[2]	不需要[3]	不需要	建议需要
剧烈运动[4]	不需要	建议需要	建议需要
体能测试时是否需医生在场			
次最大强度运动测试	不需要	不需要	建议需要
最大强度运动测试	不需要	建议需要[5]	建议需要

表5.2

注：

1. 体格检查的有效期为一年。
2. 中等强度运动是指，对于一般健康的成年人，运动强度有3~6METs，或以3~4mph速度轻快步行。但是对一些常常坐着或年纪大的人来说，3~4mph的步行会令他们觉得“辛苦”或“很辛苦”。因此中等强度运动是要视个人能力而定，较适合的描述是指一些运动参加者可以维持一段较长时间(~45分钟)，能应付自如，运动量是由低循序渐进的增加，而又属于非竞争性的。如果我们知道自己的$\dot{V}O_2max$，那么相对中等强度运动就是等于40%~60%的最大摄氧量的运动。
3. “不需要”是指在参与运动前筛选的医疗体检及运动测试时并不需要医生在场。但并不代表这些步骤是不合适的。
4. 剧烈运动是指大于6METs的运动强度，也可以指所做的运动会对心肺能力造成明显的影响。如果知道$\dot{V}O_2max$，那么剧烈运动就是超过最大摄氧量的60%的运动。
5. 如果建议有需要医生在场，那么在进行测试时，便需要有医生在测试场地附近，随时准备应付突发事件。

当你按上表指示完成后，便可以开始编排你的运动计划了。假设你是低风险年轻人，你便可放心使用下一节的运动处方来编排适合自己的运动量。假若你是第二类或第三类人士的话，便需按医生指示来做适量的运动，使自己的冠心病危险因子肺部或代谢疾病的病况减轻，以享受较优质的生活。

iv) 根据健康风险评级制定运动处方

(一) 评级属低风险者，可参加由中等至剧烈程度（最大心率的50%~90%)的体力活动。最好能按照兴趣，每星期进行3~5次，每次30分钟以下的中等强度运动。

(二) 评级属中风险者，运动强度不宜过高，或不应贸然参加过分剧烈的运动比赛。适中的运动强度在最大心率的40%~70%，运动的次数和时间大致与低风险者相同。

(三) 高风险者在参加运动前，必须请教医生有关自己的限制，如获医生同意，可按能力参加低至中等强度（最大心率的60%以下）的运动。一般建议采取短时间分段活动，并避免进行具冲击性的运动，例如：跑步，跑楼梯和跳跃等，一切应量力而行，安全第一。

v) 体能活动适应能力问卷PAR–Q (见表11.1.1)

加拿大运动生理学会建议，任何年龄低于70岁的人士，在开始参加运动训练或改变运动量前，都应进行体能活动适应能力问卷测试 (见表11.1.1) 作为基本的健康筛选程序。此问卷现已广泛的在世界各地的健康医疗机构及运动机构采用。在香港，通过中国香港体适能总会的推广，多年前此问卷率先在前市政局及区市政局的运动训练班采用，作为招收学员的简单筛选程序。目前，此问卷已逐渐广泛的在各运动机构及健身中心使用。

参加运动训练前的健康筛选程序要简单有效，省时而又符合成本效益。健康筛选程序包括自行填写问卷及较详细的医疗诊断测试。体能活动适应能力问卷提供了一个参加低至中等程度体育活动前的简单筛选。通过这份问卷，可以筛选出哪些人可能需要医生检查或/及建议才能参加体力活动，同样如果有兴趣参加有组织的运动训练，这份问卷也能对心肺疾病及冠心病危险因子的主要病症或体征作出评估。

心肺系统与运动的关系

1. 运动使心肺系统受益

经常从事有氧运动会使心肺系统有明显的改进。进行耐力性有氧运动6～8周时，身体便会作出以下的适应，心肺系统的工作效率亦会大大提高。

长期有氧运动带来的生理适应 (表5.3.1)

心肺系统因素	单位	反应	原因
安静心率 (Resting Heart Rate)	次/分钟 bpm	↓	■ 每搏输出量(SV)增加
运动心率(次最大强度) (Exercise Heart Rate，submax)	次/分钟 bpm	↓	■ 同上
最大心率 (Maximum Heart Rate)	次/分钟 bpm	⟶ 或微↓	■ 心室肌增厚 ■ 交感神经冲动减低
身体总血量(安静) (Total Blood Volume，Resting)	公升 l	↑	
最大心输出量 (Maximum Cardiac Output)	公升/分钟 l/min	↑ ⟶ (在安静或次最大强度情况)	■ 每搏输出量(SV)增加至40%~60%$\dot{V}O_{2max}$，其后便是心率的增加
每搏输出量 (Stroke Volume)	毫升/次 ml/beat	↑	■ 心肌增厚及其收缩力量增强以提高每搏输出量
收缩压 (Systolic Blood Pressure)	毫米水银汞柱 mmHg	↓	■ 血管内阻力减少 ■ 血管的弹性较佳
舒张压 (Diastdic Blood Pressure)	毫米水银汞柱 mmHg	↓或⟶	
最大摄氧量($\dot{V}O_{2max}$) (Maximum Oxygen Uptake)	毫升/公斤/分钟 ml/kg/min	↑	■ 心输出量增加 ■ 细胞用氧能力增加
最大每分钟换气量 (Maximum Minute Ventilation)	公升/分钟 l/min	↑	■ 潮气量(Tidal volume)增加 ■ 呼吸频率(Breathing frequency)增加 ■ 肺容量(Lung volumes)增加 ■ 肺气泡气体扩散容量增加
恢复心率 (Recovery Heart Rate)	次/分钟 bpm	↓	■ 心肌增强，所以较快恢复正常心率

注：↑ = 增加　　↓ = 减少　　⟶ = 差不多不变

除了指定安静或次最大强度外，以上各因素都是在做最大运动量时的适应。

2. 心肺耐力的运动处方

要得到以上的运动好处(除了免除很多慢性疾病外，还使个人的心肺系统能有效率地运作及改进心肺功能)，便要做适当的有氧运动。若运动过量或过剧，可能会导致受伤或损害身体；若运动量过低，又对心肺系统没有足够刺激而白费心机。但怎样才算是“适当”呢？美国运动医学院于2005年修订的运动处方有很好的建议，这些建议中的考虑因素包括：i)运动种类 (Type of Exercise)，ii)运动强度(Intensity)，iii)运动时间(Time)，iv)运动频率(Frequency)，及v)运动进度(Progression)。

i) 运动种类 (Type of Exercise)

最有效增强心肺耐力的有氧运动必须是以全身大肌肉做有节奏、有规律、速度稳定的长时间运动。具有这种特点的运动包括：步行、远足、爬山、慢跑、游泳、水中健康舞、踏单车、跳绳、踏步机、划船机或一些耐力游戏等。当然，有些流行的球类包括网球、羽毛球、乒乓球、壁球、篮球及足球等活动皆可维持或增强心肺耐力，且有趣味性，但它们都需要一些技巧的学习。因此，在我们决定以哪种运动增强心肺耐力之前，首先要考虑自己的运动目标、现有的体适能状态、运动技巧与经验、兴趣。以下指引可供参考 (表5.3.2)。

运动经验	运动特点	例子
无经验的初学者	■ 较易维持稳定而低的运动强度 ■ 能量消耗较低 ■ 运动强度易受自己控制 ■ 技巧较少	■ 步行 ■ 踏单车 ■ 跑步机
间或运动者	■ 在能够控制稳定的运动强度下，多做与技巧有关的活动	■ 游泳 ■ 溜冰 ■ 跳健康舞
经常参加剧烈运动者	■ 技巧与运动强度都是必须考虑因素 ■ 多于一人的群体项目，但比赛性质尽可能降低，以免运动过剧	■ 球拍类运动项目 ■ 队制球类项目如篮球、足球

ii) 运动强度 (Exercise Intensity)

当我们选择了最有兴趣、又觉得最享受的运动后，便需决定这项运动的剧烈程度。热量消耗是由运动强度及运动时间来决定的。消耗同一热量可用大强度、短时间或低强度、长时间方式来完成。因此，我们要先考虑以下要点：

- 个体参加者的运动目标
- 个体参加者的体适能水平
- 个体参加者对不同种类运动的喜爱优先次序
- 个体参加者是否服食影响心率的药物
- 个体参加者有没有心血管及骨科疾病

考虑上述五项要点后，便可决定参加者应做低强度、中等强度还是大强度的练习，以下介绍五种常用的运动强度计算方法。

a) 最大心率公式 (Maximal Heart-rate Formula)

最大心率是指个人做最剧烈运动时都不能随运动强度增加而继续上升时的心率。最准确的测量方法是在实验室内，以精密的仪器，由有训练经验的测试员来进行的"递增负荷运动测试 (Graded Exercise Testing)"。因此对一般人来说不太实际。常用的方法是以年龄来估计最大心率：基于假设婴儿刚出生时最大心率为220次/分，然后每增加一岁，他的最大心率便减少1次/分，所以得出以下公式：

最大心率 (HRmax) = 220 – 年龄 (Age)

例一：一位20岁人士，不论男女，他/她的最大心率为：
220 – 20 = 200次/分钟

例二：一位年届80的老伯，他的最大心率是：
220 – 80 = 140次/分钟

以上年龄估算法的误差为10次/分钟 (Astrand & Rodahl，1977)。
依此你可估算出自己的最大心率。

当我们算出最大心率后，便可按以下公式计算运动时的靶心率 (即有效训练心率) 区间。

靶心率区 = 最大心率 x 强度百分比（55/65% ~ 90%）
(Target HR Zone) = HRmax x % Intensity

例一：一位40岁女士，若从事心肺耐力练习，她的运动心率应在哪个区域范围呢?

第一步：最大心率 = 220 – 40
= 180次/分钟

第二步：靶心率区下限
= 180次/分钟 x 55%至180次/分钟 x 65%
= 99次/分钟至117次/分钟

第三步：靶心率区上限 = 180次/分钟 x 90%
= 162次/分钟

总结，这位40岁女士的有氧运动靶心率区是在开始时99 ~ 117次/分钟至最高的162次/分钟之间。若她练习时的心率低于99次/分钟便对身体的刺激太小，浪费了时间。但若心率高于162次/分钟，她不是锻炼心肺的有氧系统而是锻炼无氧系统了。

b) 最大心率储备公式 (HR reserved or Karvonen Formula)

用这公式来计算靶心率区间有两个特点：

1. 它考虑个体的安静心率 (Resting HR)
2. 它的强度百分比与最大摄氧量储备 ($\dot{V}O_2R = \dot{V}O_{2max} - \dot{V}O_{2rest}$) 相同，所以可以互相共用。在使用此公式前，一定要清楚最大心率储备的定义。

以下公式及图可作解释：

最大心率储备 = 最大心率 – 安静心率
HR_{res} = (220 – 年龄) – 安静心率

第五章

例一：一位40岁男士，他的安静心率是60次/分钟，他的最大心率储备是多少?

解　：最大心率储备 (HRR) = 220 − 40 − 60

∴ = 120次/分钟

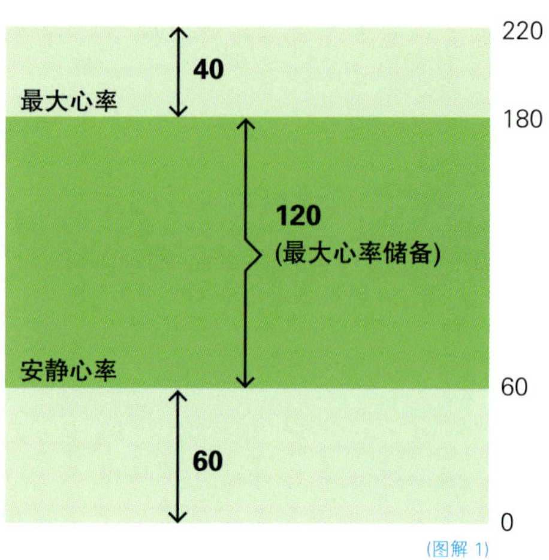

(图解 1)

以上的HRres计算只是第一步，下一步是把HR_{res}乘以40/50%~85%。此百分比也与最大摄氧量储备 ($\dot{V}O_2R$) 的百分比相同，最后还要加安静心率。公式如下：

> 靶心率区 = 最大心率储备（40/50%~85%）+ 安静心率

再以上述例子计算靶心率区间：

第一步：计算最大心率储备　= 120次/分钟

第二步：靶心率区间下限　= 120 x (40% ~ 50%) + 60

(图解2)　= 48 ~ 60 + 60

= 108 ~ 120次/分钟

第三步：靶心率区间上限　= 120 x 85% + 60

(图解3)　= 102 + 60

= 162次/分钟

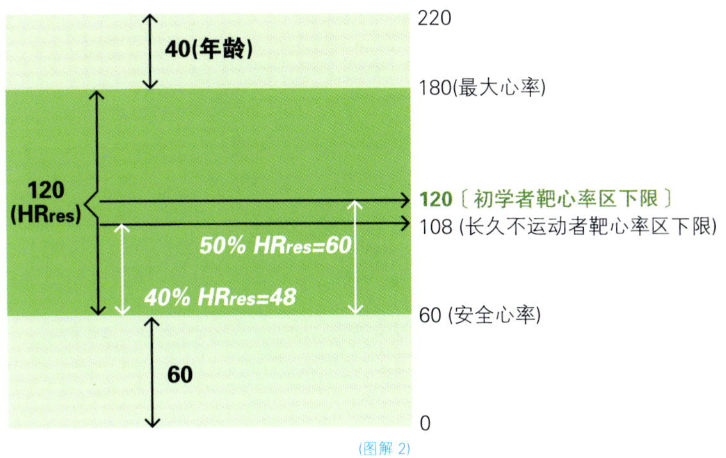

(图解 2)

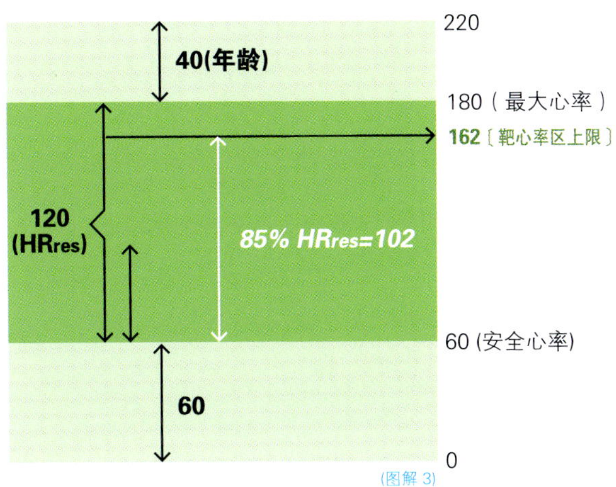

(图解 3)

第五章

总结：这位40岁男士，若安静心率为60次/分钟，他的靶心率区间在120～162次/分钟之间是适中的。若他是初学者，应当尝试由120次/分钟的强度开始，有提高时才渐增强度。若他是肥胖型及久不运动者，可由40%的HRres开始锻炼，目标向50%HRres，即120次/分钟。

图5.3.1是典型的有氧运动模式，可令你更加了解运动时心率与有氧运动的关系。

典型有氧运动模式 (图5.3.1)

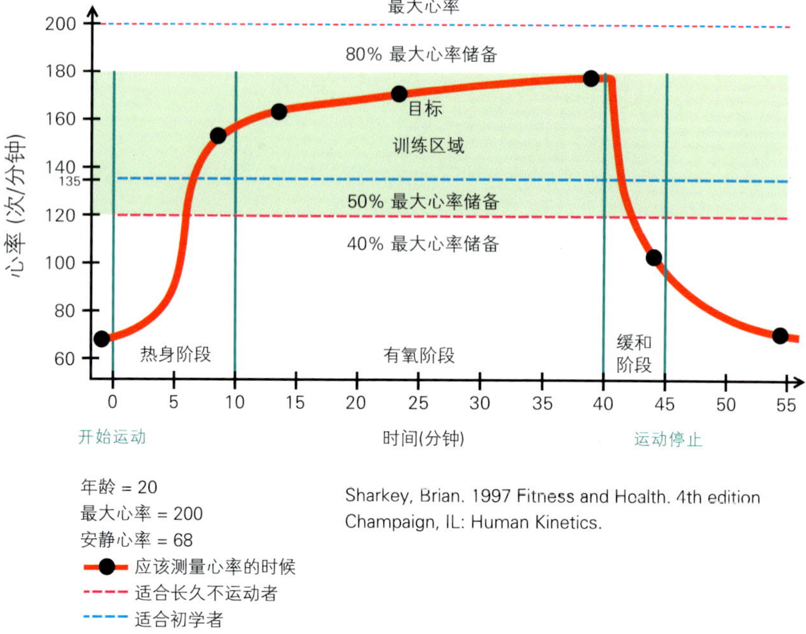

决定适当的运动强度，除了以上两种计算靶心率区的方法外，还有三种不需要计算心率的方法。这多用于老人、曾服用心脏治疗药物者、不会计算心率者或在实验室与心率测量一起使用时。这些方法包括：RPE量表法、呼吸困难程度判断方法及谈话判别方法。

c）主观感觉疲劳程度评定表 Rate of Perceived Exertion（RPE）

这是Borg经过严谨的验证后制定的一个量表。他把个体主观辛苦或吃力感觉程度分为6~20等级，在设计量表时已经考虑到运动者的体能水平、环境因素及一般疲劳程度。此量表与运动心率及摄氧量有极高的线性相关。其后此量表再被修订为一个由0~10的量表。这个经过修订后的量表还考虑到血乳酸及呼气量这两个非线性的反应。下表为这两个量表，以供参考（表5.3.3）：

原来指标		修订后指标	
6		0	毫无感受
7	非常，非常容易	0.5	非常微弱
8		1	很微弱
9	非常容易	2	微弱
10		3	中度
11	容易	4	稍吃力
12		5	吃力
13	少许吃力	6	
14		7	很吃力
15	吃力	8	
16		9	
17	非常吃力	10	非常，非常吃力
18			
19	非常，非常吃力		
20			

表 5.3.3

*Noble, B.J. (1983). A category-ratio perceived exertion scale: Relationship to blood and muscle lactates and heart rate. *Medicine & Science in Sports & Exercise*, 15, 523-528.

第五章

综合以上有关各种运动强度的资料，便可知道如何编排一个安全而有效的长期活力运动及生活模式。表5.3.4将各级运动强度与心率计算方法作一对比，以供参考：

运动强度分类对照表（指1小时内的运动）

运动强度	%HRres	%HRmax	RPE(6~20)
非常轻	<20	<35	<10
轻	20~39	35~54	10~11
中等	40~59	55~69	12~13
剧烈	60~84	70~89	14~16
非常剧烈	≥85	≥90	17~19
最大负荷量	100	100	20

表 5.3.4

表 5.3.4: Pollock ML, Gaesser GA, Butcher JD. (1998). The recommended quantilty and quality of exercise for developing and maintaining cardiorespiratory and musccular fitness, and flexibility in healthy adults. *Med Sci Sports & Exercise, 30(6), 975–991.*

d) 呼吸困难程度判断 (Dyspnea Scale)

呼吸困难是指呼吸短浅而急促。这是一个以呼吸的用力及困难程度来反映运动强度的方法，借此加以调节或控制。以下是该指标的四个程度：

1) 轻微——运动者能察觉，但旁观者则不能察觉
2) 少许困难——旁观者也能察觉
3) 困难——运动者仍能继续
4) 极度困难——运动者不能继续

以上指标常用于一些患有哮喘、肺病等运动者，因为他们会较容易感到气促。此外，一般体适能教练亦可将指标用作观察学员，若到第四级时，便指导他们降低运动强度。这个指标亦可与RPE指标同时采用，在体适能测试中也常应用。

e) 谈话测试 (Talk Test)

谈话测试是一个很简单但很有效的运动强度指标。学员以适当的强度进行运动时应该能够保持呼吸畅顺、深入且有节奏韵律、并且能够谈话；若学员不能在运动中谈话，显示他的运动强度可能已是过剧，需要降低运动强度。此测试亦可与前两项指标 (RPE及呼吸困难指标或心率计法) 共用，并可更准确地调节运动强度。

iii) 运动时间 (Exercise Duration)

运动时间是指运动者达到靶心率范围后的维持时间，所以不包括热身及整理运动。要达到心肺耐力锻炼及体重控制的效果，最好能够从事剧烈运动，并维持在靶心率范围20~30分钟。若要消耗脂肪，便要从事中等强度的运动，并维持30~40分钟。此外，也有一些运动者希望练到超乎常人的心肺耐力，他们会在靶心率区维持超过一小时之久。反过来说，对于一些初学者或年长者，开始计划时，可分多次5~10分钟的练习，每次之间可稍作休息，总时间合计是30分钟。待练习一些时日，再向持续30分钟的目标进发，便可达到心肺耐力的基本要求。

iv) 运动频率 (Exercise Frequency)

运动频率是指每周“运动的次数”。按 ACSM (2005) 的指引，一般人的运动频率是每周3次，经练习一段时间 (如2个月) 便可按需要和运动目标增至5次。若是运动剧烈的话，每周3次已足够。对于初学者或体弱者，可做每天多次的短时间运动，例如早、午、晚皆做10分钟中等程度运动 (如步行)，每周3~5天，这也会对体弱者有莫大的帮助。

v) 运动进度 (Exercise Progression)

运动计划的进度要视个人能力、健康状况、年龄、个人运动爱好及目标等而定。以年轻的健康者为例，ACSM的心肺耐力练习计划建议如下 (分三个阶段)：

计划阶段	星期	运动频次 (次/星期)	运动强度 (%$\dot{V}O_{2max}$/HR_{res})	运动时间 (分钟)
初级阶段	1	3	40~50	15~20
	2	3~4	40~50	20~25
	3	3~4	50~60	20~25
	4	3~4	50~60	25~30
提高阶段	5~7	3~4	60~70	25~30
	8~10	3~4	60~70	30~35
	11~13	3~4	65~75	30~35
	14~16	3~5	65~75	30~35
	17~20	3~5	70~85	35~40
	21~24	3~5	70~85	35~40
维持阶段	24+	3~5	70~85	20~60

ACSM. (2005) ACSM's Guideline for exercise testing and prescription. 7th ed.p.149. American College of Sports Medicine.

当达到维持阶段时，进步自然很少，此时应另定目标，找一些感兴趣，令自己享受且投入的运动，配合以同样运动量或能量消耗的强度来继续，效果更佳。

3. 总结

若能按照以上的运动处方来进行心肺耐力运动，那些慢性疾病不但可以避免，还可有高水准的心肺耐力适能。对于应付日常工作甚至突发事件，都会更加得心应手。只要持之以恒，定能达到良好的状态。

参考文献

1. (ACSM). (2005). *ACSM's guideline for exercise testing and prescription.(7th ed.)P23–24 American College of sport Medicne*
2. (7th ed.)P149 *Acsm's guideine for exercise testing and prescription* American College of Sports Medicine
3. McArdle, W. D., Katch, F. I. Katch, V. L. (2000). *Essentials of exercise physiology* (2nd ed.).
4. National Health and Nutrition Examination Survey II (NHANES II). (1976–1980). CDC/NCHS and the American Heart Association.
5. National Health and Nutrition Examination Survey III(NHANES III). (1988–1994). CDC/NCHS and the American Heart Association.
6. Noble, B. J. (1993). A category–ratio perceived exertion scale: Relationship to blood and muscle lactates and heart rate. *Med. & Sci in Sports Exercise*, 15: 523–528
7. Pollock, M. L., Gasser, G. A., Butcher, J. D. (1988). The recommended quantity and quality of exercise for developing and maintaining cardiorespiratory and muscular fitness,and flexibility in healthy adults. Med Sci Sports Exercise, 30(6): 975–991
8. www.cdc.gov/nchs/
9. Astrancl, P. O., & Rodahl, K.(1996). *Textbook of work physiology* (3rd ed.). New York: McGraw–Hill.
10. Sharkey, B. (1997). *Fitness and health* (4th ed.). Champaign, IL: Human Kinetics.
11. 许世全. (2000). 康盛人生系列二体适能评估理论及应用. 中国香港体适能总会.

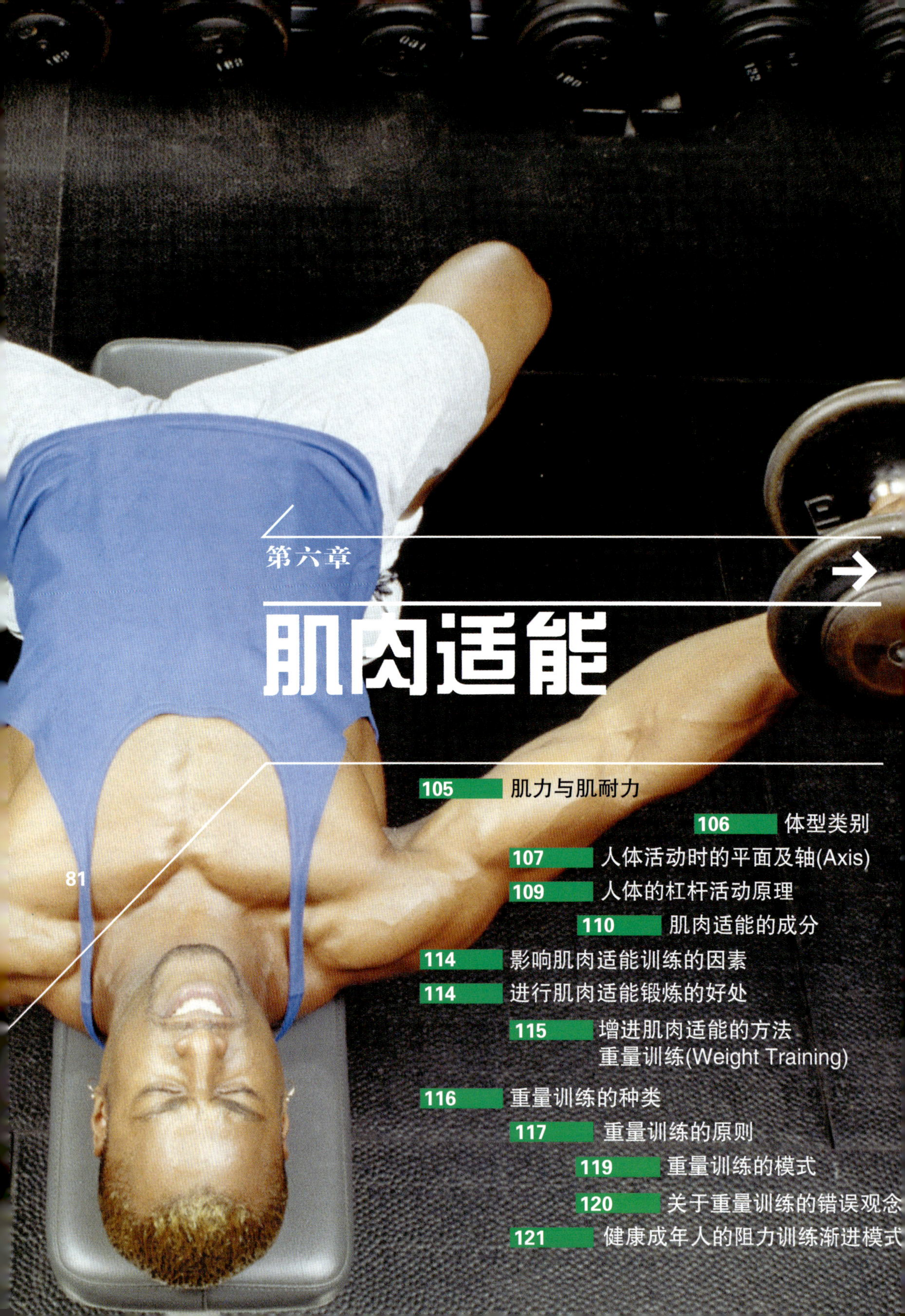

第六章

肌肉适能

肌力与肌耐力

肌肉适能 (Muscular Fitness) 主要包括肌力 (Muscular Strength) 和肌耐力 (Muscular Endurance)。由于都是以身体的肌肉为主体，故合称为肌肉适能。在深入了解什么是肌肉适能及如何训练身体肌肉前，必须先了解一些名词解释、人体体型分类、人体活动时的平面和轴及一些杠杆原理。以下章节将与大家详细探讨。

名词解释

肌力	肌肉或肌群在一次收缩时所产生的最大力量，或所能克服的最大对抗阻力。
肌耐力	在某一特定阻力下，肌肉或肌群重复克服该阻力的最多次数。
肌肉萎缩(Atrophy)	肌肉纤维横切面积缩小。
肌肉发达(Hypertrophy)	肌肉经训练后，肌纤维横切面积增大。
原动肌(Agonist)	关节运动时，主动做向心收缩的肌肉或肌群(可以是屈肌或伸肌，视动作而定)。
拮抗肌(Antagonist)	当动肌收缩的同时,相对放松被伸展的一组肌肉或肌群。
固定肌(Stabilizer)	用以固定骨与身体各部分，给予支撑、稳定某部分关节，而令其他关节生产需要活动的一组肌肉或肌群。
最大重复次数 (Repetition Maximum)	肌肉或肌群于上举某负荷时，在不疲倦的情况下，所能完成的最多次数。

体型类别

每人都有不同的体型，有些肥，有些瘦，而有些肌肉发达。体型大概可分为以下三种：

内胚型（Endomorphy） 也称肥胖型。体型丰满，骨骼宽阔，代谢率低，所以较容易增重及储存脂肪。

中胚型（Mesomorphy） 健壮型或天生肌肉型。身体比例较其他两种好，是力量训练或健美训练的好材料。

外胚型（Ectomorphy） 也称瘦长型。身型纤细、瘦长，肌肉及脂肪比例少，代谢率高，所以难于增加肌肉体积及净体重。

三种体型都具有先天的特征及限制，但只要经过适当及有效的肌肉适能锻炼，都可以达到某种程度上的效果(图 6.2.1)。

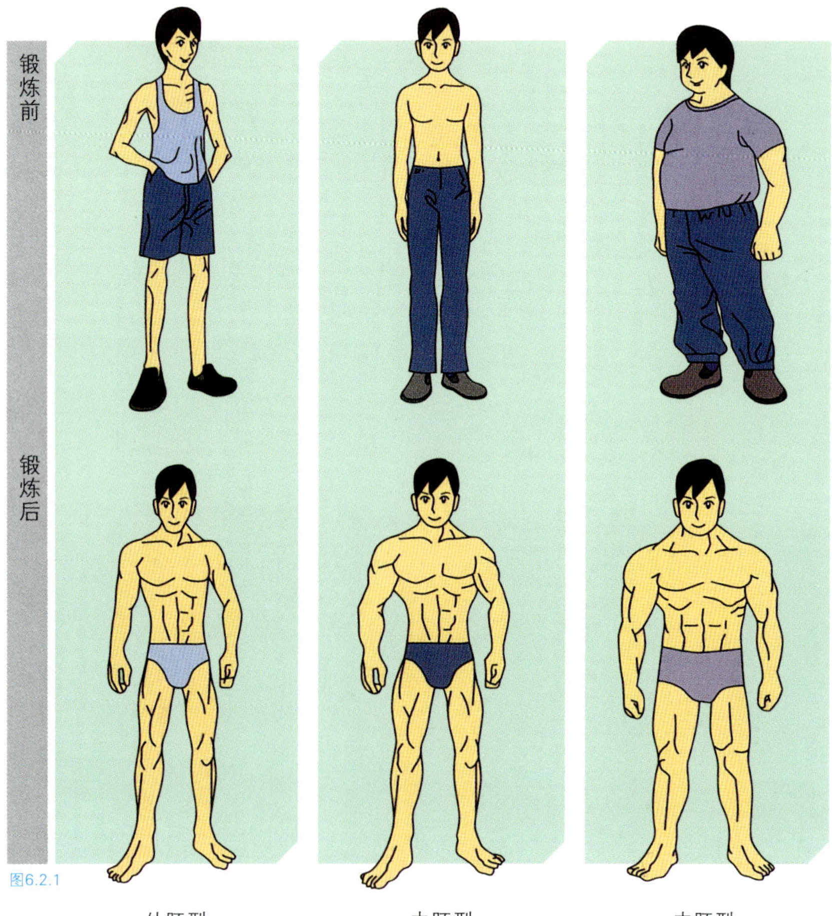

图6.2.1

外胚型　　中胚型　　内胚型

人体活动时的平面及轴 (Axis)

描述人体的动作时，可以参照人体解剖学确认的起始姿势，即解剖学姿势 (Anatomical Position)：身体直立，两眼平视正前方，上肢下垂于躯干的两侧，手掌向前，两足并拢，足尖向前。当人体产生动作时，便会离开这个位置。依据解剖学姿势，人体活动可以从三个平面及三个轴来描述（图6.3.1）：

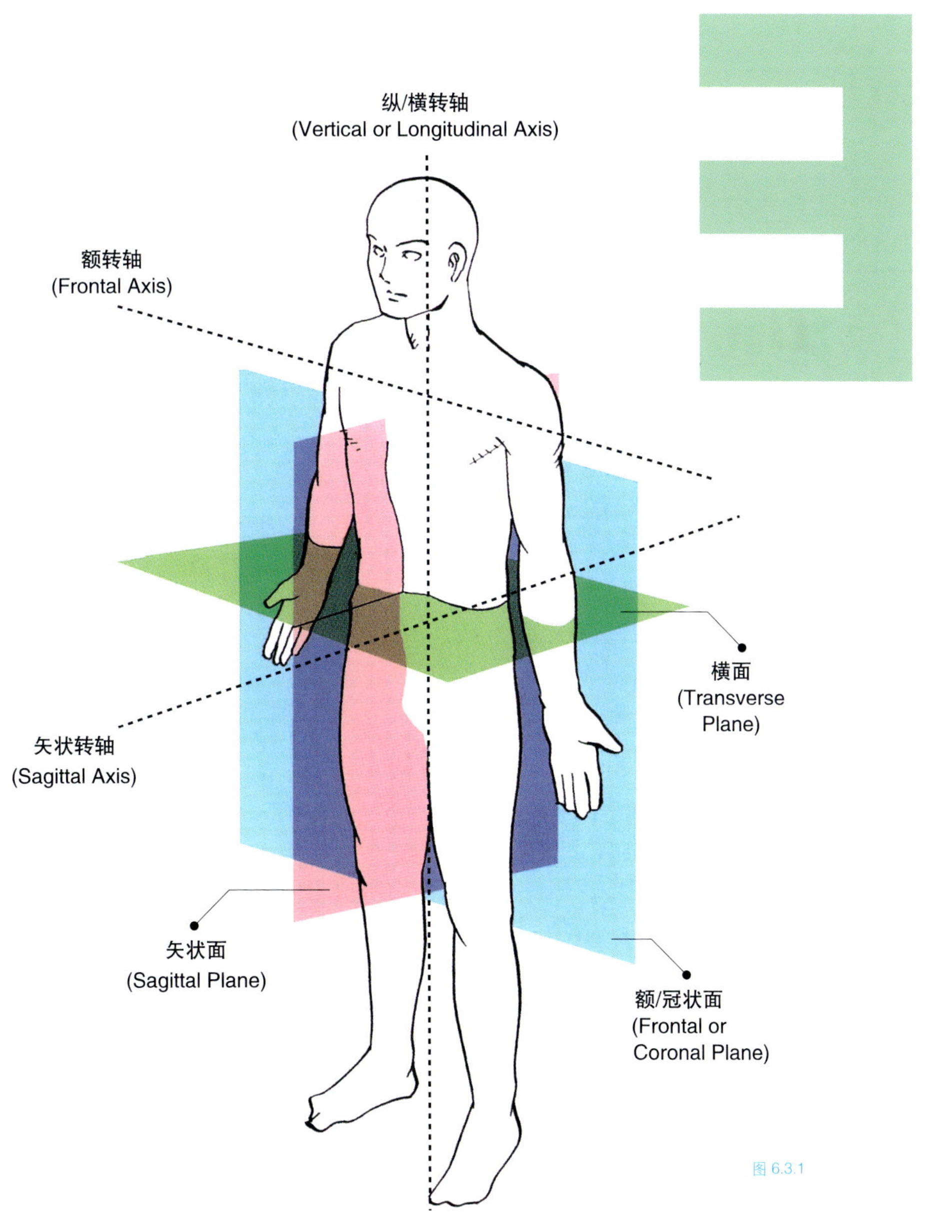

图 6.3.1

平面的种类：

矢状面(Sagittal Plane)　与地平面垂直。若纵切人体为左右两部分时，其断面即矢状面。

额面(Frontal Plane)　与地平面垂直。若纵切人体为前后两部分时，其断面即额面。

横面(Transverse Plane)　又称水平面(Horizontal Plane)，即横切人体的断面，与地面平行。

轴的种类：

矢状转轴(Sagittal Axis)　即如同箭从前方射入体内，与矢尖经过的方向相同。又称前后转轴，与纵转轴或横转轴同时呈直角交叉。如上肢内外绕环动作，便依此转轴产生。

额转轴(Frontal Axis)　介于人体两侧同高点之间，与横转轴成直角交叉，又称左右转轴。动作如身体的两臂绕，身体前后屈。

横转轴(Vertical Axis)　又称纵轴(Longitudinal Axis)。从头至脚，垂直而达于地平面。身体左右转都以此轴为中心。

人体的杠杆活动原理

人体骨骼结构乃依赖关节(Joint)“即支点(Fulcrum)或轴(Axis)”及骨骼“即杠杆(Lever)”，并通过肌肉的收缩牵引来完成机械工作。

人体主要有三种类型的杠杆，而通常以第三类为多。

第一类型:

支点(Fulcrum)在力点(Power)与阻力点(Weight)之间

例：1. 点头动作。
2. 手肘关节由屈曲至伸直。
3. 站立时，踝部向上屈跖动作，使脚尖离开地面。

第二类型:

阻力点(W)在力点(P)与支点(F)之间(人体最少的杠杆运动)

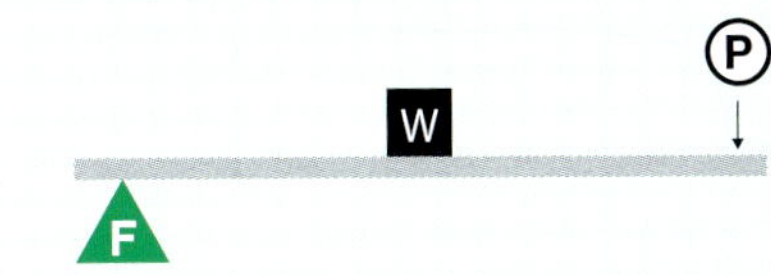

例：1. 站立地面时，脚尖蹬起而脚跟离地。

第三类型:

力点(P)在支点(F)与阻力点(W)之间

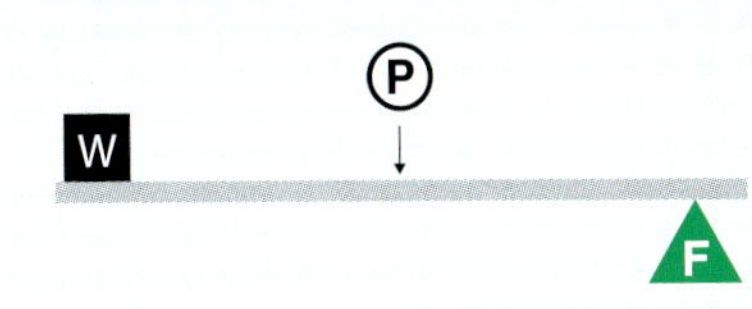

例：1. 手肘由伸直至屈曲使二头肌收缩。
2. 膝关节经股四头肌收缩而伸直。
3. 膝关节经股后肌收缩而屈曲。

重量训练动作的难易度与动力臂(Force Arm)“即支点”与施力点间的距离，及阻力臂(Resistance Arm)“即支点”与阻力点间的距离有很大的关系。阻力臂长则费力，短则省力；动力臂长则省力，短则费力。所以，如能在进行重量训练设计时，适当地了解人体的杠杆活动原理，可使训练效果更佳。

肌肉适能的成分

肌力(Strength)

肌肉或肌群对抗某种阻力时所发出的力量，一般而言指肌肉在一次收缩时所能产生的最大力量。

肌耐力(Endurance)

指某一部分肌肉或肌群，在从事反复被动收缩动力时的一种持久能力，或是指肌肉维持某一固定用力状态的持久时间。

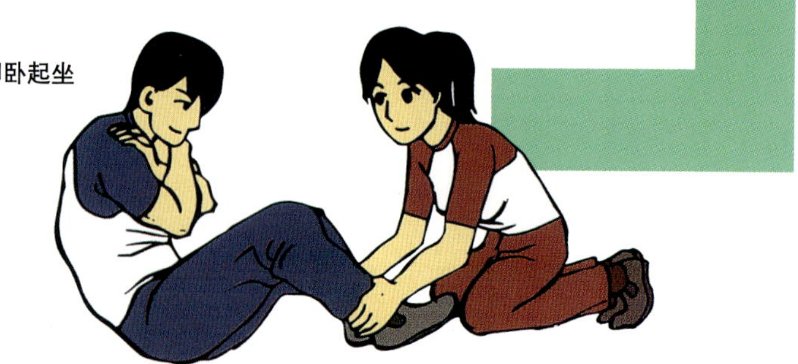

爆发力(Power)

在运动能力上解释为单位时间内发力的大小。

P = F(力量) × V(速度)

速度(Speed)

反应时间及单位时间内完成的肌肉收缩所达到的距离。

第六章

柔韧性(Flexibility)

肌肉、韧带等伸缩的能力及人体各关节活动范围的大小。

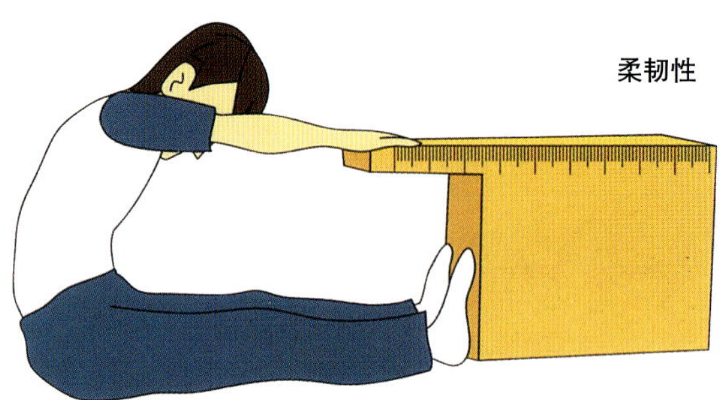

平衡(Balance)

身体在静态及动态时，把重心维持在支撑面内的能力。

平衡

灵敏性(Agility)

以感觉神经、运动神经反应速度的快慢衡量，也指身体突然改变方向的能力。

协调性(Coordination)

收缩与放松的正确时机(Timing)、韵律节奏(Rhythm)及平衡(Balance)的能力。

第六章

第六节

影响肌肉适能训练的因素

1. 性别

男性的肌肉力量和质量通常比女性强大，这与内分泌有关。

2. 年龄

肌肉力量的增长，到20岁为颠峰；其后开始慢慢衰退至60岁（或以上）。

3. 四肢长度(Limb Length)

骨骼肢体短者、肌肉力量较容易锻炼。

4. 肌肉长度(Muscle Length)

相对来说，四肢长度短小，而肌肉长度较长者，可较容易锻炼力量及运用力量。

5. 肌腱附着点(Tendon Insertion)

依杠杆原理可知，肌肉或肌群末端的肌腱所附着于骨骼的远近，可直接影响力量的产生。

6. 肌肉纤维种类

如第三章第四节所讲，快肌纤维对力量产生有着较好的优势，而且快肌在神经肌肉反应(Neuromuscular Response)方面，也比慢肌快。

第七节

进行肌肉适能锻炼的好处

现今最新趋势，是利用重量训练来使肌肉结实(Musle Toning)及作为补偿肌肉和关节缺陷的强化运动(Strengthening)。进行肌肉适能锻炼有以下好处：

1. 保持身体正确姿势及改善体形。
2. 减少肌肉关节慢性病。
3. 增加身体保护能力。
4. 促进生理机能及健康。
5. 增强运动能力。
6. 减少受伤机会。
7. 增强健康体适能。
8. 减少精神压力。
9. 增强自信心。

增进肌肉适能的方法——重量训练(Weight Training)

重量训练(Weight Training)又称渐进式阻力训练(Progressive Resistance Training)，字面意思理解，就是一种利用渐进负重的方式进行运动。重量训练有广义与狭义两种解释：

1. 广义

一切人体整体或局部的运动现象 (位移现象)，皆可称之为重量训练。因为在任何运动中，无论所产生运动现象的大小，人体作用肌 (或肌群)，必以杠杆原理完成工作，且在杠杆作用的工作过程中，作用肌群必负荷某种程度的阻力，通常因其所负荷的阻力与作用肌的力量太悬殊，使人体无负荷的感觉。理论上，仅能认为负荷未达到提高能力的程度，而并非没有。另外，人体大肌肉群如从事长时间或远距离的自然活动 (如步行)，必因位移现象的增加，而产生阻力累积，导致作用肌肉或肌群因负荷的增大，而达到增进体能的效果。所以不用器械的训练，广义来说，也可以视为一种重量训练，所不同的是一般运动仅以人体自身的重量为阻力而已。

2. 狭义

是指通过特定的器械(重量)，负荷于所要训练的肌肉群，利用作用肌对于重量所产生的拮抗作用，以渐进(Progressive)及超负荷(Overload)的方式，使人体各肌肉及组织，在力量、耐力、爆发力、速度及柔韧性上有所提高的训练方法。此种训练方法最大的特征，就是能够以各种特有的运动动作，针对性刺激某一束(群)肌肉，以达到肌肉群能力的平衡发展。因此，重量训练普遍对促进身体适能有良好的效果。

重量训练的种类

依照功用目的，可划分为以下四种类型：

1. 一般体适能的改善。
2. 康复 (Rehabilitation) 。
3. 举重 (Weight Lifting) 及健美 (Body Building) 的训练。
4. 各项运动的辅助训练 (Complementary Training)，以改善该运动的表现。

根据实施及对抗阻力的不同，可划分为：

1. 自身重量作阻力的练习 (Body Weight Exercises)
   利用身体本身的重量作训练，无须器材、金钱，容易实施。弊端是没有渐进的阻力及不能专注于某一肌肉或肌群的练习。
2. 健身器械练习 (Machine Exercises)
   以往在健身室中常见类似八爪鱼的综合性器械，能在较小的空间内实施身体各部分肌肉的锻炼。近年来则较多采用针对锻炼身体局部肌群而设的独立单座式器械。其特点是利用安全及有支持的架构而产生直接且可变化的阻力，使锻炼某一局部肌群的效果更佳。
3. 杠铃/哑铃练习 (Free Weight Exercises)
   独立的杠铃及哑铃是阻力的来源，借此能够实施全幅度运动 (Full Range of Motion)、多角度及渐进阻力的锻炼；弊端是实施时易受伤且需较长时间的技巧学习。

健身器械vs杠/哑铃

	健身器械 (Machine)	杠/哑铃 (Free weight)
好处	■ 实施快捷	■ 需要平衡力
	■ 安全	■ 可负荷实际重量
	■ 不需要辅助者 (Spotter)	■ 重量的轻重范围大
	■ 锻炼全身肌肉群	■ 更强的针对性 (Specificity)
	■ 多人同时使用	■ 锻炼项目更多及变化较大
	■ 被盗机会较低	■ 价钱较便宜
弊端	■ 器械的大小未必适应各人体型	■ 更危险
	■ 未能完全承受真正重量	■ 需要辅助者 (Spotters)
	■ 动作快时，在离心工作 (Negative work) 时有"零重量"的负荷	■ 需要时间转换重量
		■ 需要更多时间学习
	■ 价钱较昂贵	■ 容易被盗
	■ 限制转动动作	

重量训练的原则

1. 适应性 (Adaptation)

肌肉是有机体，有什么样刺激便会有什么样的反应。正面的刺激会带来正面反应，而负面的刺激会令肌肉萎缩退化。

2. 超负荷 (Overload)

由于肌肉有适应性 (Adaptation)，要增加肌肉力量或肌肉体积的大小，训练时的负荷一定要超出平常所习惯的负荷才能不断提高。例如：增加重量，重复次数或组数都可带给肌肉超负荷的刺激。

3. 可逆性 (Reversibility)

锻炼身体须养成习惯，持之以恒、定时进行，不然肌肉得不到正面的刺激，便会逐渐萎缩退化。

4. 频率 (Frenquency)

肌肉受到锻炼 (刺激) 后，需要时间休息—恢复期 (Recovery)。大肌肉如胸肌、股四头肌等需要48小时或以上，小肌肉如肱二头肌、肱三头肌也需要1～2天。所以进行重量训练，须隔日实施 (每星期3～4次)。除非每天锻炼不同肌肉，否则频率过密，肌肉未能恢复及适应超负荷带来的刺激，便会受伤。

5. 针对性 (Specificity)

训练时要有针对性。例如针对某部分肌肉，针对力量或耐力训练，针对某动作的活动范围(ROM)……器械的设计往往能够针对某部分的肌肉，只要动作正确，便可达到锻炼某肌肉的效果(如蝴蝶机是针对胸肌的锻炼)。至于针对力量或耐力，甚至爆发力的训练，可参考模式一。如训练目标是肌耐力，重量相对轻，而重复次数多，与爆发力训练的模式(重量重而重复次数少) 不同。

6. 循序渐进 (Progressive Resistance)

在正常的情况下，或对于初学者，阻力或重量应该由轻到重的渐次刺激肌肉力量。在整个长期的训练计划中逐渐增加阻力，促使肌肉达到超负荷。

7. 渐次编排 (Muscular Progression)

肌肉力量训练时，最适当是先大肌肉后小肌肉。目标小肌肉较大肌肉容易疲劳，先练小肌肉会令锻炼大肌肉时达不到超负荷。例如卧推的动作以胸大肌为主，肱三头肌为辅。若进行卧推前先锻炼了肱三头肌，则再做此动作锻炼胸肌的效果便不理想。

8. 动作速度 (Speed Motion)

进行肌肉的向心收缩锻炼，应维持1～2秒；进行肌肉的离心收缩锻炼时，应维持2～4秒。例如进行卧推时，发力推用时1～2秒，降下重量用时2～4秒。在进行全幅度运动时，速度应适中。

9. 保持呼吸 (Breathing)

当抵抗阻力时，应该呼气；放下阻力时应吸气，相反亦可，但必须保持呼吸顺畅，以避免 Valsalva 现象。

10. 全幅度运动 (Full Range of Motion)

局限性动作持续过久可导致肌纤维缩短，构成永久性局限的行动。但亦不要过分伸直，以避免对关节施压太大。例如肱二头肌的屈举。进行下蹲运动来锻炼大腿时，也不要深蹲，至大腿和小腿成90° 角已足够。

11. 肌肉平衡发展

身体每一部分如四肢及躯干，除要均衡的锻炼外，更需留意屈曲肌 (Flexor) 和伸展肌 (Extensor) 的平衡发展，例如股四头肌 (Quadriceps) 和大腿后肌 (Hamstrings)的均衡发展。若股四头肌过强而大腿后肌过弱，则大腿后肌在运动时会容易受伤。

重量训练的模式

模式一

锻炼	阻力/重量	重复次数	组数	动作速度	休息时间
肌力（高级组）	2～6RM	2～6	3～6	慢或中	3～5分钟
肌力（初级组）	8～12RM	8～12	2～3	慢或中	2～3分钟
肌耐力	15或以上RM	15～30	3～6	中	尽量短
爆发力	4～8RM	4～8	3～6	快或尽可能快	3～5分钟
增大肌肉重量	6～15RM	6～15	3～5	慢或中	1～2分钟

模式二

不同锻炼对应不同强度时的重复次数和组数。

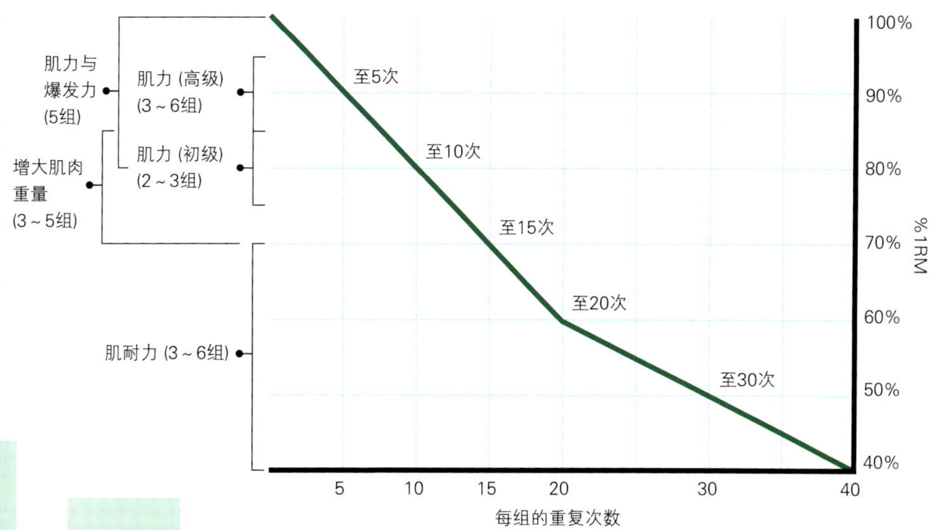

关于重量训练的错误观念

1. **重量训练令肌肉绷紧及降低柔韧性。错！**

   柔韧性可经科学化及悉心设计的重量训练计划而得到增强。训练中有适当的热身及放松运动和全幅度活动 (Full R.O.M) 练习，力量和柔韧性均会相应地提高。

2. **重点减肥/局部修身。错！**

   广告上所介绍的减脂肪花招常使人们产生错觉，以为可以局部或重点选择地减肥。利用紧身焗汗服、电动震腰带或做1000次的仰卧起坐便可以减去腰股间脂肪是不可能的。不过做仰卧起坐却可以使腹肌结实。只有经常地进行有氧运动及适当的节食才能去除多余的脂肪。

3. **停止进行重量训练后，肌肉会变成脂肪。错！**

   这个观念生理学上是不能接受的。肌肉与脂肪是两种完全不同的身体组织。当停止进行重量训练后，肌肉会出现萎缩(Atrophy)；同时运动量减少及高热量的摄取，会令脂肪增加，这才是事实。

4. **重量训练令女性的肌肉增大，显得粗犷。错！**

   男性肌肉增大(Hypertrophy)的机会比女性大。因为男性的雄性激素(Testosterone)比女性多出20～30倍。再者，肌肉的大小与先天因素有很大的关系。只要有适当的重量训练计划，依照重量训练的原则进行锻炼，女士们是不用担心的。

5. **重量训练令你行动缓慢。错！**

   这刚好是一个相反的观念！设计得好的重量训练计划会使力量增大，强健的肌肉使身体行动更快和更有速度。

6. **没有疼痛，就没有进步 (No pain，No gain)。错！**

   应该说成“没有疼痛，没有进步，是没有头脑 (No Brain)”！疼痛是一种身体警号，表示身体受伤和将会受伤。在健康体适能领域里，是不应该训练到疼痛的地步。适量的训练和休息，进步才明显。

7. **杠铃/哑铃是最好的锻炼肌肉适能器械。错！**

   从健康体适能方面考虑，健身器械与杠铃/哑铃训练是各有利弊。虽然很多健美 (Body Building) 或举重 (Weight Lifting) 者喜爱杠铃/哑铃，但健身器械的好处是方便实施和安全，而且更容易掌握及学习。

健康成年人的阻力训练渐进模式

根据美国运动医学院对健康成年人的阻力训练渐进模式的立场声明 (2002)，实行渐进模式的阻力训练是必要的，它有助于实现更加独特的训练目标。

1. 最理想而有特色的力量训练计划应该包括利用肌肉的向心、离心收缩及单关节、多关节活动来进行锻炼。
2. 力量训练计划的次序编排很重要，可以令运动更有质量（先大肌肉，然后小肌肉锻炼；先多关节，然后单关节锻炼；先大强度，然后低强度锻炼）。
3. 8～12次重复次数为最初阶段或初学者的训练强度。随后进行较高级的训练，可使用较大范围的1～12次重复次数，至后期可着重于1～6次重复次数，组与组之间休息3分钟，向心及离心收缩皆为1～2秒钟。
4. 当个人训练可以超过原来的重复次数两次以上，便可增加原来重量的2%～10%。初学者及进阶者每星期训练2～3次，高级者则每星期训练4～5次。相类似的计划可以应用于针对增加肌肉质量的训练。
5. 就重量而言，以完成1～12次重复次数为划分模式 (periodized fashion)，着重于6～12次重复次数的中等速度练习，组与组之间休息1～2分钟。
6. 大训练量和多组数训练是增加肌肉重量的最佳模式。
7. 渐进式爆发力 (power) 训练须依据以下两个负重策略：1) 力量训练 2) 用较轻的重量 (30%～60%的最大重复次数) 配合较快的速度进行多组数的练习，组与组之间休息2～3分钟。
8. 建议全身性的多关节训练为锻炼重点。
9. 局部肌肉的耐力训练应利用短暂休息 (<90秒钟)，由低至中等的重量 (40%～60%的最大重复次数) 来作高重复次数 (>15RM) 的训练。

阐述此声明之前，应首先考虑个人的目标、身体能力及训练状态。

参考文献

1. ACSM Joint Position Statement. (2002). Progression models in resistance training for healthy adults. Medicine & Science in Sports & Exercise, 2(34), 364–380.
2. 沈剑威 (2005). 健体指导. 明报出版社.

第七章

身体成分与体重控制

身体成分 (Body Composition)

1. 概念及定义

i) 身体成分 (Body Composition)：身体的脂肪与瘦体重的组合比例。

ii) 瘦体重 (Lean Body Weight)：体重中非脂肪的体重称为瘦体重。所以瘦体重包括了肌肉、骨骼、内脏、血液及皮肤等重量。

iii) 体脂百分比 (% Body Fat)：身体脂肪重量占总体重的百分比。
例：如一位体重100磅的女士，她的体脂百分比为20%，意即她体内约有脂肪：
100磅 x 20% = 20磅

iv) 总体重 (Total Body Weight) = 瘦体重+脂肪重量 (通过身体成分测量来计算)。

v) 理想体重 (Ideal Body Weight)：指某一身高相对理想的体重范围。

a) 以下公式是计算在某一身高的体重标准：
男士：标准体重 (千克) =〔身高 (厘米) – 80〕x 0.7
女士：标准体重 (千克) =〔身高 (厘米) – 70〕x 0.6
这两个计算公式只是考虑了身高、性别及体重因素，若再考虑骨骼类型大小因素，便要用以下方法来对照。

b) 以下是以惯用手的腕围 (手腕最窄处的圆周长) 来决定骨骼类型，然后在自己所属的骨骼类型栏内，依照性别与身高找出自己的理想体重范围。

测量你惯用手的腕围，可找出你所属的体型：

	男性	女性
小骨骼型	6.5英寸(16.5厘米)以下	5.5英寸(13.9厘米)以下
中骨骼型	6.5~7英寸 (16.5~17.7厘米)	5.5~6.5英寸 (13.9~16.5厘米)
大骨骼型	7英寸(17.7厘米)以上	6.5英寸(16.5厘米)以上

男性理想体重

高度		小骨骼型		中骨骼型		大骨骼型	
米	英尺 英寸	公斤	磅	公斤	磅	公斤	磅
1.625	5 4	54.9～58.5	121～129	57.6～63	127～139	61.2～68.9	135～152
1.650	5 5	56.2～60.3	124～133	59～64.9	130～143	62.6～70.8	138～156
1.675	5 6	58.1～62.1	128～137	60.8～66.7	134～147	61.4～73	142～161
1.700	5 7	59.9～64	132～141	63.6～68.9	138～152	66.7～75.3	147～165
1.725	5 8	61.7～65.8	136～145	64.4～70.8	142～156	68.5～77.1	151～170
1.750	5 9	63.5～68	140～150	66.2～72.6	145～160	70.3～78.9	155～174
1.775	5 10	65.3～69.9	144～154	68～74.8	150～165	72.1～81.2	159～179
1.800	5 11	67.1～71.7	148～158	69.9～77.1	154～170	74.4～83.5	164～184
1.825	6 0	68.9～73.5	152～162	71.7～79.1	158～175	70.8～85.7	169～189

女性理想体重

高度		小骨骼型		中骨骼型		大骨骼型	
米	英尺 英寸	公斤	磅	公斤	磅	公斤	磅
1.500	4 11	44.9～48.5	99～100	47.2～52.6	104～116	50.8～58.1	112～128
1.525	5 0	46.3～49.9	102～110	48.5～54	107～119	52.2～59.4	115～131
1.550	5 1	47.6～51.3	105～113	49.9～55.3	110～122	53.5～60.8	118～134
1.575	5 2	49～52.6	108～116	51.3～57.2	113～126	54.9～62.6	121～138
1.600	5 3	50.3～54	111～119	52.6～59	116～130	56.7～64.4	125～142
1.625	5 4	57.7～55.8	114～123	54.4～61.2	120～133	53.5～66.2	129～145
1.650	5 5	53.5～57.6	118～127	56.2～63	124～139	60.3～68	133～150
1.675	5 6	55.3～59.4	122～131	58.1～64.9	128～143	62.1～69.9	137～154
1.700	5 7	57.2～61.2	126～135	59.9～66.7	132～147	64～71.1	141～158

若你的体重比理想范围的下限还低，你便是过瘦；
相反，比理想范围的上限还要高的话，你便是超重了。

vi) 过瘦 (Underweight)：身体重量比理想体重范围的下限还低。

vii) 超重 (Overweight)：身体重量比理想体重的标准高；标准是基于性别、身高及骨骼大小。

viii) 身体质量指数 (BMI) = 体重 (公斤) /身高^2 (米^2)

成年人正常的BMI范围20~25，

较理想的区间是21~22.5。

若你的BMI大于27，则属超重，

大于30，便属严重超重了。

相反来说，若你的BMI小于20，你便属于过瘦了。

ix) 以上各种方法，都是以身高与体重的比例来衡量体重是否过瘦或超重，但有些人士却不适用，如：

1) 经常运动的人士，可能肌肉的比例较多，脂肪量很少，也可超重，但这是健康的；
2) 有些人士的BMI或体重很理想，并无超重。但也有可能是肌肉量远少于正常，而脂肪量却远超应有水平，虽体重理想，但却是巨肥。

所以，在一般脂肪与肌肉正常分布的情况下，理想体重对照表或BMI都可应用。但如遇上述两种情况，测量皮下脂肪的方法就较为准确。

x) 过度肥胖 (Overfat)：身体的脂肪含量高于标准。

以下是体脂百分比标准

体脂百分比标准

等级		男性 (%)	女性 (%)
脂肪非常少 ：	瘦	7.0 ~ 9.9	14.0 ~ 16.9
脂肪少 ：	健美	10.0 ~ 12.9	17.0 ~ 19.9
脂肪适中 ：	正常	13.0 ~ 16.9	20.0 ~ 23.9
脂肪略多 ：	略肥	17.0 ~ 19.9	24.0 ~ 26.9
脂肪很多 ：	肥胖	20.0 ~ 24.9	27.0 ~ 29.9
脂肪极多 ：	巨肥	25.0 或以上	30.0 或以上

2. 过度肥胖的害处

i) 行动较迟缓。

ii) 体型不理想。

iii) 易患：(a) 高血压
(b) 心脏病（尤其冠心病）
(c) 糖尿病
(d) 肝硬化
(e) 胆结石等病症

iv) 较难维持正确身体姿势。

v) 身体负荷过重，容易令关节损伤。

vi) 运动能力降低。

vii) 因身体脂肪太多，若在手术或怀孕的情况下，会容易引起并发症。

viii) 死亡率提高。

3. 过度肥胖的原因

i) 年龄增大较易过度肥胖（因年长会使瘦体重流失，同时脂肪含量也可能增加)。

ii) 缺乏运动(过多的热量会以脂肪的形式储存)。

iii) 不良的饮食习惯（如暴饮暴食、爱吃甜或肥腻的食物，零食及不定时、不定量的进食等)。

iv) 不良的行为习惯（如情绪不佳便暴饮暴食、过于依赖现代化设备而缺乏运动或看电视时吃零食等行为)。

v) 身体机能出现问题(如内分泌系统、食欲中枢出现问题等)。

vi) 误以为肥胖便是健康的标志。

vii) 遗传因素（若你的父母、祖父母、兄弟、姐妹等近亲大多是肥胖型时，你也可能拥有肥胖的遗传因子。在这种情况下，切勿放弃减肥，否则会更肥胖)。

viii) 婴儿时期脂肪细胞数目剧增。

4. 过瘦的害处

身体脂肪含量太少，会导致以下害处：

i) 因为身体太消瘦而觉得自己体型不理想。

ii) 从事水中运动 (如游泳、水球、水中体操等) 时，感到吃力，较难浮水。

iii) 身体只有较少量的脂肪可提供作长久耐力性运动的能源。

iv) 身体较为怕冷，天气稍凉便觉冷。

v) 内脏的防震及保护较少。

vi) 能够运送脂溶性维生素的脂肪较少，会导致该维生素的不足。

5. 过瘦的原因

i) 进食过少而导致营养不良。

ii) 消化系统出现问题而导致吸收能力欠佳。

iii) 内分泌系统失调而导致食欲过低或脂肪在身体储存出现问题。

iv) 遗传因素。

第二节

营养与健康

1. 基本营养素

我们身体要维持良好的机能操作和健康状态，正确的饮食模式及适量的营养摄取是很重要的。所以，先认识基本的六大营养素是必需的。我们日常摄取的食物中，主要的营养素可分为以下六种：

i 碳水化合物 (Carbohydrates)

ii 脂类 (Lipids)

iii 蛋白质 (Protein)

iv 矿物质 (Minerals)

v 维生素 (Vitamins)

vi 水 (Water)

i 碳水化合物 (Carbohydrates，CHO)

a) 碳水化合物包括不同种类的糖分，它的分类如下表 (7.2.1)：

	种类	味道
碳水化合物	单糖 (Monosaccharides) 葡萄糖 (Glucose)、果糖 (Fructose) 及半乳糖 (Galactose)	〔微甜〕
	复合糖 (Complex Sugar) 双糖[1] (Disaccharides)：蔗糖 (Sucrose)、麦芽糖 (Maltose) 及乳糖 (Lactose)	〔甜〕
	多糖[2] (Polysaccharides)：淀粉 (Starch)、肝糖元 (Liver Glycogen) 及纤维 (Fiber)	〔淡〕

[1]双糖是由一个单糖分子加一个葡萄糖分子脱去一个水分子而成。

蔗糖 = 葡萄糖 + 果糖 – 水分子

麦芽糖 = 葡萄糖 + 葡萄糖 – 水分子

乳糖 = 葡萄糖 + 半乳糖 – 水分子

例：麦芽糖的形成

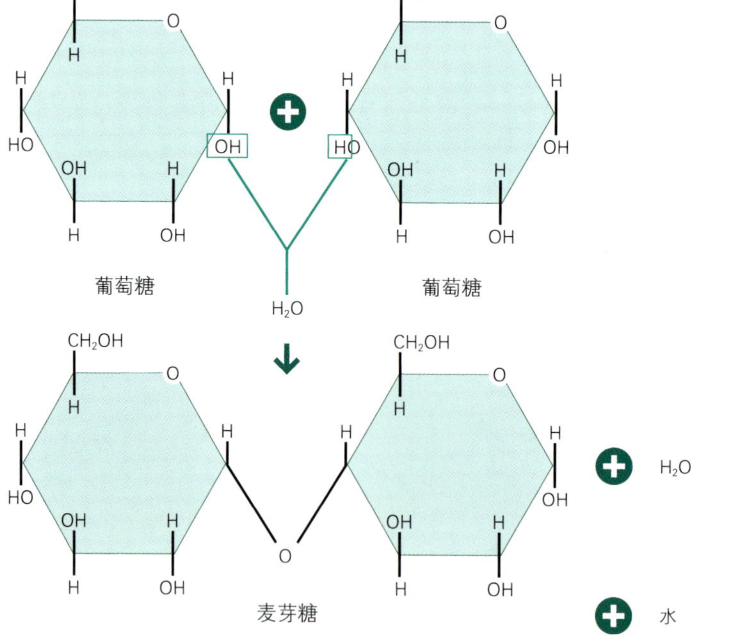

葡萄糖、果糖、蔗糖及麦芽糖都是来自植物，
而乳糖及半乳糖是来自奶类食品。

[2]多糖是由多个葡萄糖分子串连及分支而成。
淀粉是由数百至数千个葡萄糖分子连成，并有很多分支，如下图 (7.1)：

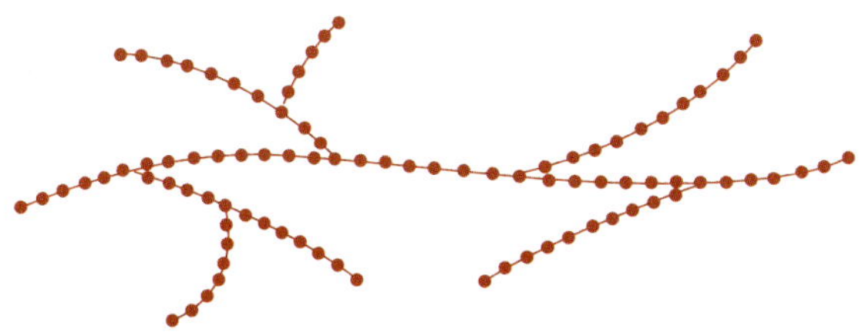

淀粉来自植物类食物，包括：米、麦、粟、豆、薯类。

肝糖元结构较淀粉复杂且分支更多。也是由很多葡萄糖分子构成，由肝脏去释放和储存。它能在激素作用下快速分解出葡萄糖供人体使用，所以是一个很好的能量来源。

纤维也是由多个葡萄糖分子构成，由于并不容易在肠胃中分解，所以能量价值很低，但对人体的消化及大肠的蠕动很重要。纤维来自植物类的食物如生果及蔬菜等。

b) 在每一正餐中，应有55%~60%的热量来自碳水化合物。而其中
   单糖占15%
   复合糖占45%
c) 碳水化合物提供能源给：
   i) 肌肉
   ii) 内脏
   iii) 脑
   当人体需要能量时，便以葡萄糖形式来使用，但当有剩余的葡萄糖时，便会组合成肝糖元来储存。
d) 葡萄糖是最有效率的人体供能燃料，1克的葡萄糖可提供4千卡的热能。
e) 碳水化合物的功能
   i) 不断提供能源给身体细胞。
   ii) 保证神经系统的正常生理功能 (它只用葡萄糖作能源)。
   iii) 延缓疲劳的发生。
   iv) 预防低血糖症。
   v) 纤维可防止便秘及降低血糖及血脂水平。

ii 脂质 (Lipids)

a) 包括不同种类的脂肪及油，其分类如下：

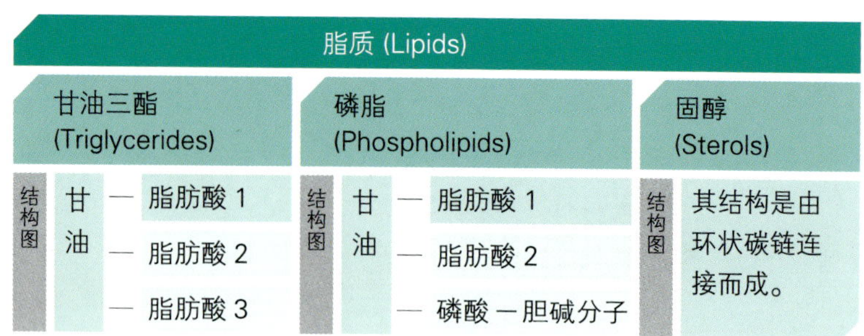

b) 食物中的脂肪有95%是甘油三酯，而其余的5%是磷脂及固醇 (如胆固醇)。但人体脂肪细胞内储存的99%是甘油三酯。

c) 甘油三酯 $\xrightarrow{\text{水解}}$ 甘油 + 3脂肪酸

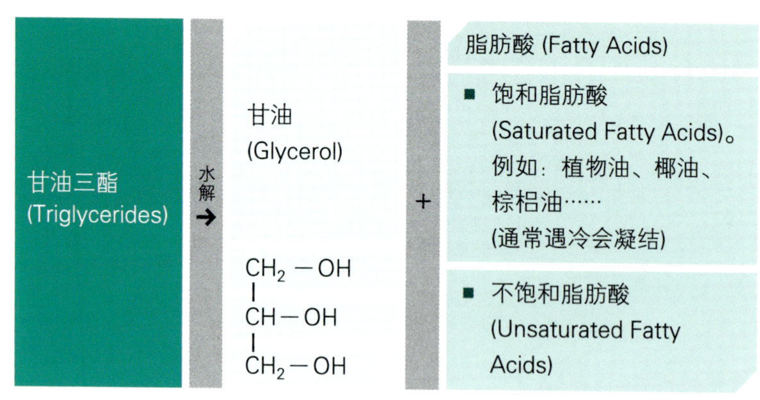

身体成分与体重控制

d) 不饱和脂肪酸可分为以下两种：

<table>
<tr><td rowspan="2">不饱和脂肪酸</td><td>单不饱和脂肪酸
(Monounsaturated Fatty Acids)
■ 较有益和稳定，有助于降低低密度脂蛋白胆固醇 (LDL)。
例如：橄榄油、花生油及芥花籽油。</td></tr>
<tr><td>多不饱和脂肪酸
(Polyunsaturated Fatty Acids)
■ 较不稳定，老人少吃为佳 (因有研究显示此脂肪酸与关节炎有关)，但比饱和脂肪酸好，因为它也能降低胆固醇 (包括高和低密度脂蛋白质胆固醇)。
例如：粟米油、亚米茄三油及亚米茄六油等。</td></tr>
</table>

e) 在每一正餐中，应有25%~30%的热量来自脂肪，其中饱和脂肪应少于10%及胆固醇少于300毫克。

f) 脂肪与胆固醇的关系
   i) 胆固醇多来自动物。
   ii) 饱和脂肪会提高血胆固醇水平，因为高胆固醇食物大多也含饱和脂肪。
   iii) 多不饱和脂肪能降低低密度脂蛋白胆固醇 (LDL)，但也会降低高密度脂蛋白胆固醇 (HDL)。
   iv) 单不饱和脂肪只降低低密度脂蛋白胆固醇 (LDL)。

g) 脂肪的功能
   i) 重要的能量来源，但需时较长。1克脂肪可提供9千卡热能。
   ii) 运送脂溶性维生素，即维生素A、D、E及K。
   iii) 有保暖作用。
   iv) 保护重要内脏。
   v) 增加饱腹感。
   vi) 增加食物的美味程度。

iii 蛋白质 (Protein)

a) 蛋白质是构成细胞的基本物质，是由多个氨基酸分子组成。

蛋白质结构图

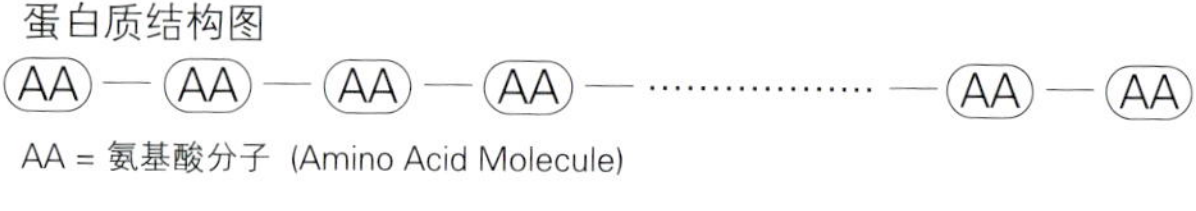

AA = 氨基酸分子 (Amino Acid Molecule)

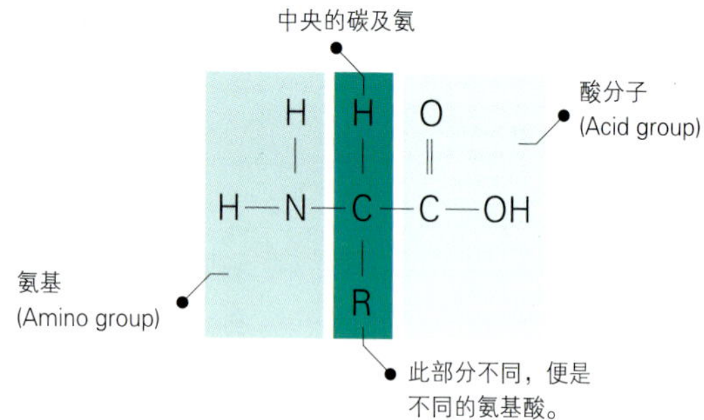

b) 人体内的蛋白质除了组成肌肉细胞外，激素 (Hormones)、酶 (Enzymes) 及抗体 (Antibodies) 也是由蛋白质构成。

c) 人体内不同的蛋白质是由20种不同的氨基酸，以不同的组合构成。其中9种氨基酸是靠从食物中摄取，这些氨基酸便称为“必需氨基酸(Essential Amino Acids)”。其余的11种氨基酸在缺乏时可由身体自行制造，称为“非必需氨基酸 (Non-Essential Amino Acids)”。

氨基酸	**必需氨基酸 (9种)**：要从食物中摄取。
	非必需氨基酸 (11种)：身体可自行制造。

d) 完全蛋白质 (Complete Protein)：包含所有必需氨基酸的蛋白质，如肉类及奶类制品。若这些完全蛋白质又是容易消化的话，便是“优质蛋白质 (High Quality Protein)”了。

e) 不完全蛋白质 (Incomplete Protein)：不能包含所有必需氨基酸的蛋白质，例如：来自植物、蔬菜、水果的蛋白质多是不完全蛋白质，所以又可称为“低质量蛋白质 (Low Quality Protein)”。但我们可摄取多种不完全蛋白质相互补充而成为完全蛋白质。

f) 每餐中应有15%~20%的热量来自蛋白质。身体对蛋白质的摄取量约为0.8克/千克体重/日 (每天摄取4~6两肉)，过量摄取是不必要的。

g) 蛋白质的功能
   i) 构成及补复组织。
   ii) 运送氧气 (红细胞) 及其他养分。
   iii) 制造酶(Enzymes)。
   iv) 促进血液凝固。
   v) 维持正常的酸碱平衡及体液平衡。
   vi) 在特殊情况下，作为能源，每克蛋白质可提供约4千卡热能。
h) 蛋白质在以下情况需求较多
   i) 发育时期。
   ii) 怀孕妇女。
   iii) 哺乳期妇女。
   iv) 在生理压力下，如体能训练。
   v) 患病和严重烧伤情况下。

iv 矿物质 (Minerals)

a) 人体内含有最少31种化学元素，其中24种以矿物质形式存在，为维持生命的必需元素。
b) 矿物质是无机的营养物质 (Inorganic)，它不是由生物体制造。
c) 我们只需摄取少量便足够，但这是必需的。
d) 人体主要从水和食物中摄取所需矿物质，一般很少有缺乏情况出现。其中相对较易缺乏的矿物质有：钙，铁；因身体功能而消耗以致不足的有：镁、钠、钾、铁 。

需求 > 供应 ⟶ 缺乏

e) 矿物质的功能
   i) 在不同的身体代谢过程中，矿物质扮演着协助者 (Cofactors) 的角色。
   ii) 它是构成不同激素 (Hormones)，酶(Enzymes) 等物质的元素之一，用以调节细胞内的化学反应。
   iii) 构成牙齿和骨骼 (例如：钙)。
   iv) 用作电解质 (Electrolyte) 来控制及维持体液平衡。
   v) 从功能的角度来看，矿物质可以维持正常的生理程序，如：正常心率、肌肉收缩、神经传导及身体的酸碱平衡。

第七章

f) 人体重要矿物质资料

矿物名称	主要功能	缺乏时症状	食物来源
钙Ca^{2+}	形成牙齿、骨骼，参与凝血、神经传导及肌肉收缩	生长不良、软骨病及痉挛	奶、暗绿色蔬菜、豆类及软骨鱼
铁Fe^{3+}	参与红细胞内氧运输，肌细胞内氧利用	缺铁性贫血 (虚弱、易受感染)	蛋、瘦肉、豆、谷类、暗绿色蔬菜
镁Mg^{2+}	细胞生长 (参与蛋白合成)、活化激酶	生长障碍、虚弱、痉挛	全谷、绿叶蔬菜
钠Na^{+}	参与神经传导、酸碱及水分平衡	肌肉痉挛	食盐
钾K^{+}	与钠盐同	肌肉瘦弱、麻痹	肉、牛奶、水果
氯Cl^{-}	与钾、钠盐同	与钠同	食盐
碘I^{-}	甲状腺素成分	喉咙肿大 (大脖子病)	海鱼、贝类、奶及蔬菜

v 维生素 (Vitamins)

a) 维生素是有机化合物 (Organic)。

b) 人体所需的维生素是非常少量的，但对维持生命很重要。

c) 维生素不能用作产生能量，也不能用来构成身体部分。

d) 维生素的种类

i) 水溶性：维生素B 、C是溶于水的。

——不储存体内，剩余便排出体外。

——所以要不断补充。

ii) 脂溶性：维生素A、D、E及K是溶于脂肪的。

——不溶于水，而溶于脂肪。

——若有过量，可储存于肝脏。

——过量储存会导致中毒。

e) 维生素的功能

i) 在燃料（碳水化合物、蛋白质及脂肪）代谢过程中，扮演着必需的连接与调节的角色。

ii) 每一生化活动中，有1种以上的维生素在参与。

f) 人体内主要维生素资料

维生素	主要体内功能	缺乏时症状	食物来源
A	■ 促进视紫质再生 ■ 维护皮肤组织	夜盲症、失明	青菜、牛奶、蕃茄
D	■ 促进生长 ■ 促进磷、钙质的吸收	软骨病、关节痛	奶、蛋、鱼、晒太阳
E	■ 抗氧化 ■ 阻止细胞膜损坏	贫血	植物油、奶、蛋、绿色蔬菜
K	■ 凝血	失血、内出血	绿叶蔬菜、水果、谷类
B 族	■ 帮助产生能量 ■ 帮助神经传导	脚气病 (B_1)、皮肤病、贫血、失眠	奶、蛋、鱼、肉、生果
C	■ 抗病 ■ 参与肾上腺素的合成 ■ 帮助铁的吸收	坏血病	生果、蔬菜

vi) 水 (Water)

a) 是多种营养素中最必需的一种。

b) 人体需要不断的补充水分。

——1天应饮8杯水或其他液体。若有运动，更应加以补充 (补充量为失水量的1.5倍为佳)。

——饭后切勿饮下大量开水，以免稀释胃酸。

c) 水的来源及去路

水的来源途径：摄取液体、食物及在代谢中产生。

水在体内排出途径：排尿、排汗、呼气及在粪便中散失。

d) 水的功能

i) 运送养料、激素、代谢废物往返细胞。

ii) 协助循环系统及排泄系统运作。

iii) 协助调节身体温度。

iv) 协助营养的消化和吸收。

v) 是身体组织的软垫 (Cushion)。

vi) 是身体各关节的润滑剂。

vii 总结

以上六种基本营养素在每餐进食时都要小心控制，均衡摄取，从而使身体机能良好运作。

2. 了解健康食谱及良好的饮食习惯

i 均衡饮食

以下是食物金字塔 (见图7.2) 的特点：

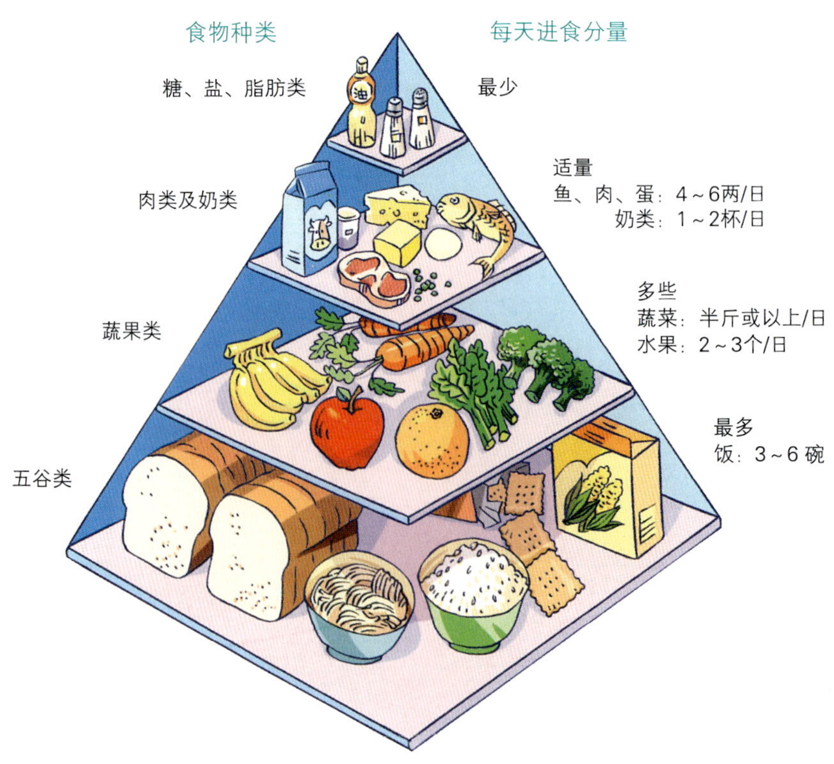

a) 在日常三餐正餐中，应按上述金字塔中各类食物所占的比例来进食。即五谷类食物最多（如米、麦、粉、面等），其次是蔬菜及水果类，较少摄取的是奶类及肉类，而最少摄取的是油、盐及糖类。

b) 因不含身体所需的营养，非食物金字塔中的食物可以不吃。

ii 良好的饮食习惯

a) 饮食要尽可能定时定量。

b) 正餐前十分钟与餐中及餐后两小时，不可饮大量开水，因为会稀释胃酸，影响消化。

c) 运动前后一小时内不宜进食，以免影响消化。

iii 饮食习惯和健康

综合美国健康及国民服务部 (US.Dept.of Health and Human Services) 和美国心脏协会提出的健康饮食习惯指引，有以下十三点：

a. 饮食中应包含多种类食物。

b. 以适当的饮食及运动来维持理想体重。

c. 避免过多饱和脂肪、其他脂肪和胆固醇摄取。脂肪摄取要少于总摄取量的30%，即每天摄取少于8茶匙油，因高脂 (尤其饱和脂肪) 摄取与心脏病有很大关系。

d. 多吃富含淀粉、纤维类食物及蔬果。碳水化合物的摄取要占总摄取量的55%～60%，此类食物除容易吸收及产生能量外，还含有很多的维生素及矿物质。

e. 避免吃太甜或多糖食物以减少热量摄取及预防牙齿疾病。

f. 避免吃太咸或多盐的食物。身体每日只需250毫克的钠盐，而每天摄取2～3克也是安全的，但超量摄取会导致高血压。

g. 避免饮用含酒精及咖啡因饮品。

h. 每天饮6～8杯水 (包括流质饮料如汤、果汁等)。

i. 要从食物中摄取足够的钙 (如奶及豆腐) 和铁 (如绿叶蔬菜及瘦肉)。

j. 肉类、海鲜类及家禽类每天应摄取5～7安士(140～196克)；而肉类则以鱼及鸡为主 (鸡肉要去皮)。

k. 选吃瘦肉。若肉眼见到脂肪，要去除才吃。

l. 奶类制品要选用低脂产品。

m. 控制胆固醇的摄入，每星期最多吃四个蛋黄。尽可能少吃动物内脏、虾、龙虾及沙丁鱼。

若能按照以上的膳食方法进食，并养成习惯，便可符合健康饮食的要求了。

体重控制 (Weight Control)

1. 定义

把身体重量以正确的方法控制或调节维持在一个适当的范围内。

2. 能量概念

i) 热动力学第一定律 (First Law of Thermodynamics)

- 能量在转换过程中，既不增加，也不减少，总能量守恒。
- 在体重控制的例子中，食物是充满化学能的。当食物被消化及吸收后，用于肌肉收缩时，便转化为机械能了。同时部分的化学能会转化为热能保暖身体。

ii) 能量单位

- 最常用的单位有以下两种：
  1) 焦耳 (Joule，J) 或
  2) 卡路里 (Calorie，cal)
- 这两种能量单位的转换关系如下：
  4.2J = 1.0cal
  4.2kJ = 1.0kcal (C)
  例一：420J = 0.42KJ = 0.1C
  例二：420Watt = 420J/S = 0.42KJ/S = 0.1C/s
- 1卡路里 (1 cal) 的热能可以把1千克的水升高摄氏1度 (1℃)。

iii) 食物的能量价值计算

- 任何食物的能量价值都是依据食物放在“燃烧箱 (Bomb Calorimeter)”内完全燃烧，产生的热量把燃烧箱外定量的水升高的温度来计算。1克食物完全氧化分解所释放出的热量我们称为食物热价。
- 若我们把1克的碳水化合物、蛋白质和脂肪分别放在燃烧箱内完全燃烧，它们产生的能量分别为4千卡、4千卡和9千卡。据此我们便可以计算出一天内所摄取食物的总热量。

1 磅 (0.45公斤) 脂肪 ⇄（消耗 / 储存）3500 千卡热能

3. 身体热能平衡概念

i) 身体热能需要是取决于:

a) 体型大小/体重: 越大越重，需要越多。

b) 年龄: 年龄越大，热能消耗或需要便越少。

c) 每日活动量: 活动量越大，身体热能需要便越大。

ii) 每天所需热能 = 基础代谢率 (BMR) + 活动所需热能 (EMR)

iii) 体重与热能平衡关系

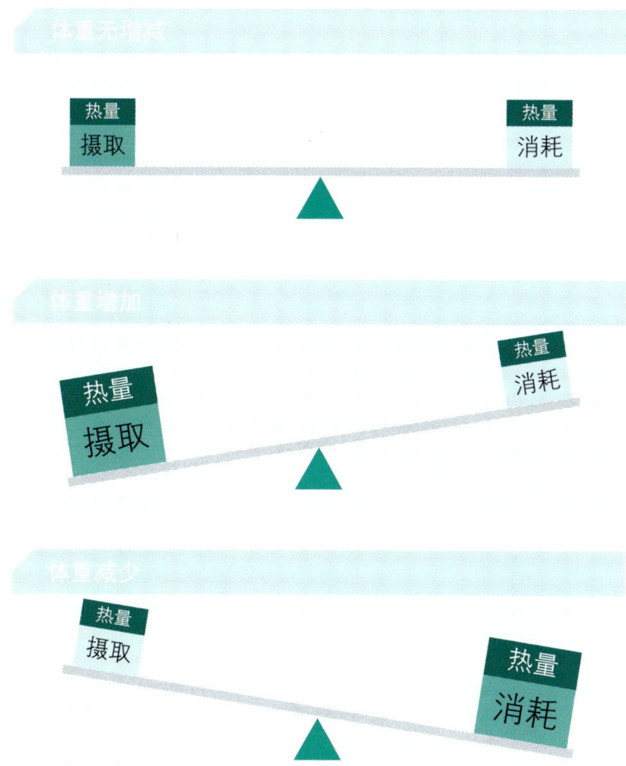

4. 人体的能量摄取

人体的能量摄取来自食物。而食物中，只有碳水化合物、脂肪及蛋白质才可提供人体所需的热量（卡路里）。以下是这三种能源物质的热量等值。

能源物质	每克释能(千卡/克)	每克耗氧量(升/克)	每升用氧释能(千卡/升氧)
脂肪	9.3	1.98	4.696
碳水化合物	4.1	0.81	5.061
蛋白质	4.3	0.97	4.432

在日常各类的食物中，其热量含量可参照表7.1，便可大致计算出我们每天摄取的热量。

热量消耗知多少 (表7.1)

以下是一个典型的香港人每天摄取热量的例子：

			热能摄取量/千卡
早餐	通心粉	1平碗	160
	火腿	1片	35
	煎香肠	1条	95
	面包	1片	78
	煎蛋	1只	116
	奶茶	1杯	70
	白糖	1茶匙	29
	总量		583
午餐	芝士汉堡包	1个	257
	炸薯条	1份（小）	211
	汽水	1杯（小）	138
	总量		606
晚餐	白饭	2碗	438
	菜心	4两	26
	炸鸡脾	1只（中）	344
	橙	1个	54
	总量		862
	全天摄取热能总量：		2051

这餐单符合一位体重60公斤的男性文职人员或一位体重55公斤的女运动员。你可从中比较自己每天的摄取量是否适中。

热量消耗知多少

食物	热量(千卡)	脂肪(克)	胆固醇(毫克)	常见食用量	静态活动(分钟)	中等强度活动(分钟)	剧烈活动(分钟)
白饭	220	0.5	0	1碗	133	42	14
炒饭	464	18	61	1碗	278	88	28
叉烧饭	574	14	44	1碗	344	109	34
排骨饭	535	13	64	1碗	321	102	32
白面包	134	1.8	0.5	1片	81	26	9
菠萝包	235	7	17	1个	140	45	14
鸡尾包	221	7.5	17	1个	133	42	13
即食面	424	14.2	*	1个	255	81	26
云吞面	283	10.5	*	1碗	170	54	17
干炒牛河	1237	101	50	1碟	742	235	74
植物油	40	4.5	0	1茶匙	24	8	3
牛油	36	4	11	1茶匙	22	7	2
沙律酱	33	3.7	2	1茶匙	20	6	2
瘦肉	57	2.4	22	1两 (生)	35	11	4
一般鱼类	80	1.3	80	2两	48	15	5
鱿鱼	138	2	350	1尾	84	27	9
中虾	76	1	109	6只	46	14	5
带子	12	0.1	5	1只	7	2	1
鸡肉肠	116	8.8	46	1条	70	22	7
午餐肉	110	10	20	1片	67	21	7
炸鸡翅	103	7	26	1只	62	20	7
炒蛋	78	5.3	212	1只 (大)	47	15	5
茄汁蛋	16	0.2	1	1汤匙	10	3	1
水豆腐	53	3	0	1块	32	10	3
炒菜	88	6.8	0	3两	53	17	5
烩菜	28	0	0	3两	17	5	2
橙	58	0.2	0	1个 (中)	35	11	4
苹果	89	0.5	0	1个 (中)	54	17	6
纸包果汁饮品	127	0.1	0	250毫升	76	24	8
汽水	151	0	0	355毫升	92	29	10
豆奶	169	7.4	0	250毫升	102	33	11
脱脂奶	90	0.5	5	250毫升	55	17	6
咖啡/奶茶	52	1	5	1杯	32	10	3
啤酒	147	0	0	355毫升	89	28	9
老火汤	50	4	*	1碗	30	10	3
虾饺	37	2.9	17	1粒	22	7	2
烧卖	42	3.5	6	1粒	25	8	3
牛肉肠粉	79	2.3	8	1条	47	15	5
叉烧包	94	2.9	*	1只	56	18	6
连蓉包	118	1.1	1	1只	74	22	7
芋角	113	9.9	3	1只	68	21	7
汉堡包	270	10	30	1个	164	52	17
鱼柳包	370	18	50	1个	222	70	22
意大利薄饼	311	15	30	1片	187	59	19
薯条	210	10	0	1包 (细)	126	40	13
西多士	379	15	119	1块	227	72	23
蛋挞	209	12	67	1件	125	40	13
西饼	116	6	66	1件	70	22	7
曲奇饼	34	1.6	0	1块	20	6	2
梳打饼	26	0.7	0	1长片	16	5	2

表 7.1

*：胆固醇资料不详

注：
- 热量消耗所需时间是按一位体重68公斤重的成年男士计算
- 静态活动如：休息、看电视、开会、看书、等车
- 中等强度活动如：步行、家务、购物、晨运、爬山
- 剧烈活动如：跑步、球赛、跳舞、泳赛、健身

第七章

5. 人体的能量消耗

i) 基础代谢率 (Basal Metabolic Rate，BMR)

在基础状态下，身体维持最基本生命活动所需要的最低限度的能量消耗量，便称为基础代谢率。基础代谢率反映身体产生热量的情况，这可间接从当时的耗氧量来计算 (基于消耗每升氧会产生4.8千卡热量)。

男士：1.0千卡/公斤体重/小时
女士：0.9千卡/公斤体重/小时

- 例一：一位体重50公斤的女士，一天的基础代谢所需的热能为：
  50公斤 x 24小时 x 0.9千卡/公斤/小时
  = 1080千卡

  即是说，这位体重50公斤的女士，一天即使全睡24小时，她都要消耗1080千卡热量来维持心跳、呼吸等重要的正常机能活动。
- 例二：一位体重70公斤的男士，一天的基础代谢所需要的热能为：
  70公斤 x 24小时 x 1.0千卡/公斤/小时
  = 1680千卡

ii) 能量代谢当量 (Metabolic Equivalent，MET)

- 每公斤体重从事1分钟的活动，消耗3.5ml的氧气，其运动强度我们定义为1MET(1MET的活动强度相当于健康成年人安静时的代谢水平)。依此类推，2MET即为7ml/kg/min。

∴ 1MET <=>3.5ml/kg/min

- 例三：以上述例二的男士来讲，他一整天的安静状态下的耗氧量为：
  24小时 x 60分x 70公斤 x 3.5毫升/公斤/分
  = 352800毫升
  = 352.8升氧
  此耗氧量所释放的能量为：
  352.8升氧 x 4.8千卡/升氧
  = 1693千卡

  *此值与上述例二的计算结果 (1680千卡) 大致相同。

- 例四：若该体重70公斤的男士以8MET的运动强度，做1小时的练习，他在这1小时内所消耗的氧为：
  1小时 x 60分 x 70公斤 x 3.5毫升/公斤/分 x 8MET
  = 117600毫升 = 117.6升氧
  据此也可计算出他的能量消耗：
  117.6升氧 x 4.8千卡/升
  = 564.5千卡
- 除了这样以公式来计算外，也可参考表7.2。从自己的性别，找出对应体重的一栏，再看自己的生活模式是属于哪一种，便可对照出自己大约每天消耗的热量是多少。尝试记录自己连续三天的每天总摄取量，加以平均，便可比较出自己的摄取是过多还是过少。当然体重较轻者，每天所需的热量便越少；运动量较小者，每天所需热量也较少。

生活模式热量消耗表

体重 / 千卡/日 / 生活模式	男性				女性			
	60 kg (132 lb)	70 kg (154 lb)	80 kg (176 lb)	90 kg (198 lb)	50 kg (110 lb)	55 kg (121 lb)	60 kg (132 lb)	65 kg (143 lb)
40% 文职人员 日常活动只限于办公室形式	2030	2370	2710	3050	1520	1680	1830	1980
50% 半文职人员 活动形式涉及较多站立及步行	2180	2540	2900	3270	1630	1790	1960	2120
60% 体力劳动人员 或有限度的日常运动者	2320	2710	3100	3480	1740	1910	2090	2260
70% 重体力劳动者 或定时参与大量训练之运动员	2470	2880	3290	3700	1850	2030	2220	2400
80% 超体力劳动者 每天均从事极高体力工作或运动竞赛者	2610	3050	3480	3920	1960	2150	2350	2550

表 7.2

Getchell B. (1992). Physical fitness: A way of life (4th ed.). MacMillan.

- 若你的生活模式中，加入了其他的运动，那么你当天消耗的总热量要包括这部分。其计算方法可参考表7.3 (Katch & McArdle, 2000)。

  例五：一位女士漫步1小时，她的运动耗氧量是静止的2倍 (2MET)，亦即：

  2 x 3.5毫升/公斤/分钟 = 7.0毫升/公斤/分钟

  而她消耗的热量为：

  2.5千卡/分钟 x 60分钟 = 150千卡

  即是说，她以每分钟每公斤体重消耗7.0毫升氧的用氧量维持了1小时的漫步走后，她共消耗了150千卡热量。若想在同样时间内消耗更多热量，便需要以更快的速度步行。

各种体力活动的强度分成以下五类水平 (表7.3)

强度水平	男士		女士		运动类别
	千卡/分	METS	千卡/分	METS	
低强度	2.0~4.9	1.6~3.9	1.5~3.4	1.2~2.7	步行，驾驶，阅读，购物，保龄球，高尔夫球，垂钓
中等强度	5.0~7.4	4.0~5.9	3.5~5.4	2.8~4.3	踏单车，舞蹈，排球，羽毛球，柔软体操 (以上全是休闲性质)
大强度	7.5~9.9	6.0~7.9	5.5~7.4	4.4~5.9	溜冰，比赛性质的网球，缓步跑
剧烈	10.0~12.4	8.0~9.9	7.5~9.4	6.0~7.5	击剑，篮球，游泳 (各式)
非常剧烈	12.5 或以上	10.0 或以上	9.5 或以上	7.6 或以上	手球，壁球，越野跑，跑步 (快速节奏)

表 7.3

McArdle W. D., Katch F.I. & Katch V.I. (2000).
Essentials of exercise physiology (2nd ed.). P164

6. 体重控制注意事项

i) 饮食方面

- 要摄取足够的营养，必须每天三餐正餐 (不可有缺)。
- 每天热量摄取不可少于1200千卡 (因为基础代谢也需要千余千卡的热量)。
- 不可单靠减肥食谱或食品。
- 无须服用减肥药物。
- 每星期以减重1磅为佳，最多亦不可超过2磅，才不至于对健康有不良影响，效果也较易维持。
- 饮食仍需均衡，不可偏食。
- 不可吃零食、太甜或太腻的食物。
- 睡前不可吃得太饱。
- 少吃或不吃动物内脏和肉眼看得见的脂肪。
- 饮食控制与运动并重，减肥效果才会明显，而且合乎健康的原则。

ii) 运动方面

减肥的运动处方FITT

F (Frequency频率)	=	5~7次/星期。
I (Intensity强度)	=	最大心率的60%~70%。 (初学或太肥胖者可由50%开始) 或 自己感到有少许辛苦便可以。
T (Time持续时间)	=	最少30分钟。 (初学或太肥胖者可以间歇多次进行，累积30分钟，间歇休息时间尽量缩短)
T (Type运动类别)	=	步行最佳，其次水中运动、踏单车、脚踏机、划船机……动用大肌肉群且能避免足部撞击地面的持续性全身运动。

iii) 行为修正方面

- 进餐时吃慢些，使饱的感觉更加吻合当时的进食量，并有助消化。
- 不可吃得太饱。
- 多吃蔬菜及水果。
- 戒除下午茶及宵夜习惯，改为运动。
- 不要过分依赖先进科技，多做点运动，以步行代替短途车程或短距离电梯 (如地铁的扶手电梯)。
- 认识和了解自己的情绪，欠佳时可做点运动 (如重量训练)，而非大吃大喝，多与父母、师长沟通。
- 电视播放广告时，以运动代替吃零食。
- 长辈要以身作则做运动，而且父母可多与子女一起进行。
- 父母不要让子女养成吃零食的习惯，更不要以零食作为奖励。

总体来说，行为修正的目的是：建立一些新的、有建设性的运动习惯来取代以往不当饮食及不运动的习惯 (Katch & McArdle, 2000)。

7. 除了步行外，还需肌肉锻炼吗？

- 步行减肥运动的目的是为了减少脂肪含量；此外，还要配合结实肌肉练习来增强肌肉力量及耐力，防止肌肉纤维 (即瘦体重部分) 流失。所以减肥人士需每天进行30分钟至1小时的步行锻炼以减少脂肪，同时亦需隔天进行肌肉锻炼。理想的体型自然是指日可待。

肌肉锻炼的强度可参照下表：

强度因素	运动量
练习项目	8~12项
重量/阻力	15~10RM
每组次数	15~10次
组数	2~3组
组间休息时间	30秒至1分30秒

8. 体型与健康

i) 一般来说，体型可分为以下三类：

外胚型——高而瘦，他们的脂肪与肌肉都较少。

肌肉型——身体肌肉明显的发达，脂肪含量通常较少。

内胚型——身体较肥胖而个子较矮小。

ii) 事实上，我们的体型都很少是纯粹的单一类型，而多是其中的某一类型或某两种类型的百分比重较大而已。在以上的三种类型中，肌肉型是最健康的，因为脂肪较少，而有用的肌肉较多，但也需要锻炼来保持结实；外胚型则肌肉较少，肌力及肌耐力较弱，但幸好脂肪量也少，此类型人士虽没有良好的肌力及肌耐力，但也没有肥胖的害处。而内胚型则脂肪较多，显然对健康有不良的影响，要多控制饮食习惯及多做适量运动，才可减去多余的脂肪，防止更胖。

以上的各类体型部分程度与遗传因素有关，而部分程度则与生活方式及运动习惯有关。因此，可在这两方面努力来改善自己的体型至理想状态。

iii) 总体来说，无论怎样的体型，我们都应该注意自己的脂肪含量，不可太少，也不可太多(男士的健康范围是8%~18%，而女士则是16%~24%)。此外，瘦体重部分不能流失，要以适当的饮食习惯及运动来维持或增加肌肉的重量及功能，以维持正确的身体姿势，符合健康甚至健美体型的要求。

9. 健康的饮食、体型与运动的关系

各类体型人士要达到健康的注意事项

上述的外胚型 (即瘦弱型) 的人士可多做重量训练来增加肌肉重量 (瘦体重部分)，以达到更健康的状态。重量训练可参照肌力及肌耐力的运动处方部分。

而肌肉型的人士除了维持适量的肌力及肌耐力练习外，更需注意多参加一些有氧运动，例如步行、慢跑等来提高心肺耐力以达到更佳的体适能效果。此外，柔韧性练习也不可忽略。因为肌肉型人士肌肉较多，如果肌肉缺乏柔韧性，会比其他体型的人士更受限于活动的幅度。

至于内胚型人士因脂肪含量过高，更应在运动和饮食两方面同时下工夫，才可达到健康体适能的目的。下面将介绍运动、饮食是如何影响我们的体型及健康。

10. 节食减肥法对肥胖人士的影响及功效

很多肥胖人士都希望拥有一套神奇饮食法，可以帮助他们在短时间内，以最小努力来减去自己体内多余的脂肪。据研究显示，单以节食方式而成功减肥至目标体重且能维持该节食习惯至一年的人士只有5%。成功减重而不能维持的主要原因是他们不明白健康的饮食及行为习惯的概念，以至减重后又再增重，当至某一限度时又只好再改变饮食模式来减重。而最可悲的是每次的重新节食都会令他们失去更多的瘦体重，而每次不能维持理想体重而增重时，脂肪细胞便会变得更大，数目增加的更快 (图7.2)，而日后每次都会比上一次更难减至原定的理想体重。这种悠悠(球)式节食实不可取。我们要知道脂肪细胞一旦增生便终生不能减少，而减脂肪也只是把胀大了的脂肪细胞缩小而已。但胀至最大的脂肪细胞，最多也只能缩小三分之一。所以，不让脂肪细胞数目增加才是预防肥胖的要诀。怎样才可以防止脂肪细胞数目剧增呢？青春发育期是脂肪细胞数目增加的重要时期。所以在此时期，要小心注意健康的饮食习惯(不是节食)，而且还要避免“摇摆式节食”才可避免体重骤增。

脂肪细胞的数目与大小的增减关系

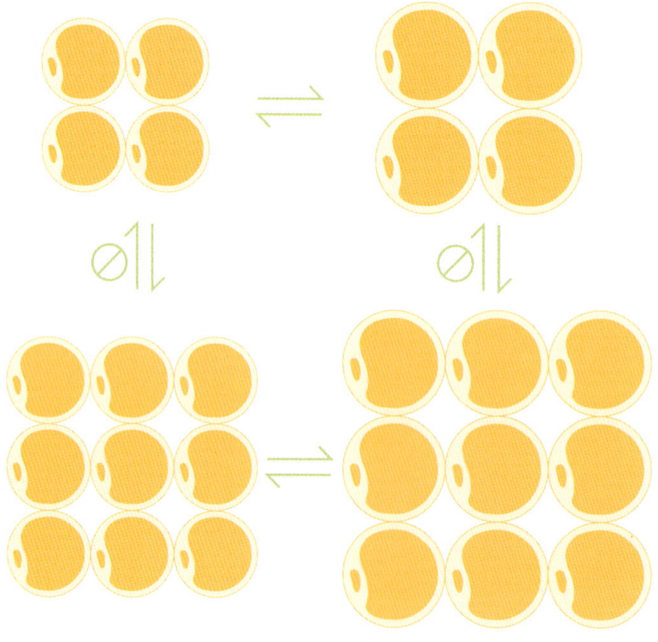

图 7.2

除了通过单靠节食来减肥外，有些人则只靠运动来减肥，饮食习惯则维持不变（不论是好的还是不好的习惯），其减重效果也未能令人满意。

若是改善饮食习惯的同时又配合减肥运动，则减去的脂肪量是最多的，同时瘦体重又会稍增，以至相对的脂肪百分比含量更有改善，而且效率更高。

下面是三种不同减重策略的实验结果，可作参考：

减重策略	脂肪重量的转变（磅）	瘦体重的转变（磅）	总重量的转变（磅）
* 只节食	–9.3	–2.4	–11.7
* 只运动（以减肥运动处方进行）	–12.6	+2.0	–10.6
* 节食与运动	–13.0	+1.0	–12.0

* 以上三组超重女士皆以每星期减重一磅的稳定速度进行减重12周。
Zuti, B. & Golding, L. (1976). Comparing diet and exercise as weight reduction tools, Physician Sports Medicine, 4, 49–54.

以上的三种减重策略，都能在同一时间内减去大约相等的重量，但在节食减肥组，其减去的重量中有2.4磅(约21%)的瘦体重。若减去了瘦体重部分，便少了一些肌肉细胞去消耗脂肪，以后减肥便更困难了。其余两组则不同，因为有了运动的部分，相反地可令瘦体重增加，因而有更多的肌肉细胞在有氧运动时协助燃烧脂肪。而人体有氧运动后4～6小时，基础代谢率会提高，这时在安静状态下燃烧的脂肪比平时更多，减肥效果更佳，体型会更理想、更健康。

据研究显示，一些体适能较好的人士每天摄取的热量比超重的人士多600卡路里。此外，体适能较好的人士燃烧脂肪的能力更好，用糖产能较少，血糖相对稳定，不易在运动中感到饥饿。

总而言之，要养成适当的饮食习惯，并且终生持之以恒，再加上适当的运动，拥有理想的体型并非难事。

11. 营养不平衡或不足

i) 营养的不平衡通常出现于以下两种情况：

a) 绝食 (Fasting)：有目的不进食。

b) 饥荒 (Starvation)：由于社会经济因素影响而缺乏粮食，以至没有东西吃。

ii) 绝食或饥荒造成的生理影响

开始禁食

↓ 数小时

大脑及神经系统优先动用血糖，接着动用肝糖元。

↓ 1天

- 肝糖元及肌糖元用尽，身体内的蛋白质及脂肪会转化为葡萄糖供大脑及神经系统使用 (因神经系统只可用葡萄糖)。
- 其他身体细胞用脂肪作能源为主。

↓ 2 ~ 3 天

身体里蛋白质转化的葡萄糖约占90%，而甘油(Glycerol)转化的约占10%。

↓ 数天至三周左右

- 在禁食时，食欲会受到身体抑制。
- 身体内的脂肪酸及氨基酸转化为酮体 (Ketone bodies)，取代葡萄糖供给大脑及神经系统。
- 酮体可能过量地产生，多余的会通过尿液排出体外，但仍有大量酮体累积在血液内造成酸中毒 (Acidosis)。
- 身体能量代谢骤减以保存内脏器官。

↓

身体失去一半蛋白质或全部脂肪。

死亡

12. 关于减肥的错误概念及行为

i) 食欲与饥饿感（Appetite and Hunger）

人体内的食欲中枢有些时候会高估能量与营养的需求，因而感到饥饿而摄取过多热量，如不适当的运动，便会致肥。食欲控制中枢通常在低血糖、天气寒冷、胃部空虚、脂肪细胞未充盈时把错误的营养需求讯息传到食欲中枢，使我们食欲大增；此时要小心控制。此外，一些心理因素(如情绪低落)、行为习惯、嗅觉或视觉（来自食物）的刺激也有同样的效果。所以进食时，我们要小心留意自己的实际营养需要。

ii) 脱水现象 (Dehydration)

- 市面上有一些减肥茶其实是一些缓泻剂或利尿剂，服用后会因脱水而体重暂降。这些失去的重量很明显不是脂肪了！试问存积体内多时的脂肪 (尤其是皮下脂肪) 又怎能一下排出体外呢？
- 此外，焗汗或桑拿浴也是减去体内水分而已。这只能使血液循环加快，而不能减去脂肪。此时应尽快补充水分，以免出现脱水现象，否则问题更多。

iii) 美容及健身减肥中心 (Figure Salon)

有些健身美容中心的广告很吸引人，以“极速减肥，短期见效”作卖点。其实不论减肥效果有多快速，都不应超越“一周减脂肪2磅”这一健康减重的安全标准，否则就有可能产生副作用。他们可能会以合约形式来分类收费，收费后又可能说你不依指示做而敷衍了事，又或许借机售卖特效减肥物品等来减重，但未必能减去体内的脂肪。又或许他们只替你测量腰围，而测量的方法却未必准确，使你信以为真。相反也有些健美中心的专业导师以合乎现代科学的原则，指导学员如何靠运动减肥，如何控制自己的饮食模式及修正一些致肥的行为习惯等，这才是真正的减肥之道。

iv) 局部减肥 (Spot Reduction)

局部运动只能锻炼结实该部分的肌肉，而不能使该部分的皮下脂肪减少。以右手为主的网球选手来说，他的右臂肌肉较为发达，但他的两臂皮下脂肪却没有差异。这便说明局部减肥是不可能的。要消耗多余的脂肪定要靠低运动强度的长时间运动来作全身均匀的脂肪消耗。

此外，最先积聚的脂肪，通常最后才能减掉。相反，愈是近期积聚的部分，愈可以最早减掉。所以，保持理想体重最好的方法是防患于未然，不要让多余的脂肪积聚在体内。

v) 肌肉与脂肪

很多人以为养成运动习惯以后，如果停止，肌肉便会变为脂肪。其实，肌肉是不会变为脂肪的，因为它们的细胞结构并不一样。不运动时，肌肉便适应此时的需要，因而萎缩变小。若饮食习惯又不适当调节，脂肪便会因而增加，并积聚于皮下或肌肉间，造成肌肉变为脂肪的“假象”。

vi) 药物减肥

市面上的减肥药物很多，但最常见的为以下三类：

a) 缓泻剂、利尿剂
这些都是靠脱水来减重。

b) 食欲抑制剂
例如：安非他明，滥用会有药物依赖的情况出现，并使身体营养不足。

c) 增加代谢类药
例如：甲状腺素，会损害循环系统及代谢系统，并出现很多不良的副作用，使身体状况变差。

所以，千万不要使用上述药物来减肥！

vii) 外科手术 (Surgery)

有些人认为用手术抽去多余脂肪，又无须作运动，无须节食，一了百了，何乐而不为呢?

其实以外科手术来减肥，只适用于严重超肥 (超重>100磅)，且经多方尝试后别无他法时。通常的手术有：

a) 小肠改道 (Intestinal By-pass)

b) 胃部缝合 (Stomach Stapling)

c) 抽脂 (要在身体多个部位平均地抽取，而且事后也很容易回复原状)。
因此，一般的肥胖情况并不适用，只会令人受皮肉之苦却效果不大，而且可能因手术而引致并发症，承受不必要的风险。

viii）减肥器材（Weight Reduction Devices）

很多减肥器材都是基于一些以被动形式进行运动的原理，企图减去体内的脂肪。常见的有以下几类错误：

a) 拍打式、震动式、摇摆式及按摩式器材可将脂肪松散，然后排走。

b) 桑拿焗走脂肪，腰带或束身短裤来压散脂肪，然后排出体外。

c) 电流激荡器 (Electrical Stimulators) 可刺激肌肉，代替运动而产生运动的功效。

以上各类的器材不但完全无减肥功效，而且有部分还会妨碍血液循环。更有甚者，由于电流的影响，部分器材可能会妨碍心脏的正常功能，医学界也正密切关注。消费者不可冒险尝试。

13. **总结**

以上各类的减肥错误观念需要认清，才可分辨出孰是孰非，哪种方法才是最有效的减肥方法。实际上，最重要的减肥讯息是：

脂肪的释放与动用是基于内分泌系统、神经系统及循环系统的互动配合，而这种互动作用更是基于身体本身的能量燃料需要。

因此，减肥的正确方法还是要注意：

适当的饮食 (Diet Control)。

适当的运动 (Exercise Habit)。

行为习惯方面的修正 (Behavioral Modification)。

第七章

参考文献

1. Getchell. B, (1992). *Physical fitness : A way of life* (4th ed.). MacMillan.P.239
2. McArdle W. D., Katch F. I. & Katch V. I. (2000). *Essentials of exercise physiology* (2nd ed.).P164
3. Zuti, B. & Golding, L. (1976). Comparing diet and exercise as weight reduction tools, *Physician Sports Medicine*, Vol.4, P49-54.

第八章

柔韧性及伸展运动

柔韧性是指关节在其正常活动范围 (Range of Motion, ROM) 内畅通无阻地作全幅度活动 (Full ROM) 的能力。柔韧性的好坏，会直接影响个体在运动时的表现；而缺乏适当的柔韧性会引发如关节炎、驼背 (脊柱后弯) 及腰背痛等疾病。

柔韧性的类别

柔韧性

动力性柔韧性 **Dynamic Flexibility**	**静力性柔韧性** **Static Flexibility**
■ 关节活动时的范围与运动速度有关。	■ 关节的活动范围与动作速度无关。
■ 肌肉主动收缩下，可增加关节的可活动范围。 例如：掷垒球，摇摆踢脚。	■ 关节能被动地推移至其可活动范围的两端。 例如：压腿，肩上拉
改善方法： ROM伸展，弹振式伸展	改善方法： 静力伸展，PNF伸展法

关节活动方向及活动范围

以下将分八个部分以图解方式解释人体关节活动方向及活动范围。
(Range of Motion，R.O.M.)

脊椎关节活动及范围

屈曲 (Flexion)
图 8.2.1a

伸展 (Extension)
图 8.2.1b

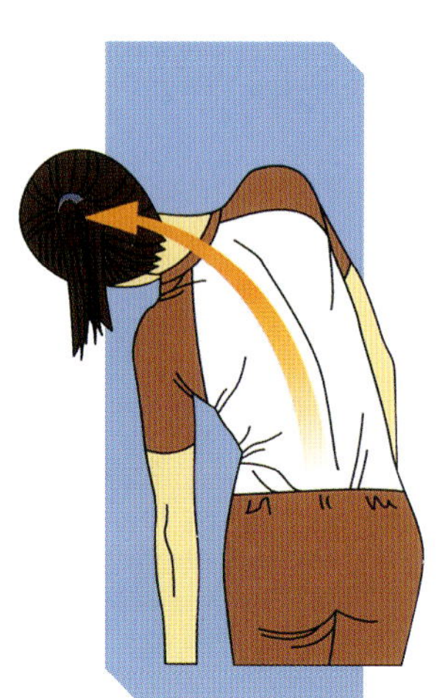

外侧屈
(Lateral Flexion)
图 8.2.1c

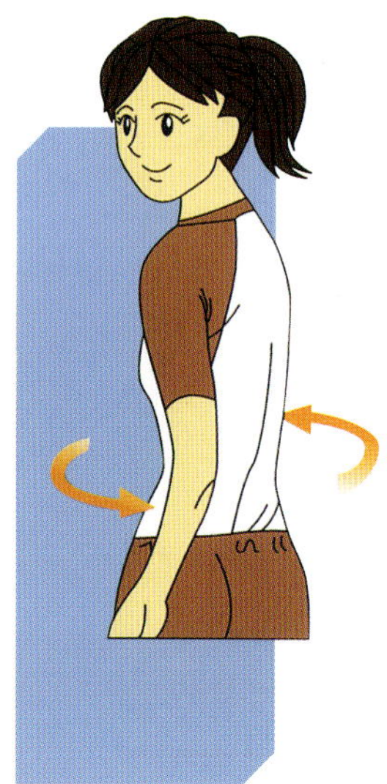

旋转(Rotation)
图 8.2.1d

肩关节活动及范围

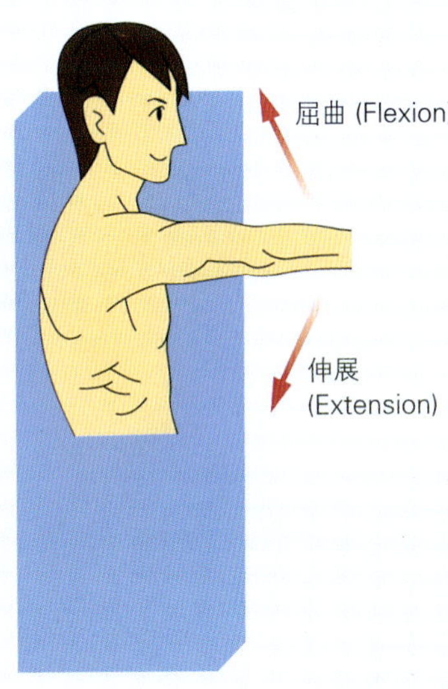

图 8.2.2.a

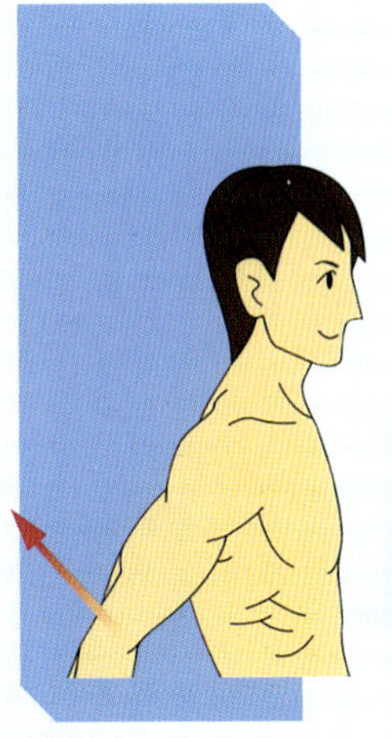

过度伸展
(Hyperextension)

图 8.2.2.b

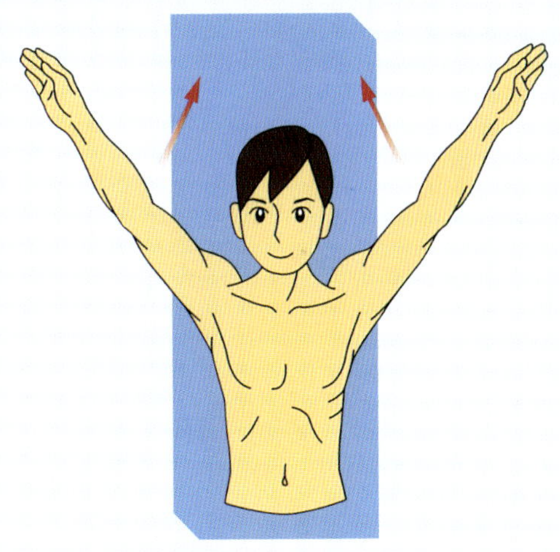

外展 (Abduction)

图 8.2.2.c

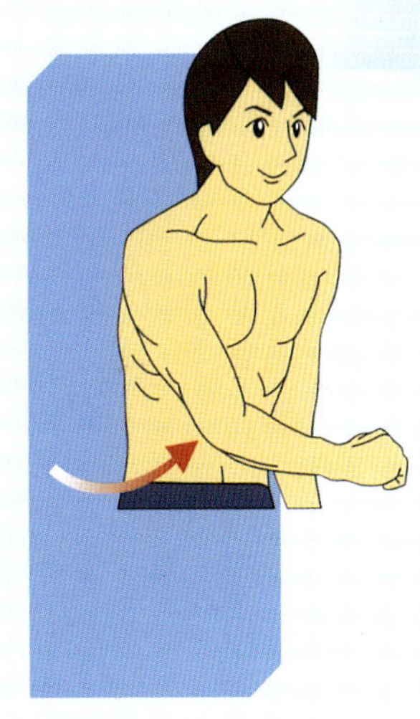

内收 (Adduction)

图 8.2.2.d

第八章

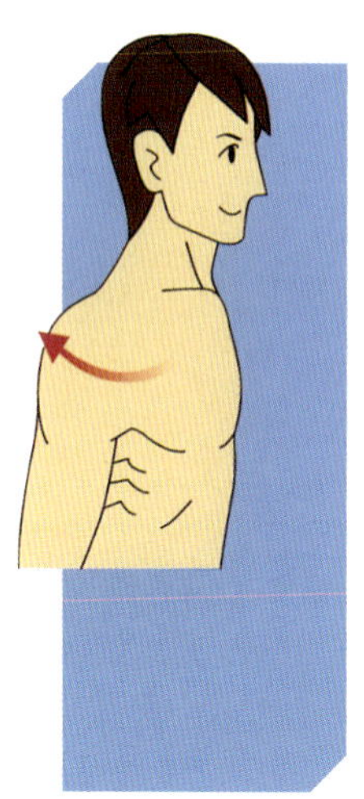

外旋
(Outward Lateral Rotation)
图 8.2.2.e

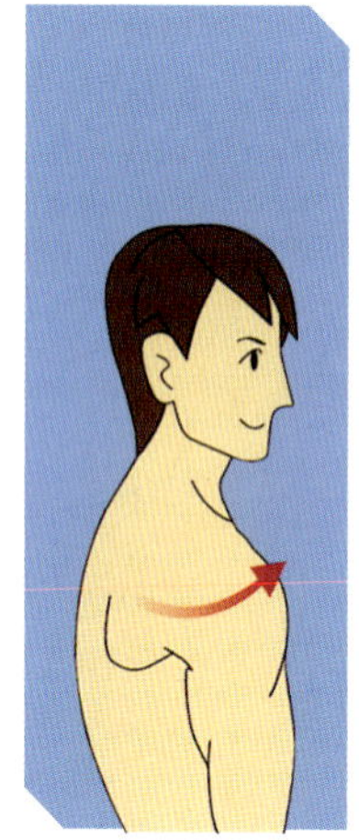

内旋
(Inward Medial Rotation)
图8.2.2.f

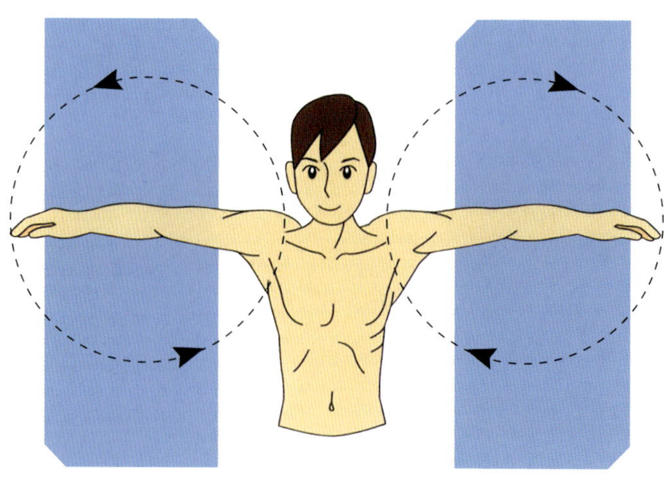

绕环(Circumduction)
图 8.2.2.g

肩胛活动及范围

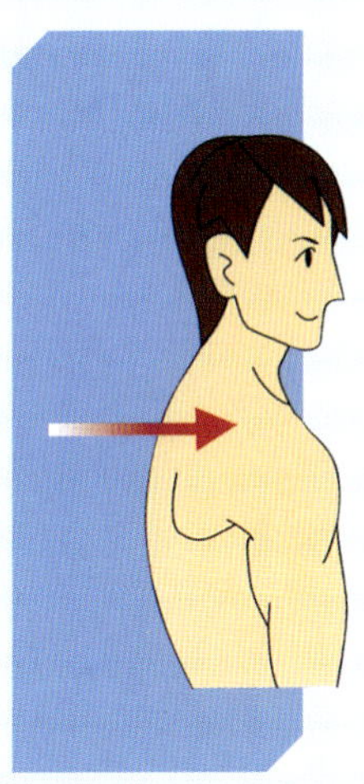

前伸 (Protraction)
图 8.2.3.a

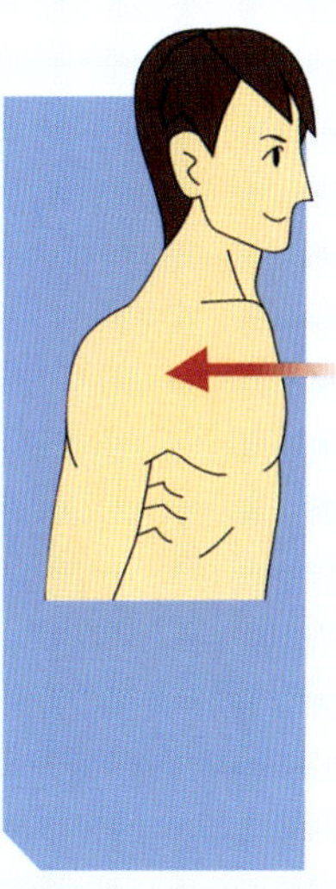

后缩 (Retraction)
图 8.2.3.b

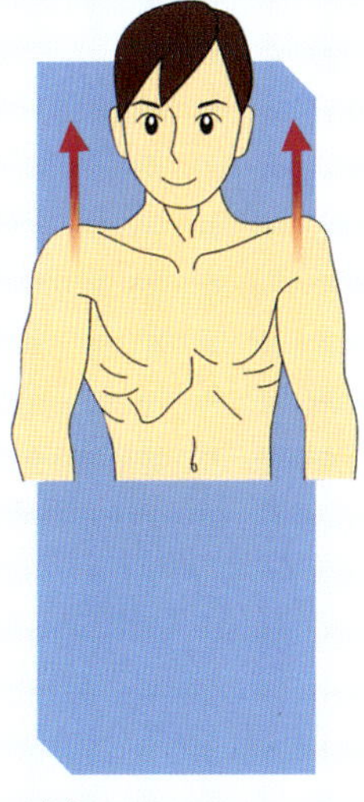
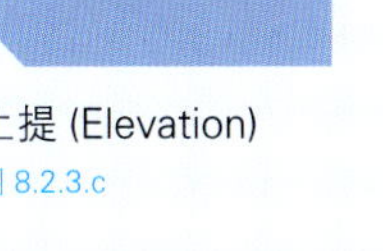

上提 (Elevation)
图 8.2.3.c

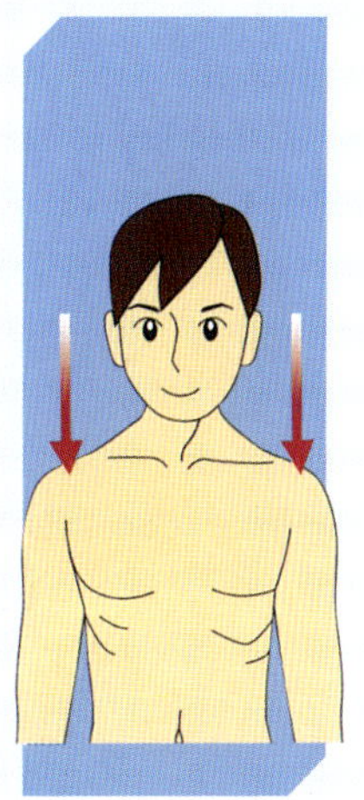

下降 (Depression)
图 8.2.3.d

肘关节活动及范围

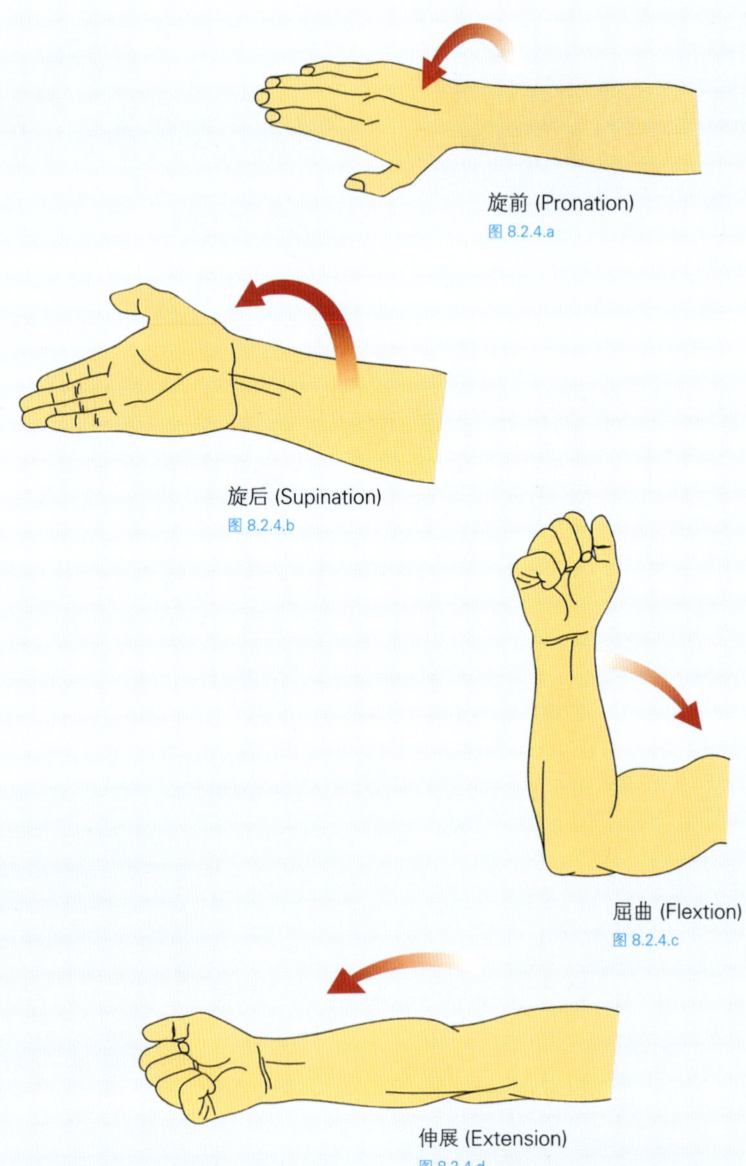

旋前 (Pronation)
图 8.2.4.a

旋后 (Supination)
图 8.2.4.b

屈曲 (Flextion)
图 8.2.4.c

伸展 (Extension)
图 8.2.4.d

腕关节活动及范围

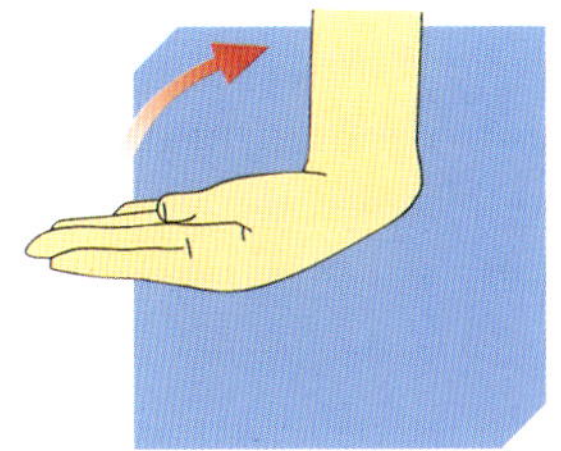

屈曲 (Flexion)

图 8.2.5.a

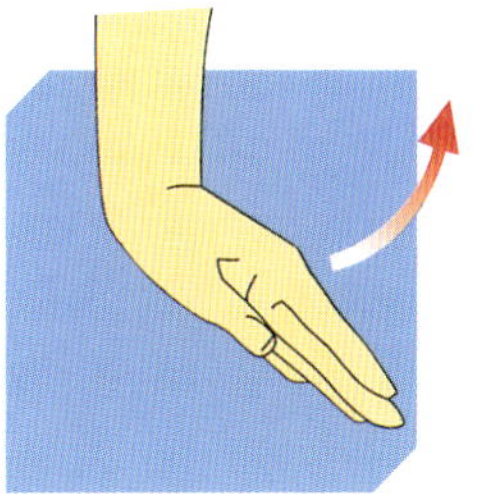

伸展 (Extension)

图 8.2.5.b

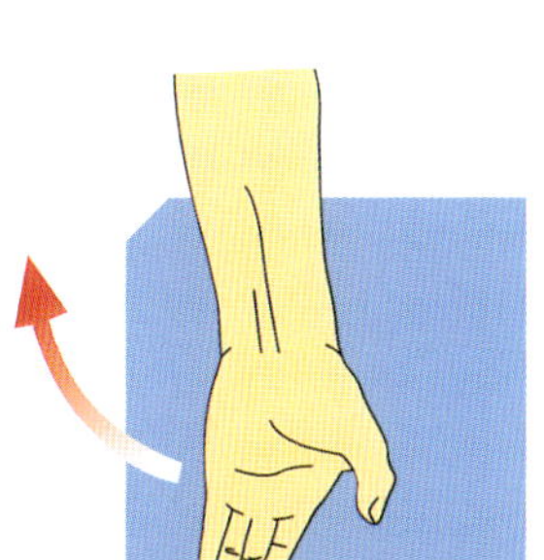

内收 (Adduction)

图 8.2.5.c

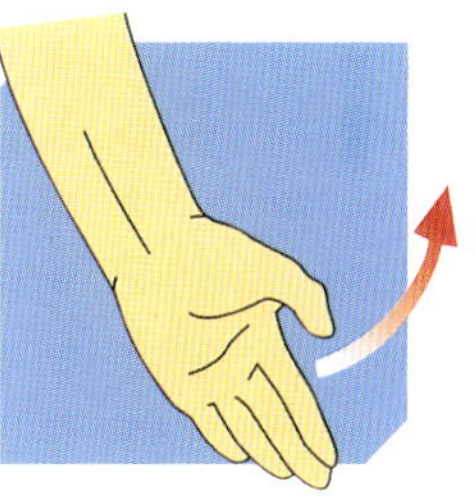

外展 (Abduction)

图 8.2.5.d

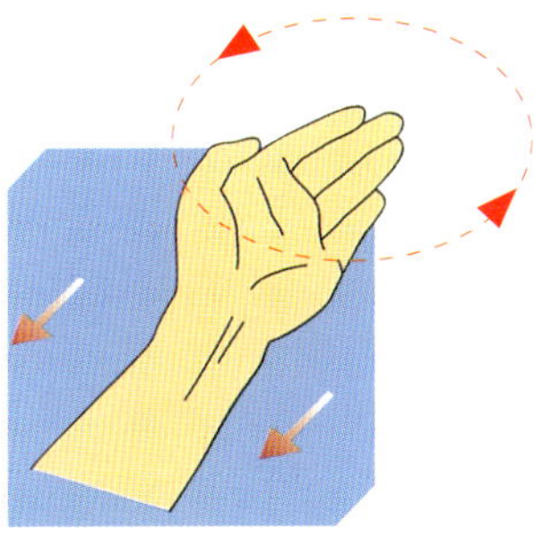

环转 (Circumduction)

图 8.2.5.e

髋关节活动及范围

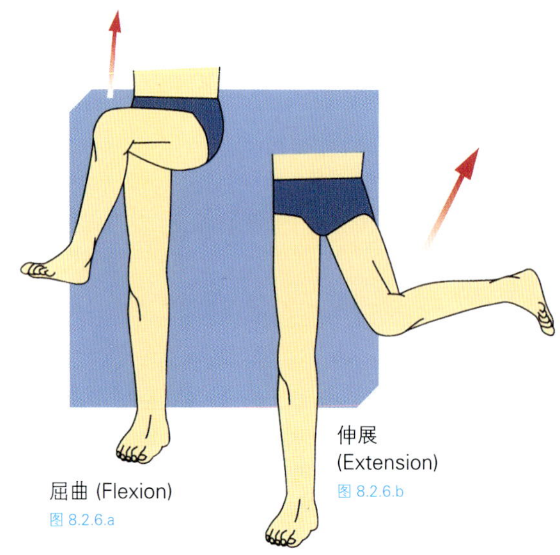

屈曲 (Flexion)
图 8.2.6.a

伸展
(Extension)
图 8.2.6.b

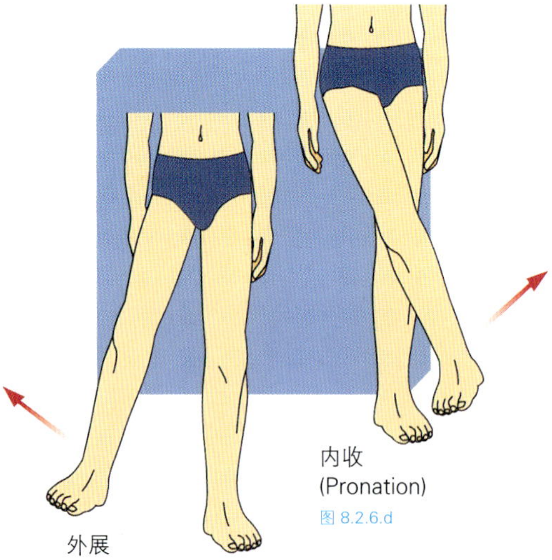

外展
(Abduction)
图 8.2.6.c

内收
(Pronation)
图 8.2.6.d

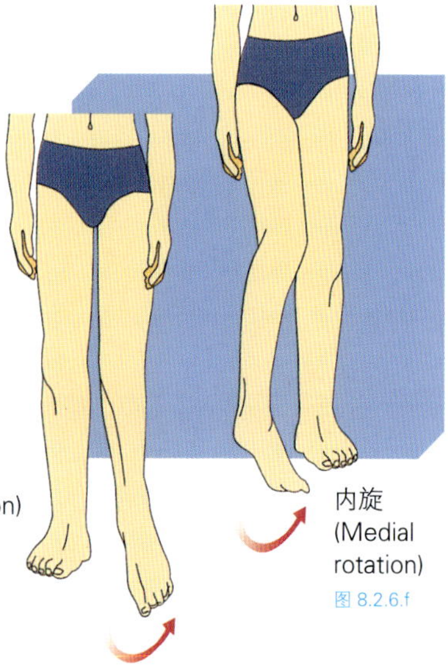

外旋
(Lateral rotation)
图 8.2.6.e

内旋
(Medial
rotation)
图 8.2.6.f

膝关节活动及范围

屈曲 (flexion)
图 8.2.7.a

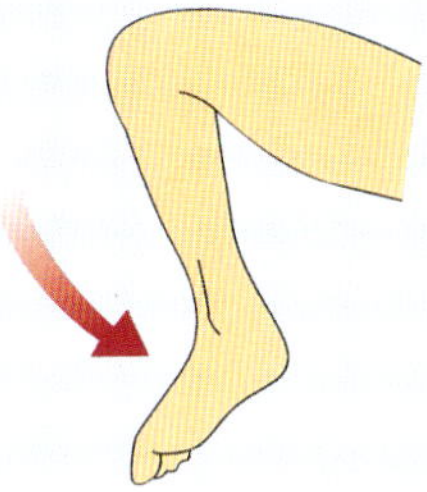

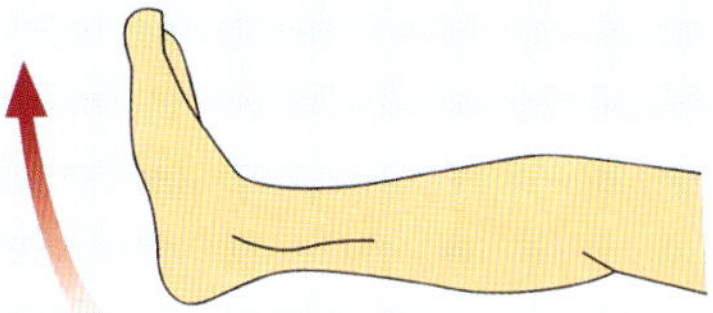

伸展 (extension)
图 8.2.7.b

踝关节活动及范围

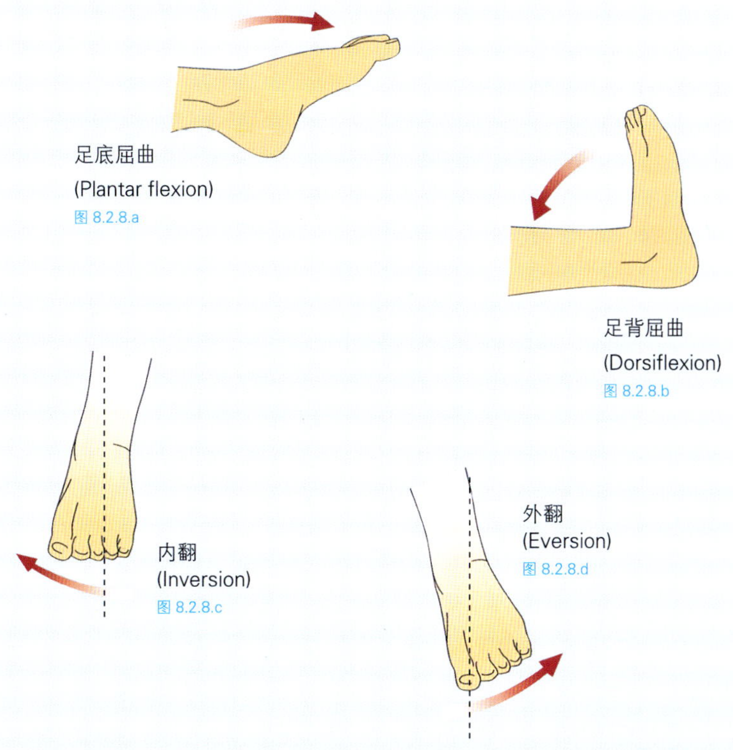

足底屈曲
(Plantar flexion)
图 8.2.8.a

足背屈曲
(Dorsiflexion)
图 8.2.8.b

内翻
(Inversion)
图 8.2.8.c

外翻
(Eversion)
图 8.2.8.d

影响柔韧性的因素

如前所述，柔韧素质是指诸关节所具有的最大活动范围的能力。韧带、肌腱和肌肉的长度决定着每一关节可能的活动范围。这些结构上的限制包括：

1. 骨及有关的关节结构（球窝关节的活动范围较大）
2. 关节相关的肌肉
3. 关节囊及韧带
4. 肌腱及其他结构组织
5. 关节周围的皮肤

影响柔韧性的组织及其百分比如下：

1. 关节囊及韧带47%
2. 肌肉41%
3. 肌腱及其他结构组织10%
4. 皮肤2%

注：资料来源：Johns, R., & Weight, V. (1962). Relative importance of various tissues in joint stiffness. *Journal of Applied Physiology*,17, 824–828.

整体而言，主要有以下五大因素影响个体的柔韧性：

1. 缺乏运动　一位久坐办公室工作的人，平时缺乏运动，又常维持坐姿工作，关节没有时常的活动而产生关节组织间的黏滞性(adhesions)。缺乏运动是影响柔韧性的最主要因素，只要常运动，在刺激与应激的作用下，身体可时常处于活动状态。
2. 体温　体温上升可以降低肌肉及关节囊间的黏着性，同时亦增加其延伸性。未热身的关节比已热身的关节柔韧性差10%～20%。
3. 年龄　人出生后其柔韧性便开始退化（图8.3.1）。一般来说，在13～19岁期间把握机会改进身体的柔韧性是最有效的，其余时间柔韧性的退化则较为显著。

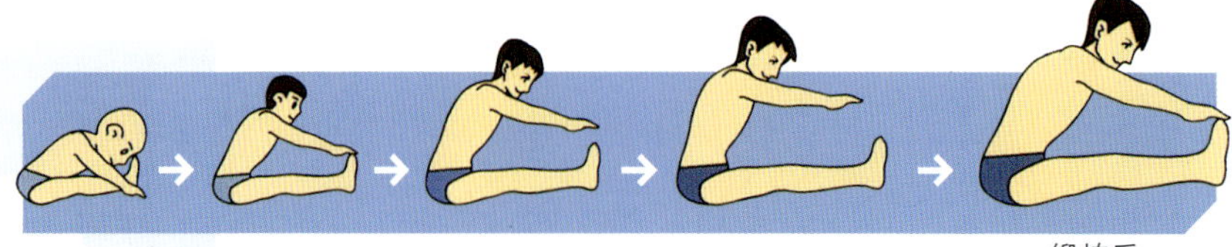

锻炼后

图 8.3.1

4. 性别　男性的肌肉比较发达，骨架比较大；女性的肌肉比较纤细，骨架比较小。从解剖学角度，如球窝关节的大（男）小（女），肌肉的发达（男）或纤细（女），可直接影响肢体的伸展程度及范围。

5. 遗传　骨架的结构及比例受遗传影响，如手肘外突、脊椎异型、O型或X型腿（图8.3.3）、扁平足或高弓足等（图8.3.4）皆是天生的遗传因素（图8.3.2）。若适当地进行伸展运动，可以有效地改进其柔韧性。

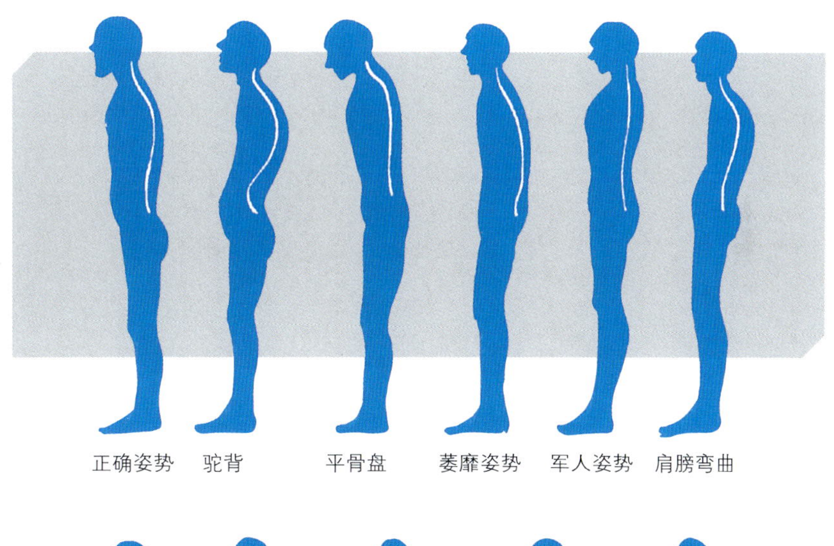

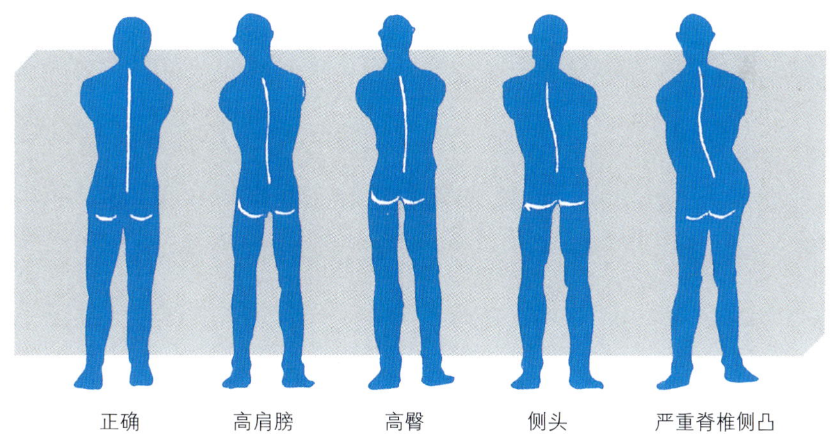

图8.3.2

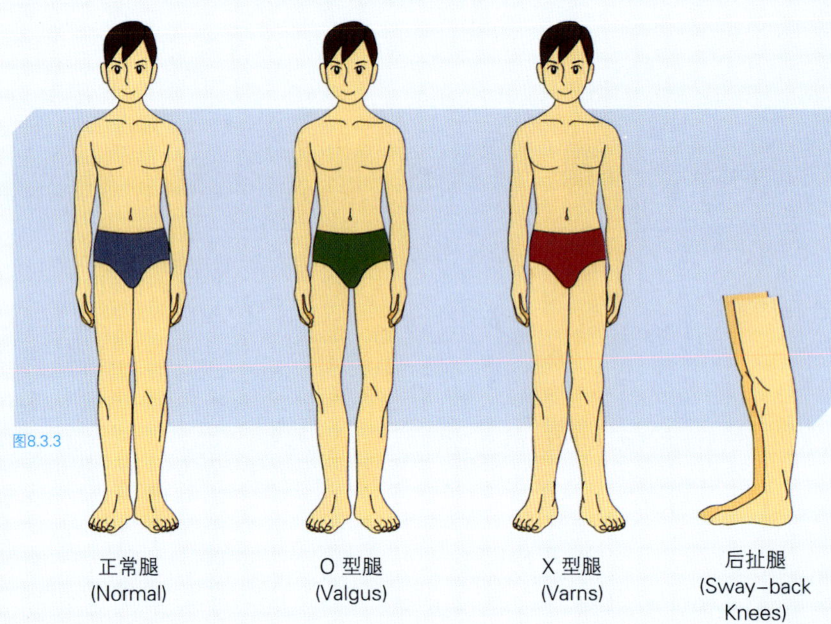
正常腿
(Normal)
O 型腿
(Valgus)
X 型腿
(Varns)
后扯腿
(Sway-back
Knees)

图8.3.3

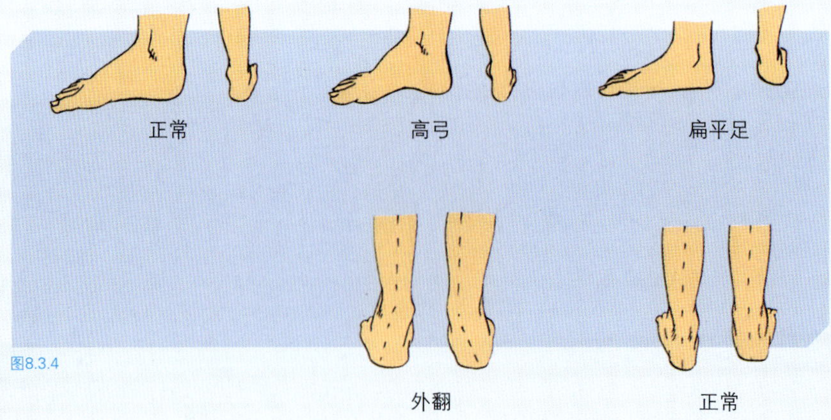
正常
高弓
扁平足
外翻
正常

图8.3.4

改善柔韧性的好处

1. 增强运动能力
   柔韧性好的关节，可用较少的力量去达到较大的活动范围。
2. 减少受伤的机会
   适当地增加关节活动范围，可以减少因过度伸展而产生的创伤。
3. 增加关节结构中血液及养分的供应
   关节活动可促进血液及养分进入关节囊，使周围组织更润滑及更有弹性。
4. 增加关节囊滑液 (Synovial fluid) 的质量
   经过养分输送，关节囊滑液得以时常维持平均的质量，可降低关节及软骨组织的退化。
5. 增加神经肌肉协调 (Neuromuscular Coordination)
   柔韧性的训练会提高肌肉细胞的神经元反射，使个体接受刺激的反应增快。
6. 减少肌肉僵硬 (Muscle Stiffness)
   经过适当的静力伸展，可以延迟和降低运动后产生的肌肉僵硬。
7. 改进体型及平衡肌肉
   柔韧性训练可令身体的软组织结构 (Soft tissue structure) 再排列，又可改变平时不良坐姿或站姿。
8. 减少腰背痛毛病
   大量的医学研究证据显示，常进行腰椎骨盆 (lumbo-pelvic) 间柔韧性的训练，包括大腿后肌、股肌及腰肌，可以适度地降低腰椎间的压力及减少腰背痛的机会。
9. 减轻压力
   适当地进行伸展运动，可以令肌肉放松；可把健康的养分带进肌肉，同时把代谢产物运走；又可减少肌肉因无活动而趋向于收紧的机会及减少疲劳，使肌肉常保持松弛状态。
10. 享受快乐
    柔韧性训练可增加生活乐趣，运动中能增强个人满足感。

第五节

伸展运动的种类

	被动	主动		主动及被动
	静力性	Rom 活动范围	弹振式	PNF
执行步骤	缓慢伸展到止点后停留(不能急速抽动)	在关节可活动范围内进行主动伸展	快而抽动，动作难控制	■ 可活动范围内作等长收缩 ■ 放松 ■ 可活动范围的止点作被动式伸展
时间	10～30秒钟	15～60秒钟	15～60秒钟	■ 等长收缩 6秒钟 ■ 放松 6秒钟 ■ 被动式伸展 15～30秒钟
组数	3～5组	1～3组	1～3组	■ 3～5组
肌肉收缩类别	肌肉放松	等张收缩(Isotonic)	等张收缩(Isotonic)	等张收缩 Isotonic，然后放松肌肉
运动时机	■ 整体肌肉伸展 ■ 受伤后康复	普通热身运动员的专项训练	运动员的专项训练	■ 受伤后康复 ■ 运动员的专项训练
注意事项	■ 热身及放松运动 ■ 安全有效 ■ 任何年龄都适用	■ 注意于活动范围止点受伤 ■ 普通热身后或被动式伸展后进行	■ 不提倡潜在危险，容易拉伤伸展中的肌肉	■ 需时较长 ■ 在等长收缩阶段要维持呼吸，避免瓦尔萨瓦尔氏现象 ■ 是一个很有效的伸展方法

伸展运动的指引

1. 避免进行冲击式的抽动 (jerky) 或弹振式 (bounce) 的伸展运动。
2. 伸展运动应从大关节开始至小关节，目的是确保主要活动大肌肉群能按先后次序获得充分伸展，使肢体活动更畅顺。
3. 在主项运动进行的前期、中期及后期都需要进行伸展运动。因为伸展运动所增加的柔韧性会于半小时后失去1/3，1小时后失去2/3。
4. 专项训练因运动表现的需要对局部或某部分关节的柔韧性有特殊的要求(如：跨栏选手跨栏或压腿)。一般运动人士无此需要，因此要避免进行某些专项的柔韧性训练，以免受伤。
5. 进行柔韧性训练最好每周三次，二至三周后会有明显的改善。
6. 康复、伤愈后、腰背部及怀孕期间的伸展训练，需在专业人士监督下进行。
7. 进行PNF伸展时，应留意关节角度的极限、保持呼吸顺畅及肌肉的原动肌 (Agonist) 及拮抗肌 (Antagonist) 两者的配合。
8. 进行静力伸展时，应保持呼吸顺畅，伸展中的肌肉保持放松及维持10秒钟或以上。

热身动作建议

股四头肌

竖棘肌/臀大肌

大腿后肌及臀大肌

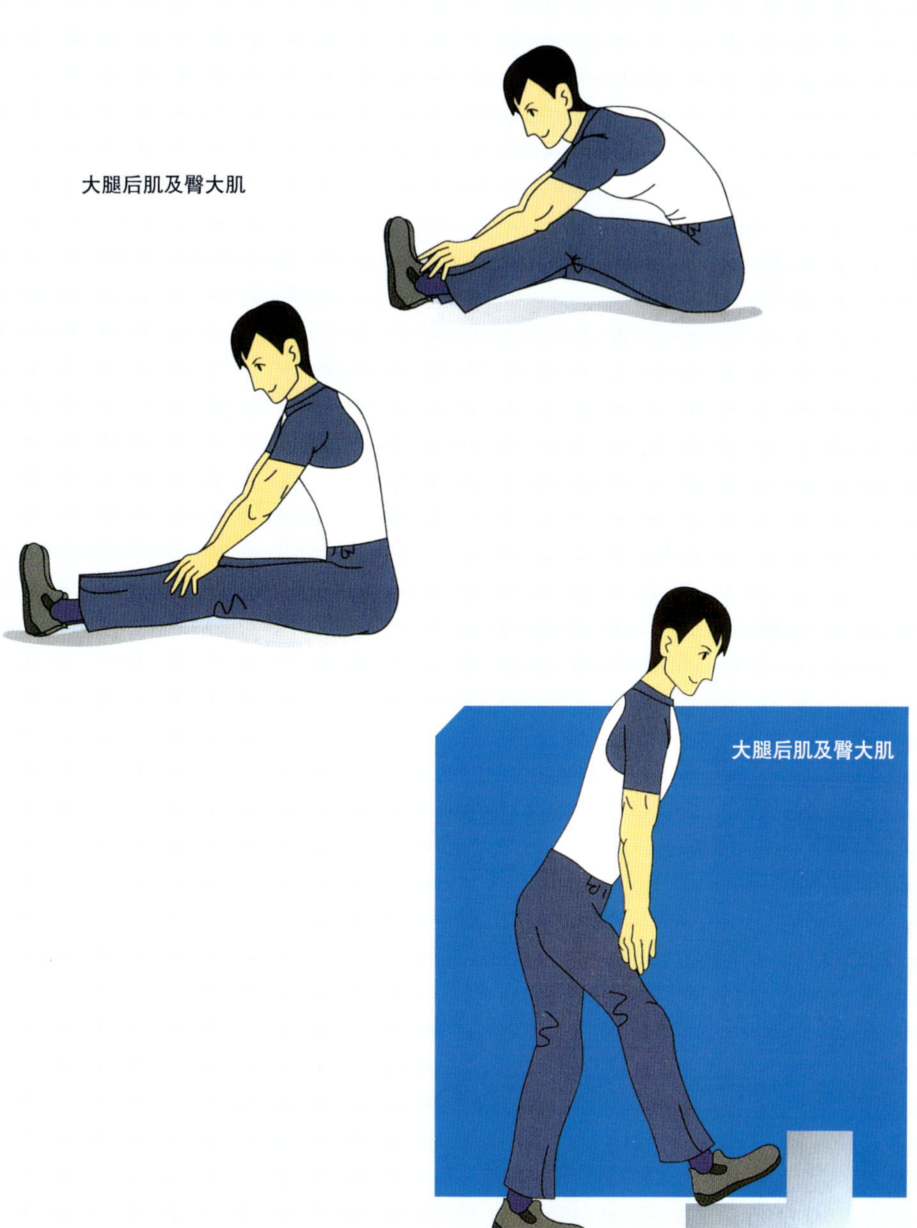

大腿后肌及臀大肌

大腿内侧肌群

大腿内侧肌群
躯干侧及臂侧

躯干侧（腹内、外斜肌）

小腿后肌群
(腓肠肌)

第八章

腰背（竖棘肌群）

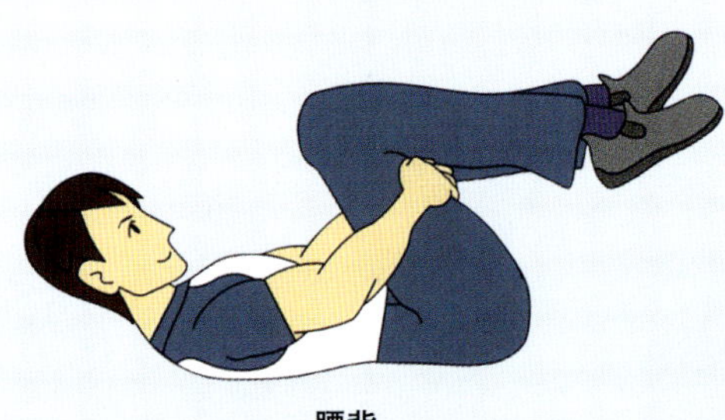

腰背

腰背

胸、肩膀及腹部

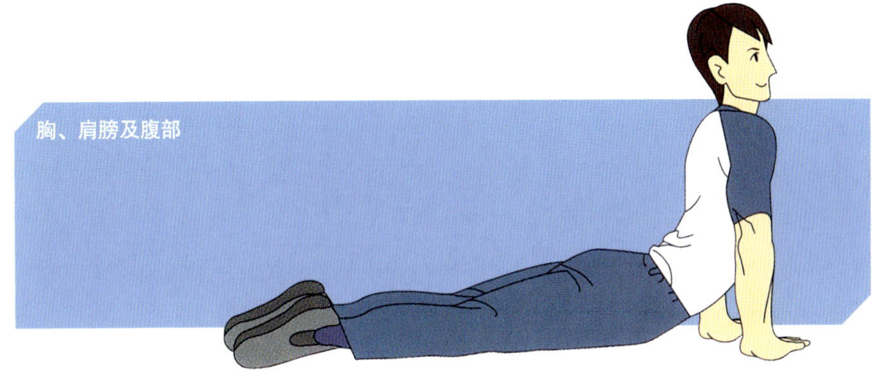

胸、肩膀 (胸大肌及前三角肌)

第八章

第八节

腰背保健运动

i) 腰背伸展运动

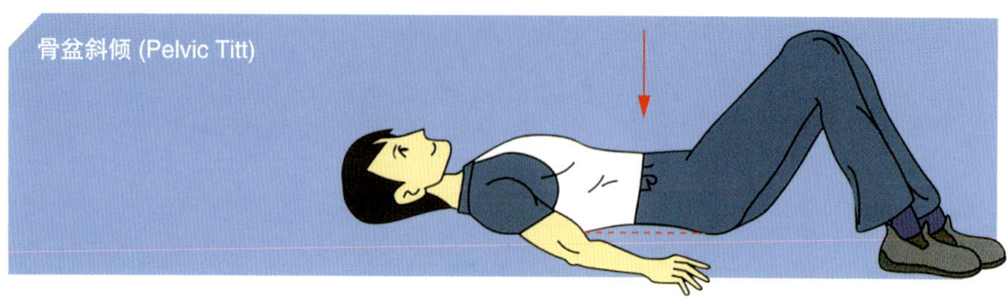

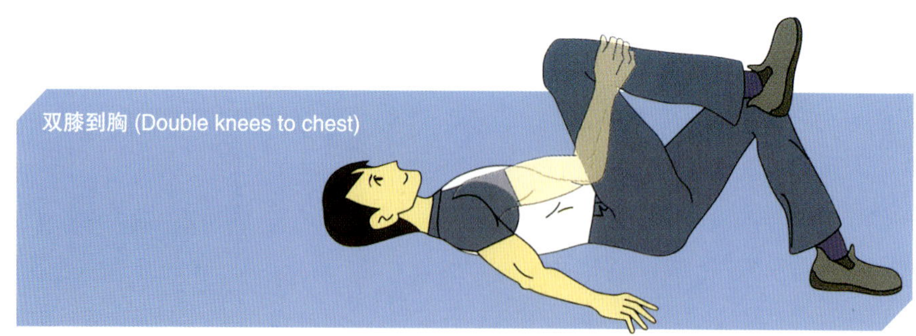

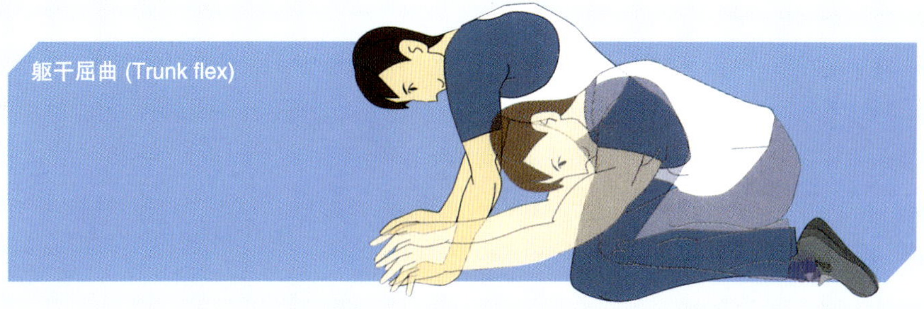
躯干屈曲 (Trunk flex)

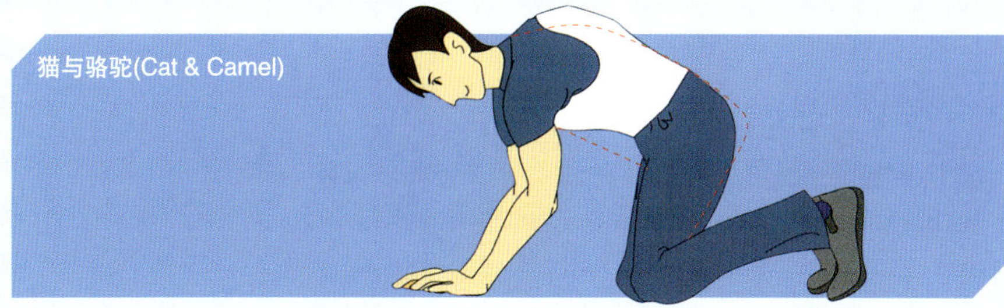
猫与骆驼(Cat & Camel)

第八章

ii) 腰背耐力强化运动

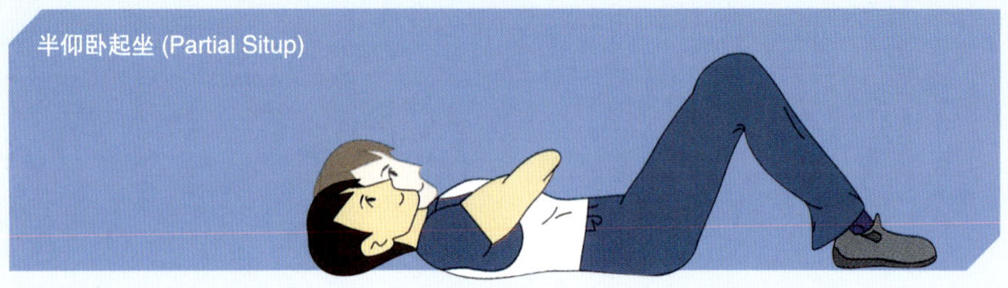
半仰卧起坐 (Partial Situp)

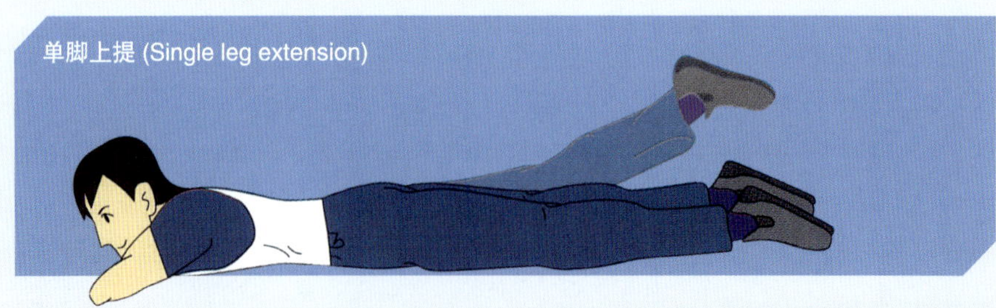
单脚上提 (Single leg extension)

参考文献

1. Johns, R., & Weight, V. (1962). Relative importance of various tissues in joint stiffness. *Journal of Applied Physiology,* 17, 824–828.
2. Heryward, V. H. (2002). *Advanced fitness assessment exercise rescription* (4th ed.). Human Kinetics.

第八章

第九章

了解压力及处理方法

第一节

压力的概念

压力的界定可以分为反应、刺激及处理方法。主张把压力界定为一种反应的专家认为压力是“身体对于任何加之于上的非特定反应”。(Selye, 1979)。另一个主张则专注于刺激，认为压力是指需要特别反应的某件事或一组环境，此外研究者也试图辨别造成压力的情境特征。第三种主张则认为压力不单指外部刺激事件，也不单指机体反应，而是指个体对环境认知评估的动态过程，是一种处理方式(transaction)。某些情境对任何人均构成压力（如自然灾害、威胁生命的疾病、或是失去爱人），而另外一些较不强烈的经历（如考试、争议、职业升迁）对部分人而言会有压力，对其他人则没有。要进一步地认识压力，必须了解个人如何基于其特殊动机需求和压力来源来评估情境。从处理方式的观点来看，压力反映出一个人如何评估其与环境之间的关系。压力不但汲取个人资源，同时也会危及个人健康 (Lazarus & Folkman, 1984)。

综上所述，压力的定义是

1. 身体对任何加之于上的非特异性反应 (Selye，1979)。
2. 压力是情境所造成的刺激。
3. 压力是指与环境间的互动方式 (Transition Model, Lazarus & Folkman, 1984)。

压力源 (Stressor)　事件、事物或刺激引致产生压力。通常是以一种个体内在的互相对立的动机构成冲突 (Conflict) 的形式存在。

压力反应 (Stress Reaction)　因遗传、背景及社会化过程的影响，不同人士对于某一刺激的强度及持续性有着不同的反应。

优压 (Eustress)　导致加强个人的生产力及满足感的压力源，该外来挑战能产生愉快情绪 (如渴望及兴奋)。

劣压 (Distess)　导致身体产生损害性后果的压力源。其性质是具威胁性的，并产生负面情绪 (如恐惧及焦虑)。

一个人的优压，可能是另一个人的劣压，反之亦然 。

长期压力 (Long–term stress)　压力源维持的时间较长，容易使人崩溃，但有可能适应下来。

短期压力 (Short–term stress)　压力源维持的时间较短，但有些却给人最大的刺激。

身体对压力的生理反应

身体面对压力时，会产生一系列复杂的内在反应。如果刺激很快被处理，这些急性反应也就很快自然消失，生理状态也就恢复正常。若压力情境继续存在，身体自然会作出不同的反应来适应。

急性反应 (Acute Responses)

身体的反应会随时准备应付紧急状况，故此瞬间反应的能量是必要的。这个复杂内在的反应被称之“战或逃”(fight or flight) 反应——因为它可使身体预备好“迎击”或“逃避”(Cannon，1929)。期间，身体亦会处于警觉反应状态(Alarm Reaction Stage) (Selye，1979)。表9.2.1为生理上所作出的一系列复杂的即时反应：

组织/系统	反应情况
内分泌	■ 分泌激素、刺激脂肪及蛋白质转化为糖 ■ 唾液及分泌液停止 (口干) ■ 内啡肽(endorphin) (天然止痛剂) 开始分泌 ■ 甲状腺受刺激分泌激素，促进身体能量供给 ■ 促肾上腺皮质激素 (ACTH) 刺激肾上腺皮质分泌一种皮质类固醇 (Corticosteriod) 激素，促进新陈代谢及肝脏释放出葡萄糖。同时ACTH也主导调节身体的其他器官分泌约三十种激素，每一种激素在身体调适紧急状况时都十分重要
神经 (下视丘)	下视丘（压力中心）均控制自主神经系统加以调节
自主神经	■ 刺激肾上腺内核心 (肾上腺髓质) (adrenal medulla) 分泌肾上腺素(adrenaline)，作用于身体各器官的靶细胞 ■ 心跳↑　血压　↑
血管	收缩血流量↓（防止受伤出血）
脾脏	释放出更多的红细胞以协助携带氧气
骨髓	制造更多的白细胞以防止感染
骨骼肌	绷紧
消化	消化运动↓
肺部	肺活量增大

一般适应症候群

如果压力持续不终止，身体会发生怎样的适应呢？Selye进行了动物(老鼠)实验研究，以不同种类的压力源(冷、热、光、暗、非致命性毒药、恐慌)做测试。结果发现它们均产生相类似的生理变化：

1. 肾上腺皮质层(adrenal cortex)增大。
2. 脾脏、胸腺、淋巴结、淋巴结构萎缩。
3. 心脏增大。
4. 胃出血性溃疡。
5. 白细胞完全消失。

他称这种生理反应为一般适应症候群(General Adaptation Syndrone)，简称GAS，其中包括三个阶段：

警觉反应(Alarm Reaction)、抗拒(Resistance)和衰竭(Exhaustion)

(见图9.2.1)。

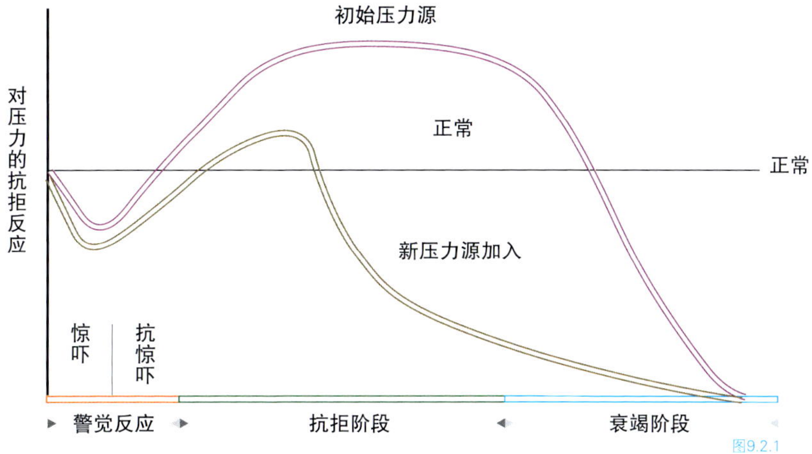

图9.2.1

图解：上面的曲线代表长时间地对抗压力源。在警觉反应阶段，抵抗力轻微地滑落（惊吓时期），而后大幅增加（抗惊吓时期）。抵抗力在抗拒阶段持续增加，并且在整个阶段居高不下。如果压力源持续保持一段长时间，身体即进入衰竭阶段，同时抵抗力最后逐渐消失。当身体依然在面对压力源时，另一个新的压力源侵入，则抵抗力大幅减弱，如图内下层曲线所示。

当压力反应出现，而战或逃都不能应付时，劣压便出现。

个人对压力的心理反应

认知能力	■ 减弱专心程度及逻辑综合思考能力。 ■ 思绪倾向于忧虑行动后果及自我否定想法(例：考试焦虑)。 ■ 生性小心的人可能变得更小心或完全退缩。 ■ 生性积极的人则可能失去控制，漫无目的地四处乱闯。
情绪反应	■ 焦虑——担心、挂念、紧张、恐惧。 ■ 愤怒与攻击——当个人迈向目标的努力受阻碍时，会激发攻击行为(对事物或对人)。 ■ 冷漠与抑郁——刚好与以上相反，变得退缩，漫不关心。
行为	■ 工作表现水平下降。 ■ 逃避。 ■ 被动/缺乏原动力。

当上述情况频频出现时，压力引致激素分泌过多及过久，对神经系统及内脏会造成损害。

压力的来源

许多事情均能引起压力，如天灾、战争、政治不稳定皆会引起大改变而影响大众。相对来说，失业、考试、迟到只是生命中的一些小困扰而已。通常压力来源的形式可分为下列两种：

1. 冲突 (Conflict)

在我们的社会里，当两个动机互起冲突时，其中一方动机的满足即是对另一方的挫折。下列动机中普遍存在着冲突且难以解决：

i) 独立与依赖 (independence vs. dependence)：处在压力时期，我们可能希望采取孩童时期依赖的性格，让别人照顾我们，并解决我们的问题。可是另一方面，我们被教导要依靠自己的力量做事，认为负责是成熟的标记。

ii) 亲密与隔离 (intimacy vs. isolation)：一方面渴望想和其他人保持密切关系，并且分享我们内心深处的想法与情感，但又害怕我们太过坦诚时会被伤害和拒绝。

iii) 合作与竞争 (cooperation vs. competition)：在现代的社会，一直强调竞争和成功。竞争早自孩童时期兄弟间就开始，持续到学校并且在商业及事业竞争上达到高峰。但同时我们也被鼓励要互相合作，互相帮助。

iv) 冲动表现与道德标准 (impulse expression vs. moral standard)：在所有的社会里，冲动必须加以约束以合乎规范。大多数幼年时期的学习都包括将文化规范内化以限制个人冲动。性及攻击是我们的冲动当中最常与道德标准发生冲突的两个领域，违反这些标准将使人有强烈的罪恶感。

这些是最可能产生严重冲突的四个领域。我们试图在这些可能产生一定程度压力的对立动机之间，寻找一个折中的解决方法(杨国枢，张春兴，1990心理学)。

2. 生活转变

个体面对生活的转变，不论是否愉快，都得重新适应。社会再适应评定量表(表9.4.1)中，一些愉快的事情如结婚 (50)、怀孕 (40) 或新增家庭成员 (39) 都排在量表的前面。证明不管生活是否愉快，都为个体带来某种程度上的压力。再者，一些日常困扰如对财富的关注、不够时间陪家人等，这些零碎事情累积起来，也可构成重大压力的一部分。

社会再适应评定量表 (SRRS) (表9.4.1)

目　　的：预测压力引发疾病的几率

步　　骤：步骤：以下【生活事件】如在最近十二个月内发生，请于该项【分数】上画圈“O”

把分 数相加得出总分。

总分解释：生活转变越多，患病的几率越大。

得分超过300分者，80%几率会于不久将来患病；

得分在150~299分者，50%几率会于不久将来患病；

得分少于150分者，30%几率会于不久将来患病。

生活事件	分数	生活事件	分数
丧失配偶	100	儿女离家	29
离婚	73	法律诉讼	29
分居	65	个人的杰出成就	28
牢狱期间	63	配偶开始或停止工作	26
家人死亡	63	开学或结业	26
个人受伤或生病	53	社会地位	25
结婚	50	个人习惯的改变	24
被解雇	47	与上司争执	23
婚姻和解	45	工作时间或状态改变	20
退休	45	住所改变	20
家人健康状况改变	45	更换学校	20
怀孕	40	休闲活动的改变	19
性生活问题	39	宗教活动的改变	19
新增家庭成员	39	社交活动的改变	18
重新适应职业	39	抵押款项少于八万元	17
财务状况改变	39	睡眠习惯的改变	16
好友逝世	37	家庭成员人数改变	15
更换至其他工作单位	36	饮食习惯的改变	15
与配偶争吵次数增加	35	休假	13
抵押款项超过八万元	31	圣诞节	12
抵押赎取权被取消	30	轻微违法	11
工作责任的改变	29		

表9.4.1

压力与疾病

我们先前已经了解了压力的概念及个体的心理反应，也讨论了一般适应症候群，以下将介绍压力与疾病的关系。持续存在的压力源，使身体资源逐渐枯竭，也使疾病容易入侵。长期或慢性压力可引致胃溃疡、高血压及心脏病，同时也会损害免疫系统、降低身体抵抗细菌及过滤性病毒入侵的能力。

心身症 (心身疾病) (Psychosomatic Disorder)

由于心理因素而引起生理失调，组织损伤和疼痛等疾病(如气喘、高血压、溃疡、肠炎和关节炎等疾病)。

心脏疾病

在研究人类的焦虑自评量表 (Hurry Sickness index) (表9.5.1) 中，发现被称为有“A型行为类型”(或称“A型性格”)的人有较大几率患心脏疾病(Friedmen & Roseman, 1974)。这些性格特征包括敌意、不耐烦、时间压力及有野心。

心理病

遇上过大的压力或劣压，会使人抑郁，甚至发展成精神分裂症 (Schizophrenia)。

焦虑自测表 (表9.5.1)

目的：此表为尝试找出答题者包含：

A型行为 —— 与压力有关的行为，可使身体健康衰退。

B型行为 —— 期望能达到目标。

步骤：指出以下各项情境在您日常生活中出现的频率程度。

在每题适当的数字上画圈“O”；

将画圈“O”的数字加上得出总分。

问题	从不	甚少	有时	时常	经常
1. 你的话语急促?	1	2	3	4	5
2. 你以插嘴或代他人完成说话的方式与别人对话?	1	2	3	4	5
3. 你讨厌排队?	1	2	3	4	5
4. 你觉得完成要做的事情不够时间?	1	2	3	4	5
5. 你讨厌浪费时间?	1	2	3	4	5
6. 你进食很快?	1	2	3	4	5
7. 你超速驾驶?	1	2	3	4	5
8. 你尝试在同一时间内做不同的事?	1	2	3	4	5
9. 你对别人做事太慢觉得不耐烦?	1	2	3	4	5
10. 你觉得在一天中很少有轻松的或享受的时间?	1	2	3	4	5
11. 你觉得自己太过尽责?	1	2	3	4	5
12. 你摇膝或用手指头轻敲桌面?	1	2	3	4	5
13. 你与别人谈话时，想着别的事?	1	2	3	4	5
14. 你走路太快?	1	2	3	4	5
15. 你讨厌饭后散步?	1	2	3	4	5
16. 你饭后易暴躁?	1	2	3	4	5
17. 你讨厌在运动或游戏中失败?	1	2	3	4	5
18. 你觉得自己握紧拳头，颈紧或咬牙切齿?	1	2	3	4	5
19. 你想着将要做的事，往往不能集中精神?	1	2	3	4	5
20. 你属于一位竞争者?	1	2	3	4	5

→ **总分：**

得分：20 ~ 60 ： → B 型行为：OK

61 ~ 79 ： → 需要改善

80+ ： → 危险！A 型行为

要培养 B 型行为或降低压力引起疾病的几率，可尝试把运动、休息、松弛技巧及有弹性的工作计划加入您的生活当中；设立实际目标及寻找适当休闲活动更重要。

Friedman, M., & Rosenman, R.H. (1974). Type a behavior and your heart. New York: Knopf

表 9.5.1

压力与表现

传统观念对压力的认识仅仅是负面的。但“倒U型假说”认为，压力在一定程度的刺激下，可能有较佳的表现。但过分或缺乏刺激，可能导致工作效率的迅速降低。以下为“倒U型假说”的简图：

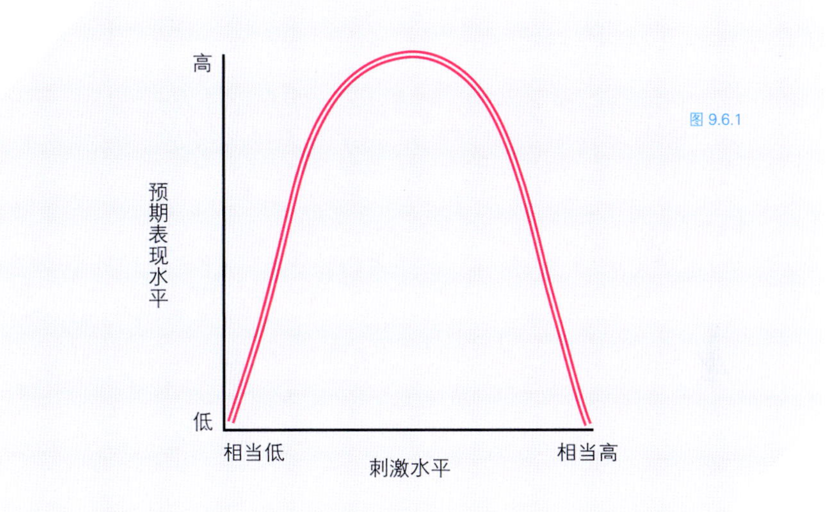

图 9.6.1

压力是人类生活中的佐料。人生中承受过多的压力便趋近死亡边缘，而缺乏压力也对健康不好。如：人出生要面对求生的压力、忧虑温饱的压力、求知的压力、考试的压力、疾病的压力、人际关系的压力、毕业前途的压力等。适度的压力会刺激我们身心，这也是激发我们进步的动力。

压力的应对与策略

压力所引起的焦虑和一些生理反应令人非常不舒服。个体通常会自动做出一些可以减缓不适的反应，这个试图处理压力的过程称之为应对 (coping)。根据应对行为的目的，可将应对行为分为问题定向的应对 (problem solving coping) 和情绪定向的应对 (emotion focused coping) (Lazarus & Folkman 1984)。

既然每人都要面对压力，那么如果我们有相应的应对策略，就可能会带来预料不到的收获。

应对压力的目的不是消除压力，而是把压力带来的损害减至最低，甚至加以利用，使生活质量得以保持或提高。

下列一些方法、技巧、活动或仪器，只要加以理解及利用，可能是你一生中应对压力的良伴：

1）生物反馈

生物反馈 (biofeedback) 是通过科学仪器去测量个体某种生理、生物性或肌肉反应的一种方法。此方法有助于个体了解心率的改变、呼吸运动、肌肉及脑电波变化等，从而让个体基于此结果作出参考及修改，以达到松弛的目的。

2）心智处理法

此方法目的是使个体通过自我谈话暗示，从消极的思考变为积极。通过内化的自律或训练，可以用积极的自我鼓励讲话去达到效果。例如对自己说：有能力的、可达到的、可变通的、镇定的等。

此外，也有停止思考 (thought stopping) 的方法。这种方法首先是帮助个体预测在应付压力期间可能会产生的各种消极思考。然后，个体需要以积极的联想去思考成功的过程。

3）呼吸松弛法

呼吸松弛法是自古代已有的且富含哲学意味的操练，如道、禅坐及瑜伽等。这方法主要强调意志控制感官，呼吸控制意志。此方法将注意力集中在自己的呼吸，是一简单而有效的自我松弛方法。它不但可令思想平静，而且可以令因紧张而呼吸急促的情况好转。此松弛方法主要着重横膈膜呼吸，即腹式呼吸，目的是使空气能完全吸入肺的底部，即横膈膜。一般的胸式呼吸比较表浅而急促，空气只进入肺的上半部，使颈部及肩膀肌肉收紧，效果不佳。相反，腹式呼吸可使颈及肩膀肌肉保持松弛的状态，最后令整体肌肉放松，更节省氧气的消耗。

4) 渐进式放松法 (Progressive Relaxation)

渐进式放松法亦可称为神经肌肉放松或深层肌肉放松。此方法源于杰克保森（Jacobson，1930)为医院里精神紧张的病人的设计。此种非想象性的方法非常直接，主要目的是先令局部肌肉放松，然后延伸至全身，然后达到全身放松为止。

5) 自律训练法 (Autogenic Training)

自律训练法是1932年，精神病专家舒茨・J（J.Shutz）利用催眠方法使病人得到放松时所引用的。此法透过意念控制和训练，提高人对身体各部分的敏感程度，使四肢和躯干有温暖感和沉重感。从而影响血液循环和体温等生理变化，其最终目的是使身体达到松弛状态，再扩展到心灵上的松弛。强调的是呼吸调节。

6) 视觉表象松弛法 (Visual Imagery)

希克曼 (Hickman，1979) 所描述的表象技术目的是使个体更加了解身体对压力的反应。视觉表象有内外两种。就外在的视觉表象 (outward visualization)而言，首先个体要想象一个蓝圈 (blue circle)，然后利用这个想象尽量扩大蓝圈充满视界，最后再把蓝圈想象成别的颜色。之后再提出第二个表象，这次是要个体想象自己能力表现的视觉。此目的为帮助个体在利用放松的方法去表现能力时，能同时帮助个体想象自己。就内在视觉表象而言，转向了自己选择的器官与内在的生理过程。例如个体可想象自我的血管、肌肉和其他内在器官的情形。这种表象，包含对身体结构和某些看不见的过程的直接知觉。再者，这种想象可假设将个体把焦虑和内在鼓舞力调适到适当程度。

另外，此方法是基于练习时，把注意力集中在一个安静、优美及舒适的环境中(如沙滩、蓝天碧海)，从而降低其他内在及外在的干扰。当脑神经接收了这种意象后，可引发相应的生理反应，如呼吸放缓、心跳减慢、肌肉松弛，使个体变得轻松愉快。

7) 冥想 (Meditation)

冥想可分为很多不同类别，这种方法源于印度和其他东方国家。这种应对压力的方法之所以受人欢迎，部分是因为其具减压效果，当然教义本身令人向往也是一重要因素。

为了达到较佳的效果，冥想通常要在一个安静的地方。强调某种感觉的表象，或用重复的口诀(吟唱、喃喃自语)，使心灵远离过去或未来的过多思考。在口语练习期间，加上呼吸的技术，使个体有最佳的能力表现，达到宁静。

有关冥想的研究指出 (Layman，1978)，冥想可产生许多生理好处：α波的出现，心率和新陈代谢的降低，大脑皮质的非支配性，大脑半球之某种活动欲望能升高空间（动作行为和创造性的非语言思考）。假如一个人一天能有20分钟的真正安静，对身心均是有益的。

8) 有氧运动 (Aerobic Exercise)

依照FITT的原则，从事有氧运动，在压力及身体的放松下，可以得到以下的益处：

i) 运动与冥想可使人进入深层放松状态。在深层松弛状态下，右脑较左脑活跃，进一步促进内啡肽 (Endorphin) 的分泌，可减低压力激素。

ii) 身体活动配合身心反馈 (somatopsychic feedback)，可减轻生理压力。

iii) 运动强健身体，可抵抗劣压带来的损害。

iv) 运动可增强自信心。

v) 有健康，进而会有好的态度并积极投入工作。

vi) 运动可带来较佳的外表与体型，给人健康的印象。

压力的应对除以上的策略外，也要在适当的时候抒发情绪、寻求协助、保持清晰思考、建立良好的人际关系及和谐的家庭生活，即使压力来临，也可应付自如。

总之，以上八点皆可以令身体得到某种程度的放松及愉快。当然，应对压力时，技巧的掌握与练习的熟练程度也是影响成效的关键。如遇到完全无法自我放松的情况，尝试想象自己的肌肉像牛油般融化；或可试想温水慢慢地流淌在身上，享受那种舒适的感觉。如果痛楚程度严重到无法想象美丽的情景，可不必强逼自己想象翠绿山峦或细沙嫩石的海滩，只想着平静二字即可。另外，选择一个舒适的姿势，也可使自己更加容易达到松弛。如果杂乱的思绪不断侵入脑海，可尝试把种种思绪用笔记下，直至脑中的意念和忧虑尽去，然后才慢慢地放松下来。

放松技巧加上持之以恒的运动，可令身心达到舒畅的境界。建立一个好习惯，身体力行，坚持不懈，才能达到健康人生。

参考文献

1. Cannon, W. B. (1929). Bodily changes in pain, hunger, fear, and rage. New York : Appleton.
2. Friedman, M. & Roseman, R. H. (1974). Type a behavior and your heart . New York : knopf.
3. Holumes, T. H. & Rahe, R. H. (1967). The Social readjustment rating scale. Journal of Psychosomatic Research, 11, 213–18.
4. Lazarus, R. S. & Folkman, S. (1984). Stress, appraisal & coping. New York : Springer
5. Selye (1979). The stress of life (Rev. ed.). New York : Van Nostrand Reinhold
6. 黄全柱译 (1987). 现代运动心理学与教练指导，师大书苑.
7. 杨国枢，张春与主编 (1990). 心理学. 桂冠心理学丛书.

第十章

体适能测试与评估

第一节

体适能测试的作用

1. 区分社会中不同人士的体适能水平。
2. 作为诊断体适能状况的工具。
3. 反映个体进行体适能活动时的进度及效果。
4. 用作激励参与体适能活动的工具。
5. 测试结果可转化为标准，作为参照。

第二节

健康体适能测试项目

健康体适能的测试项目种类繁多，有些特别适合成年人，有些特别适合儿童，各有特色。这些测试是经过严谨的科学验证，确定其信度与效度可以接受后才公布的。本章所介绍的测试项目是以一般人士，在有限器材及较容易实施的原则下，再以各健康体适能要素来分类，并附设各测试的标准表及健康标准以作参考。

1. 心肺耐力

- i) 安静心率
- ii) 主观疲劳感觉量表判断法 (Rate of Perceived Exertion Scale)
- iii) 3分钟踏台阶测试
- iv) 1英里步行测试
- v) 12分钟耐力跑测试

2. 肌力及肌耐力

- i) 握力测试
- ii) 仰卧起坐测试
- iii) 引体向上/屈臂悬垂测试
- iv) 俯卧撑测试

3. 柔韧性测试

- i) 坐位体前屈测试

4. 身体成分测试

- i) 皮脂测试

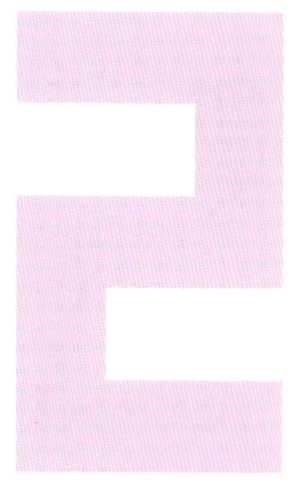

心肺耐力测试

1. 心率的测量

器材：秒表

i) 心率的测量方法

a

桡动脉（图 10.3.1a）

b

颈动脉（图 10.3.1b）

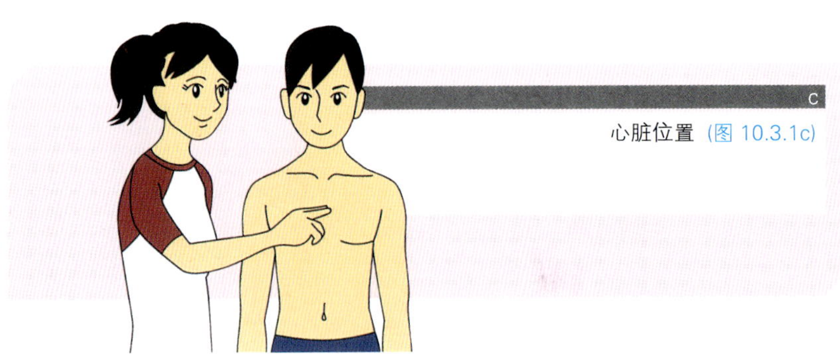

c

心脏位置（图 10.3.1c）

ii) 心率的测量步骤及注意事项

a) 把食指及中指放在桡动脉上便可感觉到脉搏，不可太大力压下去，感到搏动即可。

b) 不可用大拇指，因为它也有微弱搏动，会影响准确性。

c) 开始计时的一刻由“0”数起，数至15秒钟时便停。把读数乘以4便是每分钟的脉搏次数了。

d) 正确的安静心率应在早晨醒来后立刻测量1分钟，连续三个早晨，然后取其三次测量的平均值。

e) 正常的安静心率应为60~100次/分。

f) 经常进行足够量体能锻炼的人，安静心率会有下降，这是一个好现象。

iii) 以上练习可在坐姿或站立姿势测量。测量技巧反复练习数次，便会熟练。

2. 主观疲劳感觉判断法

(Rate of Perceived Exertion Scale)

器材：秒表

i) 介绍主观疲劳感觉量表判断方法

a) 这是一个简单易行的自我判断运动强度的方法。

b) 运动中的吃力程度分为10级，每2级辛苦程度便递增。由0级（没感觉）、2级（微弱）、4级（稍吃力）、6级（吃力）、8级（非常吃力）至10级（极度吃力）。

c) 心肺耐力的练习应在4级（稍吃力）至7级（吃力）之间进行。

d) 经科研验证，以下的RPE（图10.3.2）各级的吃力程度递增是与运动心率成线性关系。因此，这个简便的方法特别适合老人家或一些不能以心率来显示其运动强度的特殊人群使用。

主观疲劳感觉分级图

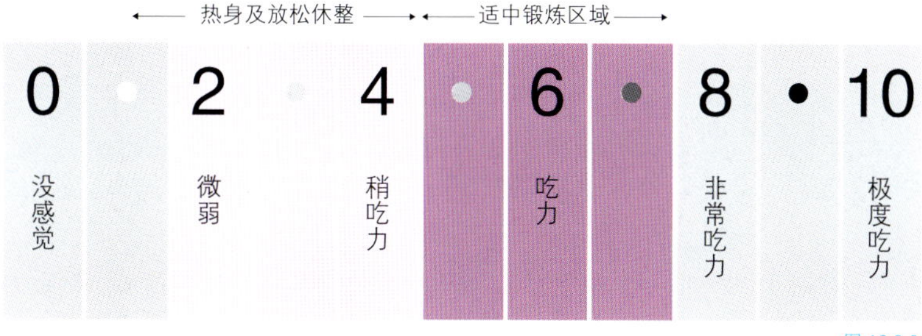

图 10.3.2

第十章

3. 3分钟踏台阶测试 (YMCA Protocol)

目的：测试运动后心率恢复情况，以评估其心肺功能。

器材：12英寸高的稳固长凳、节拍器 (96bpm)、秒表及时钟。

i) 首先检查节拍器，预设节拍为每分钟96次，然后依“上上下下”的节拍运动3分钟 (即每分钟做24次“上上下下”)，每次踏上后要到直膝为止，而且先踏上的脚要先落下 (图10.3.3)。

ii) 完成3分钟踏台阶后，5秒钟内立刻开始测量1分钟的脉搏，记下心率，并依下表评价其功能水平。

iii) 若运动后心率越低，其心肺功能越好。

3分钟踏台阶测试常模表

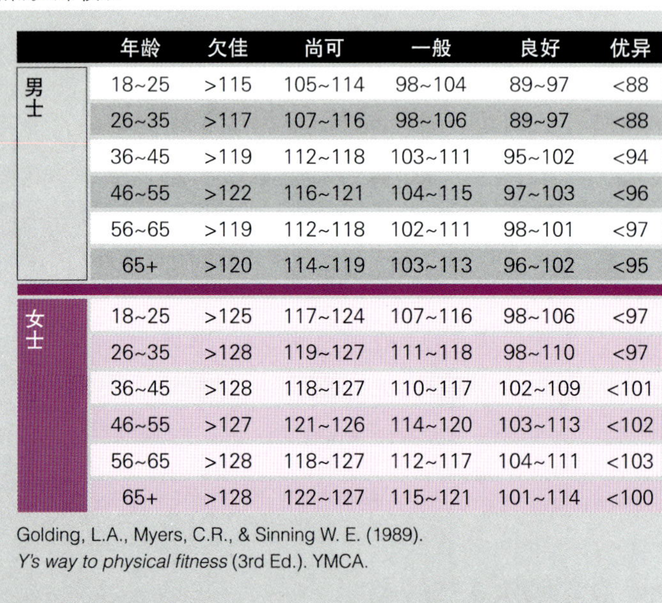

	年龄	欠佳	尚可	一般	良好	优异
男士	18~25	>115	105~114	98~104	89~97	<88
	26~35	>117	107~116	98~106	89~97	<88
	36~45	>119	112~118	103~111	95~102	<94
	46~55	>122	116~121	104~115	97~103	<96
	56~65	>119	112~118	102~111	98~101	<97
	65+	>120	114~119	103~113	96~102	<95
女士	18~25	>125	117~124	107~116	98~106	<97
	26~35	>128	119~127	111~118	98~110	<97
	36~45	>128	118~127	110~117	102~109	<101
	46~55	>127	121~126	114~120	103~113	<102
	56~65	>128	118~127	112~117	104~111	<103
	65+	>128	122~127	115~121	101~114	<100

Golding, L.A., Myers, C.R., & Sinning W. E. (1989). *Y's way to physical fitness* (3rd Ed.). YMCA.

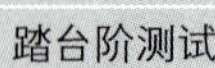

踏台阶测试

图 10.3.3

4. 1英里步行测试

目的：测量心肺耐力（$\dot{V}O_2max$）

器材：秒表、标杆筒6个，记录表（每人一张）及计算器

步骤：i）在一标准篮球场上放好标杆筒，如下（图10.3.4）：

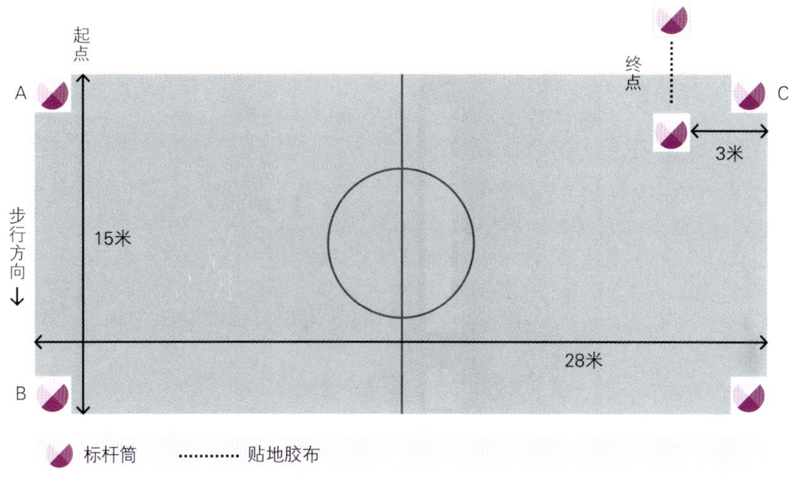

图 10.3.4

ii）二人一组，一人负责为同伴数圈，记录步行时间及测量运动后心率(取15秒数值然后乘以4)。

iii）热身准备活动（包括伸展运动）。

iv）同伴发令："预备"、"开始"。

v）受试者在开始后，应以个人既快又稳的步行速度来完成整段距离（18圈 + 61米）。

vi）同伴在受试者经过转角点（一周）时，报上其已完成的圈数，在报完第18圈后，数圈同伴便应立刻到正确的终点线以记录受试者过终点的时间，然后尽快开始测量其运动后心率(取15秒钟数值然后乘以4)，并作记录。

vii）同伴可于测试后依公式计算其最大摄氧量($\dot{V}O_2max$)，并参考常模表对照评价。

viii）记录完步行时间及运动后心率，便可与同伴互换位置，交换测试。

ix）以下计算出的 $\dot{V}O_2max$ 值越高，表示心肺耐力越好。

第十章

最大摄氧量公式：

$$\dot{V}O_{2max} = 132.853 - [0.0769 \times \text{体重 (磅)}] - [0.3877 \times \text{年龄}] + [6.3150 \times \text{性别}] - [3.2649 \times \text{时间 (分钟)}] - [0.1565 \times \text{心率}]$$

性别 = 0 (女士) 时间 = 分钟 (取小数点后2位)

= 1 (男士) 心率 = 次/分钟

1英里步行测试计算表

最大摄氧量 (毫升/分钟/公斤) —— 心肺耐力指标

	年龄	欠佳	尚可	一般	良好	优异
男士	20~29	<40	40~42	43~46	47~50	51+
	30~39	<37	37~40	41~44	45~49	50+
	40~49	<35	35~37	38~41	42~47	48+
	50~59	<32	32~34	35~38	39~44	45+
	60~69	<29	29~31	32~34	35~42	43+

女士	20~29	<32	32~34	35~37	38~43	44+
	30~39	<31	31~33	34~36	37~40	41+
	40~49	<28	28~30	31~33	34~39	40+
	50~59	<26	26~27	28~30	31~34	35+
	60~69	<24	24~25	26~28	29~34	35+

Institute for Aerobics Research, Dallax, TX (1994)

5. 12分钟耐力跑测试

目的：测量心肺耐力 ($\dot{V}O_{2max}$)

器材：秒表1个、标杆筒18个及记录表

步骤：i) 在一标准篮球场 (长28米，宽15米) 上放好标杆筒，如下 (图10.3.5)：

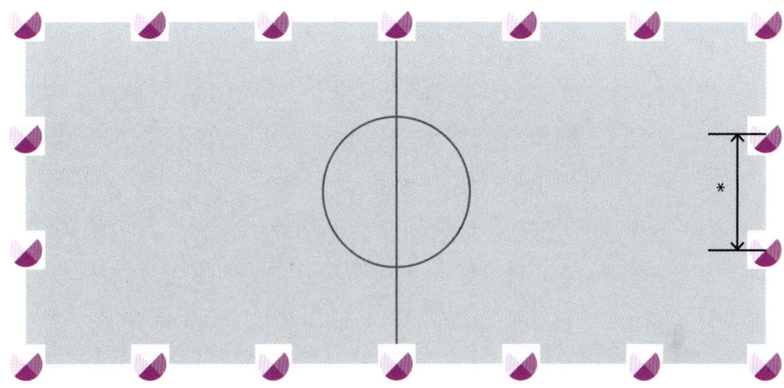

标杆筒 *每2个标杆筒之间约相隔5米

图 10.3.5

ii) 二人一组，其中一人跑，另一同伴为其数圈/距离。

iii) 热身准备运动（包括伸展运动）。

iv) 同伴发令："预备"、"开始"。

v) 开始后，尽量在12分钟内完成最多距离，途中如有需要的话可暂停或步行。

vi) 同伴要每圈都报告圈数，然后在12分钟终止时，记下他/她此时所到的最近标杆筒，并计算最后一圈所完成的距离并加上先前总圈数的86倍，便是他/她所完成的总距离（米），并记录。

vii) 同伴可以在每分钟报时。

viii) 与同伴交换测试。

ix) 12分钟内跑的距离越长，其心肺耐力越好。

12分钟耐力跑测试（米）表

	年龄	欠佳	尚可	一般	良好	优异
男士	13~19	<1900	1901~2100	2101~2400	2401~2600	>2601
	20~29	<1900	1901~2100	2101~2400	2401~2600	>2601
	30~39	<1800	1801~2000	2001~2300	2301~2500	>2501
	40~49	<1700	1701~1900	1901~2200	2201~2450	>2451
	50~59	<1600	1601~1800	1801~2100	2101~2300	>2301
	60+	<1300	1301~1600	1601~1900	1901~2100	>2101
女士	13~19	<1400	1401~1600	1601~1800	1801~2000	>2001
	20~29	<1500	1501~1700	1701~2000	2001~2200	>2201
	30~39	<1450	1451~1650	1651~1900	1901~2100	>2101
	40~49	<1400	1404~1550	1551~1800	1801~2000	>2001
	50~59	<1300	1301~1400	1401~1700	1701~1900	>1901
	60+	<1200	1201~1300	1301~1500	1501~1700	>1701

AAHPER. Youth Fitness Project. (1976).
Youth fitness test manual. Washington.

肌力及肌耐力测试

4

1. 前臂肌力测试

a. 手握力测试

目的：测量前臂肌肉力量

器材：握力器及记录表

步骤：i) 首先调整手握位置 (以第二手指节紧握手柄为宜)。

ii) 垂直站立，手放身旁。

iii) 手持握力计，指针向外。

iv) 在无其他手部动作下，用尽全力紧握手柄 (图10.4.1)。

v) 左、右手各做3次，每次之间可休息30秒钟，各取最佳成绩，然后取其总和作记录 。

vi) 对照下表评价。

vii) 测试中，数值越高，表示前臂肌肉力量越强。一般也用来表示上肢肌力的强弱。

手握力测试“(左手 + 右手) 公斤”表

	年龄	欠佳	尚可	一般	良好	优异
男士	6	≤ 13	14~17	18~20	21~24	≥ 25
	7	≤ 17	18~19	20~23	24~27	≥ 28
	8	≤ 19	20~23	24~28	29~31	≥ 32
	9	≤ 22	23~26	27~30	31~36	≥ 37
	10	≤ 25	26~30	31~35	36~40	≥ 41
	11	≤ 28	29~34	35~40	41~48	≥ 49
	12	≤ 36	37~44	45~57	58~65	≥ 66
	20~29	≤ 60	61~69	70~81	82~91	≥ 92
	30~39	≤ 60	61~68	69~80	81~89	≥ 90
女士	6	≤ 11	12~14	15~19	20~21	≥ 22
	7	≤ 13	14~17	18~20	21~24	≥ 25
	8	≤ 17	18~20	21~24	25~29	≥ 30
	9	≤ 19	20~23	24~28	29~32	≥ 33
	10	≤ 23	24~28	29~34	35~40	≥ 41
	11	≤ 27	28~32	33~38	39~44	≥ 45
	12	≤ 31	32~37	38~43	44~48	≥ 49
	20~29	≤ 34	35~39	40~47	48~54	≥ 55
	30~39	≤ 36	37~40	41~49	50~55	≥ 56

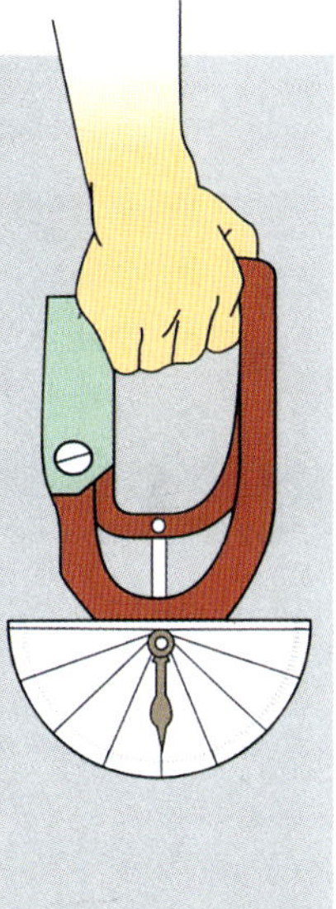

图 10.4.1

2. 腹肌耐力测试

a. 1分钟仰卧起坐测试

目的：测量腹部肌肉耐力

器材：垫子、秒表及记录纸

步骤：
i) 二人一组，受试者仰卧于垫子上，屈膝约90°，另一同伴按住其双踝，以固定身体，并为同伴记录次数。
ii) 受试者双臂交叉平放胸前，手掌放在双肩上，以此仰卧姿势开始。
iii) 同伴发令“预备”“开始”(图10.4.2)。
iv) 受试者由仰卧开始，卷腹团身至肘部触及大腿，然后还原至仰卧姿势 (肩胛骨触垫) 一次。进行过程双臂需紧贴上身。
v) 受试者在1分钟内完成最多次数。途中可做休息，然后再继续。
vi) 同伴可途中报时，并于1分钟时叫“停”。
vii) 其后，二人可交换测试，并记录次数，对照测试表评价。
viii) 在1分钟内的完成次数越多，腹肌耐力便越高，越持久，便更容易维持身体正确的坐、立、行姿势，也可降低患腰背痛及脊椎变形的机会。

1分钟仰卧起坐（次）表

	年龄	欠佳	尚可	一般	良好	优异
男士	12~14	≤ 14	15~26	27~35	36~42	≥ 43
	15~17	≤ 15	16~27	28~37	38~47	≥ 48
	18~29	≤ 16	17~28	29~40	41~50	≥ 51
	30~39	≤ 12	13~23	24~32	33~43	≥ 44
	40~49	≤ 10	11~22	23~27	28~38	≥ 39
	50~59	≤ 7	8~16	17~21	22~33	≥ 34
	60+	≤ 5	6~12	13~17	18~30	≥ 31
女士	12~14	≤ 13	14~21	22~26	27~34	≥ 35
	15~17	≤ 14	15~22	23~27	28~35	≥ 36
	18~29	≤ 13	14~21	22~26	27~34	≥ 35
	30~39	≤ 10	11~19	20~25	26~32	≥ 33
	40~49	≤ 8	9~18	19~23	24~30	≥ 31
	50~59	≤ 5	6~12	13~17	18~28	≥ 29
	60+	≤ 4	5~10	11~14	15~25	≥ 26

方进隆（1993）健康体能的理论与实际，汉文书店出版

图 10.4.2

b. 仰卧卷腹测试 Curl-up (Crunch)

目的：测量腹部肌力/肌耐力

器材：垫子、节拍器、颜色胶纸、记录纸

步骤：

i) 二人一组，受试者仰卧于垫子上，屈膝约90°。另一同伴按住其双踝，以固定身体，并为同伴记录次数。

ii) 受试者双手伸直放于两旁，在手指前贴一胶纸，在这一胶纸前方8厘米处 (45岁以上)，或12厘米处 (45岁以下) 贴另一张胶纸。如图(10.4.3a)。

iii) 将节拍器调校至每分钟40拍，受试者跟着节拍起、落、起、落，每分钟做20次卷腹。

iv) 同伴发令：“预备”、“开始”。

v) 受试者由仰卧开始，背部先平直，慢慢卷腹至肩离开垫子，约成30°，手指一直接触地面，并要碰到前面的贴纸。肩部放松，不可刻意探肩。然后还原至仰卧姿势 (手指触回先前的贴纸) 为一次。

vi) 同伴计数，受试者尽力跟着节拍做，不可停顿，跟不上节拍便停止。完成75/70次 (男/女) 者可得满分。

vii) 完成次数越多，腹肌耐力便越强，越持久，便更容易维持身体正确的坐、立、行姿势，也可降低患腰背痛及脊椎变形的机会。

其他修正方法：

i) 仰卧位置开始两手交叉胸前，头和身体卷曲至30°位置(如图10.4.4a及b)。

ii) 仰卧位置开始时两手放在大腿上，卷腹时手及前臂紧贴并慢慢将手指尖慢慢移至膝关节部，卷起身体至离地30°(如图10.4.5a及b)。

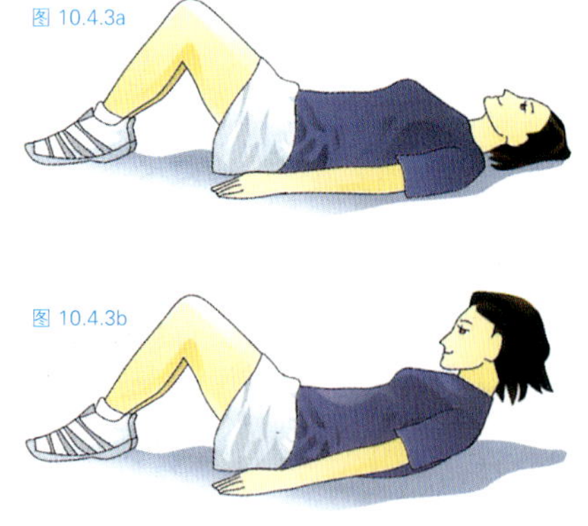

图 10.4.3a

图 10.4.3b

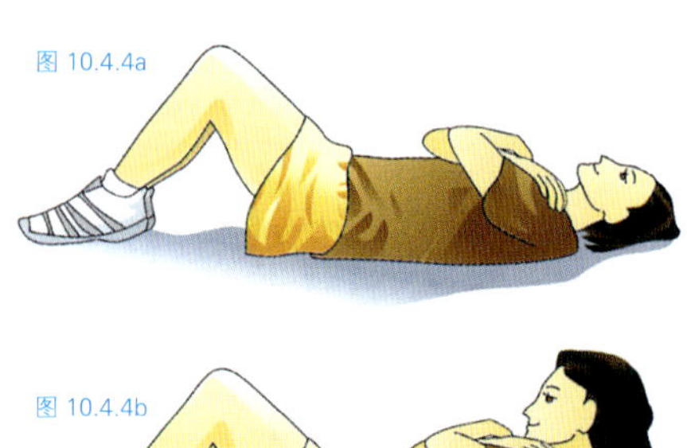

图 10.4.4a

图 10.4.4b

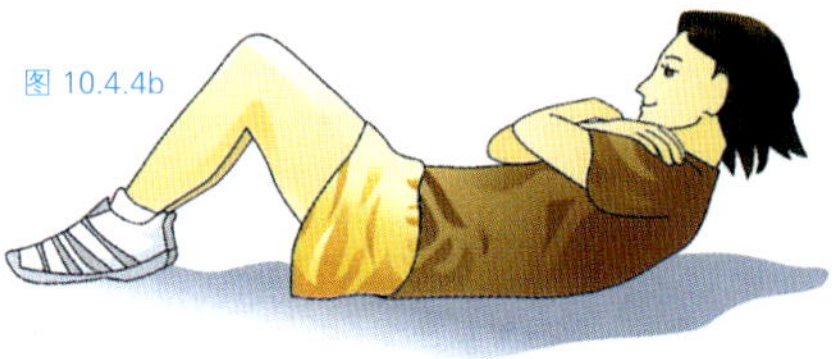

仰卧卷腹测试表

	年龄	欠佳	尚可	一般	良好	优异
男士	20~29	≤ 19	20~26	27~40	41~74	≥ 75
	30~39	≤ 18	19~30	31~45	46~74	≥ 75
	40~49	≤ 25	26~28	39~66	67~74	≥ 75
	50~59	≤ 18	19~26	27~44	45~73	≥ 74
	60~69	≤ 5	6~15	16~25	26~52	≥ 53
女士	20~29	≤ 16	17~26	27~36	37~69	≥ 70
	30~39	≤ 11	12~20	21~33	34~54	≥ 55
	40~49	≤ 13	14~24	25~32	33~49	≥ 50
	50~59	0	0~8	9~22	24~47	≥ 48
	60~69	≤ 2	3~12	13~23	24~49	≥ 50

Faulkner, R. A. (1989). A partial curl-up protocol for adults based on an analysis of two procedures. *Canada Journal of Sport Science*, 14, 135-141.

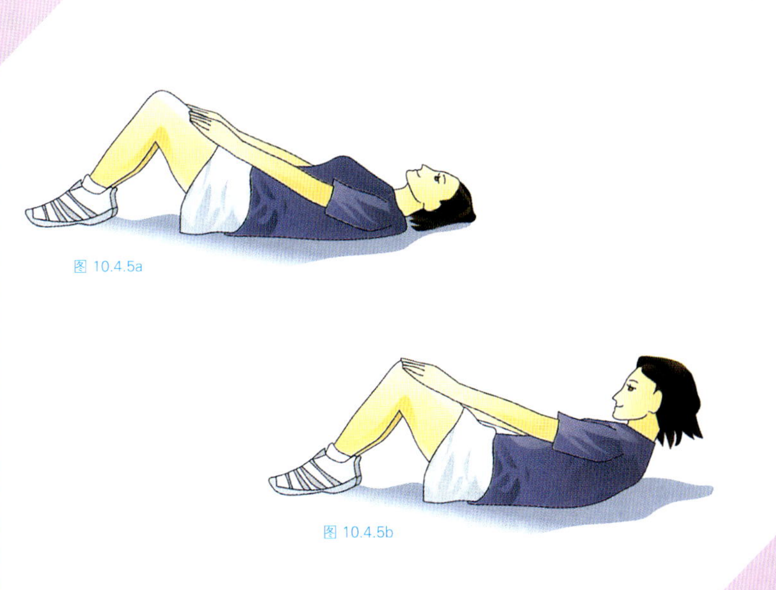

图 10.4.5a

图 10.4.5b

第十章

c. 仰卧卷腹测试

目的：测量腹部肌肉耐力

器材：垫子、节拍器、长椅或1英尺高木箱

步骤：i) 节拍器的节拍调校至50次/分，并把木箱放于地上。

ii) 受试者仰卧于垫子上，把小腿放于木箱上，大腿与地面垂直。

iii) 受试者两手臂伸直放身体旁，手心向下，然后由手指尖位置开始贴一条长3英寸的胶纸。

iv) 受试者听到测试员发令“预备”“开始”后，便开始把上背卷起向前，使手指尖向前移动3英寸至胶纸的边缘，然后返回开始位置（肩胛骨触地），便完成一次。其速度要依节拍来做（节拍第一声便是卷身上，第二声便是还原仰卧位置）（如图10.4.6a及b）。

v) 当受试者出现以下情况时，测试员便可以叫停，受试者便结束测试：

(a) 受试者不能维持节拍器的节奏

(b) 受试者脚部离开木箱

(c) 受试者不能卷起至手指尖触及3英寸胶纸的边缘

vi) 测试员记录正确的卷腹次数。

此项测试没有时间的限制。

仰卧卷腹测试表（节拍为50次/分）

评级	男士 (次)	女士 (次)
优异	>61	>58
良好	53~61	50~58
一般	35~52	31~49
尚可	27~34	21~30
欠佳	<27	<21

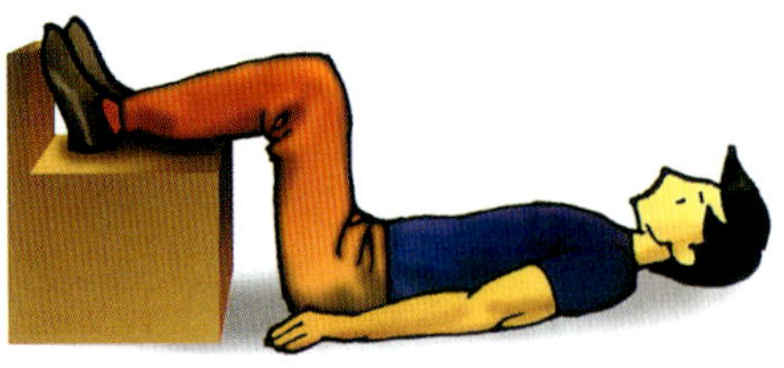

图 10.4.6a

图 10.4.6b

3. 上肢肌力/肌耐力

a. 引体向上/屈臂悬垂测试

目的：测量上肢肌力/肌耐力

器材：单杠、秒表、测试记录表及垫子

步骤：i) 二人一组，同伴帮助受试者以正手握稳单杠，双臂伸直才开始。

ii) 同伴可在正确准备动作完成后叫“开始”。

iii) 受试者屈肘提升身体，直至下颚超越横杠 (图10.4.7a)，然后慢慢下降至原来位置，再重新做下一次，直至不能再做而下杠停止。

iv) 其同伴可替其记录成绩 (次数)。

v) 动作途中，不可有多余的摆动动作，否则该次不计。

vi) 若是女子的屈臂悬垂，其一同伴可帮她上杠维持在屈臂状态，下颚超过横杠 (但不可触杠)，受试者准备好后，示意同伴放手 (图10.4.7b)。

同伴放手时便按动秒表，受试者努力维持，直至其下颚低于横杠，同伴便停止秒表，把读数报给受试者。

vii) 同伴替她记录时间。

viii) 引体向上的次数越多或维持屈臂悬垂的时间越长，表示上肢肌肉力量及耐力越好，应付日常工作也会觉得轻松。

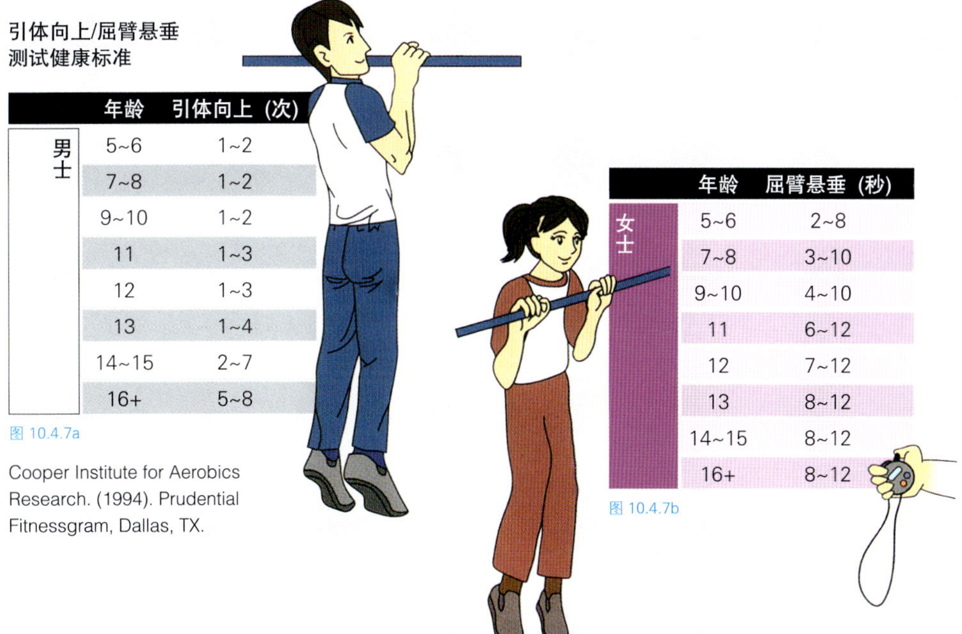

引体向上/屈臂悬垂测试健康标准

	年龄	引体向上 (次)
男士	5~6	1~2
	7~8	1~2
	9~10	1~2
	11	1~3
	12	1~3
	13	1~4
	14~15	2~7
	16+	5~8

图 10.4.7a

Cooper Institute for Aerobics Research. (1994). Prudential Fitnessgram, Dallas, TX.

	年龄	屈臂悬垂 (秒)
女士	5~6	2~8
	7~8	3~10
	9~10	4~10
	11	6~12
	12	7~12
	13	8~12
	14~15	8~12
	16+	8~12

图 10.4.7b

b. 俯卧撑测试

目的：测试上肢肌力/肌耐力

器材：无

步骤：i) 二人一组，受试者俯撑于地，与肩同宽，保持腰背挺直，头望前方，男士以脚尖着地（图10.4.8a），女士以膝部触地支撑，双脚并拢（图10.4.8b），小腿离开软垫，脚腕屈曲。

ii) 同伴发令："预备""开始"，计数其完成的次数。

iii) 受试者手肘屈曲至下巴触垫才算一次，腹部不可触垫。若中途停顿，便立刻终止测试。把完成次数作记录，并对照下表评价。

iv) 与同伴交换进行测试。

v) 俯卧撑的连续次数越多，表示上肢肌肉力量及耐力越好，这也有助于应付日常工作及特别需要。

俯卧撑测试（次）表

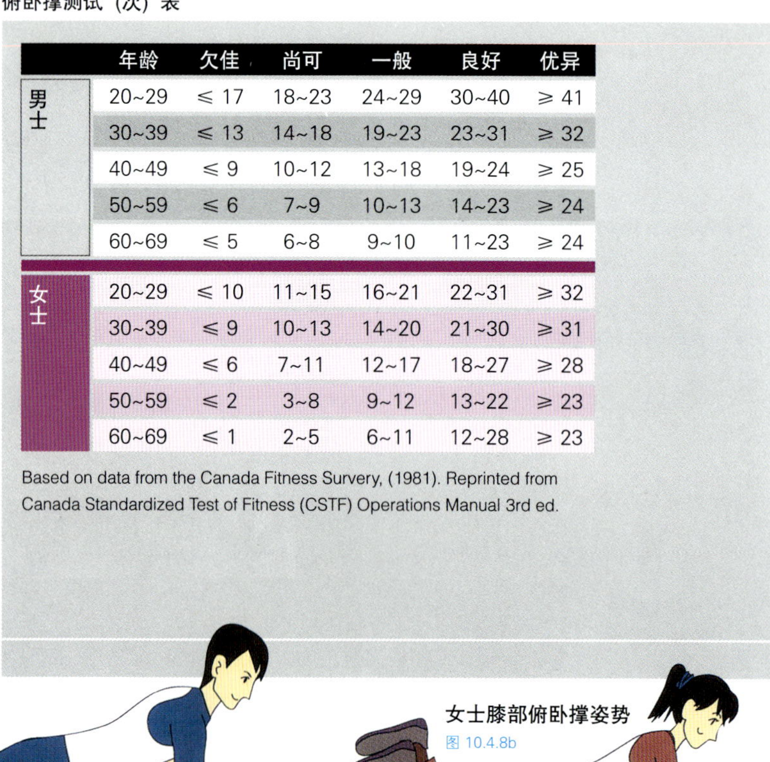

	年龄	欠佳	尚可	一般	良好	优异
男士	20~29	≤ 17	18~23	24~29	30~40	≥ 41
	30~39	≤ 13	14~18	19~23	23~31	≥ 32
	40~49	≤ 9	10~12	13~18	19~24	≥ 25
	50~59	≤ 6	7~9	10~13	14~23	≥ 24
	60~69	≤ 5	6~8	9~10	11~23	≥ 24
女士	20~29	≤ 10	11~15	16~21	22~31	≥ 32
	30~39	≤ 9	10~13	14~20	21~30	≥ 31
	40~49	≤ 6	7~11	12~17	18~27	≥ 28
	50~59	≤ 2	3~8	9~12	13~22	≥ 23
	60~69	≤ 1	2~5	6~11	12~28	≥ 23

Based on data from the Canada Fitness Survery, (1981). Reprinted from Canada Standardized Test of Fitness (CSTF) Operations Manual 3rd ed.

女士膝部俯卧撑姿势

图 10.4.8b

男士俯卧撑姿势

图 10.4.8a

柔韧性测试

1. 腰背及大腿后肌柔韧性测试

a. 坐位体前屈测试

目的：测量腰背及大腿后肌的柔韧性

器材：坐位体前屈箱、垫子及记录表

步骤：
i) 所有受试者必须先做适量的热身和伸展运动，以免受伤。二人一组，受试者赤足，面对箱子坐在垫子上，脚掌抵住箱子底板，双腿与肩同宽，伸直 (不可屈曲)。
ii) 双手拇指可互扣，中指重叠，放于箱子上面，以指尖慢慢的向前移动。保持直膝，移至最远的位置并保持1秒钟 (图10.5.1)，便可完成。同伴可以手按其膝部以帮助伸直。
iii) 同伴在受试者停1秒钟时，取其读数并记录。
iv) 重复动作3次，取最好成绩。
v) 读数越高，表示其腰背及大腿后肌的柔韧性越好，也可预防腰背痛及运动受伤。

坐位体前屈测试 (厘米) 表

	年龄	欠佳	尚可	一般	良好	优异
男士	< 20	≤ 18	19~30	31~24	35~39	≥ 40
	20~29	≤ 21	22~28	29~32	33~36	≥ 37
	30~39	≤ 18	19~26	27~31	32~34	≥ 35
	40~49	≤ 15	16~23	24~27	28~31	≥ 32
	50~59	≤ 12	13~21	22~25	26~28	≥ 29
	≥ 60	≤ 10	11~18	19~22	23~28	≥ 29
女士	< 20	≤ 32	33~37	38~39	40~41	≥ 42
	20~29	≤ 28	29~34	35~37	38~41	≥ 42
	30~39	≤ 26	27~32	33~35	36~39	≥ 40
	40~49	≤ 23	24~29	30~32	33~36	≥ 37
	50~59	≤ 22	23~29	30~32	33~35	≥ 36
	≥ 60	≤ 18	19~25	26~28	29~32	≥ 33

手伸至足尖上方的读数为23厘米

Institute for Aerobics Research, Dallas, TX (1994).

图 10.5.1

b. YMCA坐位体前屈测试 (YMCA sit and reach test)

目的：测量腰背及大腿后肌的柔韧性

器材：胶纸、24~36英寸的长尺

步骤：i) 所有受试者必须先做适量的热身和伸展运动，以免受伤，受试者赤足坐在地上。

ii) 把长尺放在地上，在15英寸的位置贴一条胶纸。受试者坐在地上两脚分开10~12英寸，与胶纸成直角，脚跟在胶纸之后，脚跟的位置应该正好在长尺15英寸处两侧延伸的胶纸上。

iii) 受试者两腿必须伸直，两手平衡放在身前，不可一先一后，可以手掌互叠，同时向前，以指尖触尺，慢慢移动，保持直腿，移至最远的位置并保持1秒钟，便可完成。

iv) 同伴可以手按其膝部以助其保持直腿，并提醒动作不要过快和抽动，避免拉伤肌肉。

v) 受试者须保持呼吸，不宜闭气，可于向前伸时呼气，头放在两臂中间，还原时吸气。

vi) 重复三次，取最好成绩。如手指到达脚跟平行线时，即记录15英寸，如越过脚跟平行线1英寸，记录为16英寸，如此类推。

vii) 读数越高，表示其腰背及大腿后肌的柔韧性越高，也可预防腰背痛及运动受伤。

YMCA 坐位体前屈测试表 (英寸)

	年龄	欠佳	尚可	一般	良好	优异
男士	18~25	≤ 13	14~16	17~18	19~21	≥ 22
	26~35	≤ 12	13~14	15~16	17~20	≥ 21
	36~45	≤ 12	13~14	15~16	17~20	≥ 21
	46~55	≤ 9	10~12	13~14	15~18	≥ 19
	56~65	≤ 8	9~10	11~12	13~16	≥ 17
	> 65	≤ 7	8~9	10~12	13~16	≥ 17
女士	18~25	≤ 16	17~18	19~20	21~23	≥ 24
	26~35	≤ 15	16~18	19	20~22	≥ 23
	36~45	≤ 14	15~16	17~18	19~21	≥ 22
	46~55	≤ 13	14~15	16~17	18~20	≥ 21
	56~65	≤ 12	13~14	15~16	17~19	≥ 20
	> 65	≤ 12	13~14	15~16	17~19	≥ 20

Golding, L. A., Myers, C.R., Sinning, W. E., (1989). *Y's way to physical fitness*, (3rd ed.). Champaign, IL: Human Kinetics.

图 10.5.1

c. 改良式坐位前伸测试 (Modified back saver sit and reach test)

目的：评估下背部和臀部至大腿的柔韧性

用具：长凳 (约12英寸高)，长铁尺 (100~120厘米)，胶纸

程式：i) 受试者必须先坐适量的热身和伸展运动，以免受伤。

ii) 在长凳上贴上铁尺，在50厘米处贴上胶纸。

iii) 受试者脱去鞋子，坐在长凳上，一只脚伸直，脚跟刚好在胶纸 (50厘米)处不可越过。

iv) 受试者双手交叠，伸直双臂，慢慢将身体前伸，手指触着铁尺前移，同时保持呼吸。

v) 保持直腿，至最远位置，维持1秒，放松还原。测量者可蹲在受试者身旁，按住膝盖帮助直腿，并记录读数。

vi) 重复动作3次，取最好成绩。

vii) 重复以上程式，测试另一只脚。

改良式坐位前伸 (厘米)表

		欠佳	尚可	一般	良好	优异
男士	左脚	≤ 46	46.1~49	49.1~57	57.1~60	≥ 60
	右脚	≤ 45	45.1~48	48.1~57	57.1~60	≥ 60
女士	左脚	≤ 53	53.1~56	56.1~63	63.1~66	≥ 66
	右脚	≤ 52	52.1~56	55.2~62	62.1~66	≥ 66

足脚底位置在 50 厘米

香港中文大学体育运动科学系青年成年人数据
许世全，(2002)，康盛人生系列二
体适能评估理论及应用，中国香港体适能总会

身体脂肪测试

下图（10.6.1a–b）是最标准的体脂测量方法——水下称重法（Underwater Weighing）

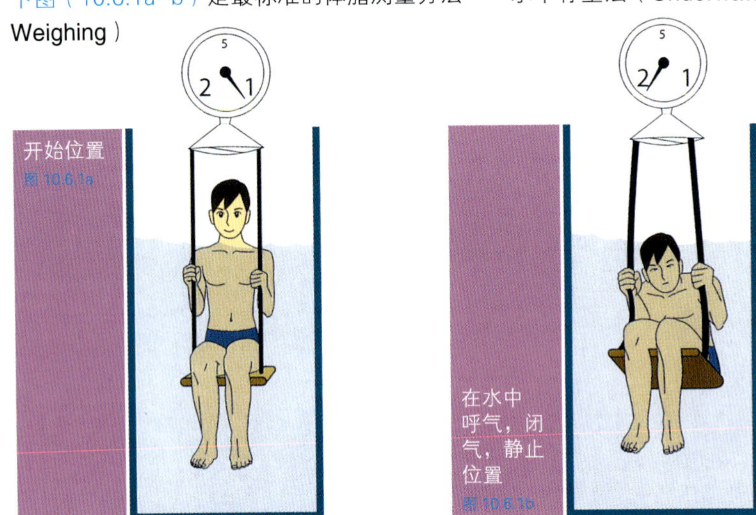

但此方法较为复杂，所需时间较长，且需在水中呼气并闭气，不适合所有人士。而皮脂测试则相对简单方便，在测试方法熟练后，其准确度可与水下称重法的准确度相比。

1. 成人皮脂测试

目的：测量身体成分（脂肪含量百分比）

器材：皮脂钳、软尺、水笔、记录表及测试表

器材：i）测量位置为身体右侧，男士为胸部、腹部及大腿正中，女士为肱三头肌、腰侧及大腿正中（图10.6.3a–e）。

ii）测试员以左手拇指及食指捏起受试者的正确皮折位置上1厘米（确定无捏起肌肉），然后右手持皮脂钳置于正确的皮褶位置，钳入的深度约是捏起皮褶高度的一半左右（见图10.6.2a–c），而右手在钳住皮褶后可稍放开2秒钟，使读数稳定后，记录该读数。

iii）每个位置重复测量2次，若两次读数差距不超过2mm便可接受，取其平均数作为该位置的正确读数。若多于2mm，便需再测量第三次，然后看是否有其中两个读数相差少于2mm，若有的话将此两读数平均便可，否则需测量第四次，如此类推。

iv）三个位置的皮褶厚度测定后，取其总和，并于图中对照性别及年龄对应的脂肪含量百分比，便可计算出体脂百分比。

v）有了以上的体脂百分比，便可于图二中对照评价受试者的体脂含量类型，看看是否适中。

vi）皮脂位置

胸部	由腋下折至乳头间的中间位置，斜位测量。（图10.6.3a）
腹部	肚脐右边2厘米处，纵向测量。（图10.6.3b）
大腿前正中	由膝盖骨上缘中点与腹股沟中点连线的中点处，纵向测量。（图10.6.3c）
腰部	在髂脊上方，腋中线与脐水平线交点处，斜位测量。（图10.6.3d）
肱三头肌	上臂背侧，肩峰与鹰嘴突连线中点处，纵向测量。（图10.6.3e）

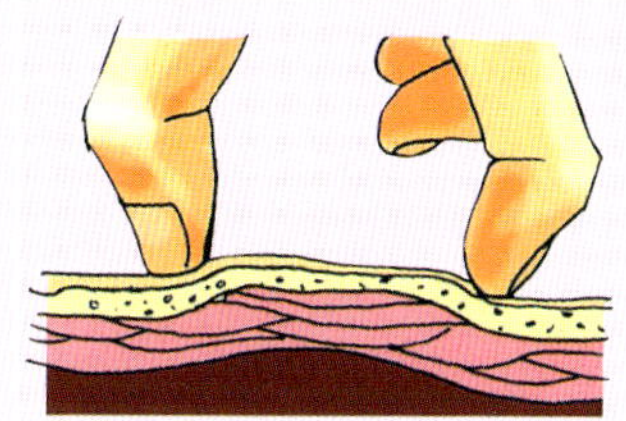

图 10.6.2a

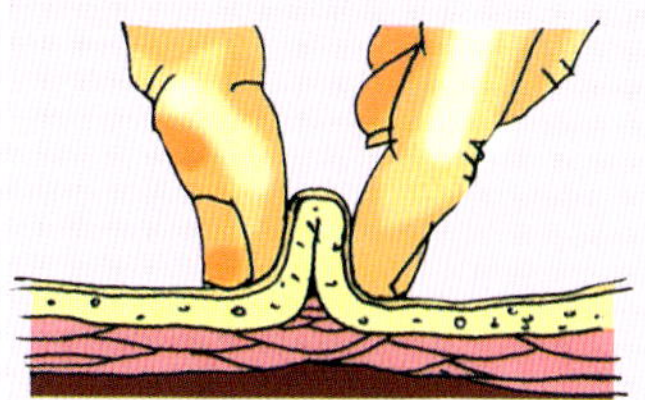

图 10.6.2b

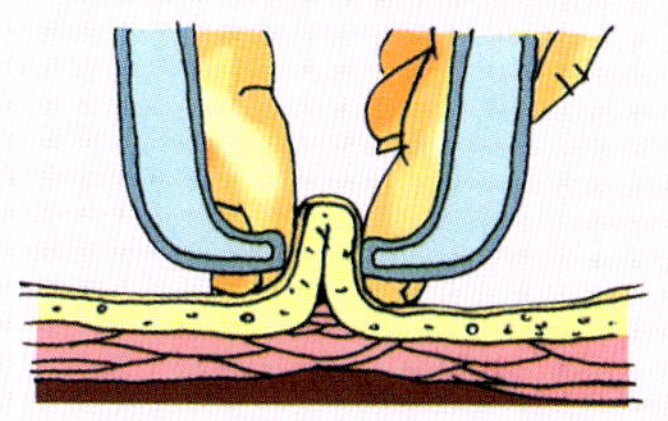

图 10.6.2c

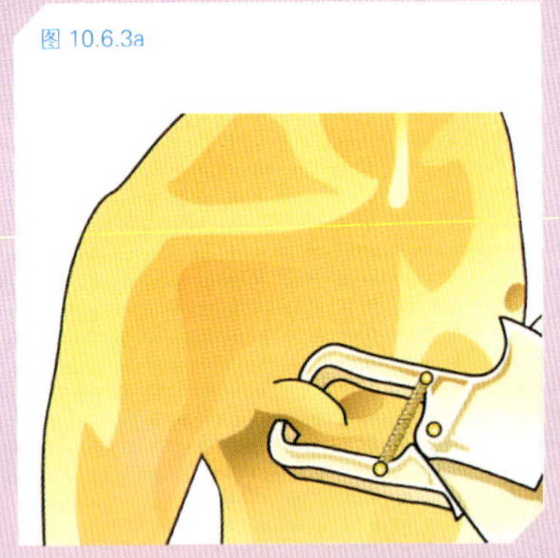
图 10.6.3a

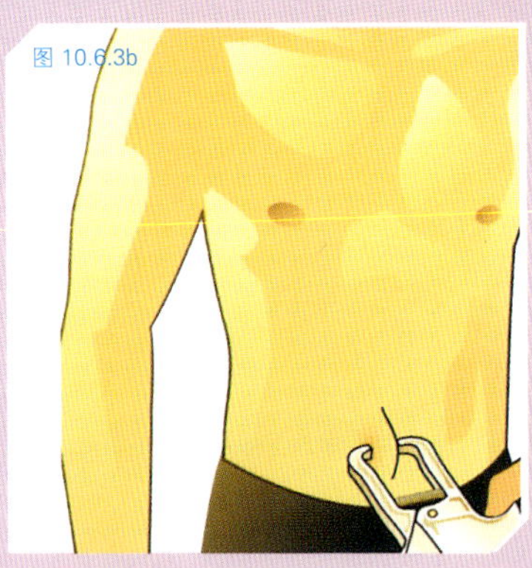
图 10.6.3b

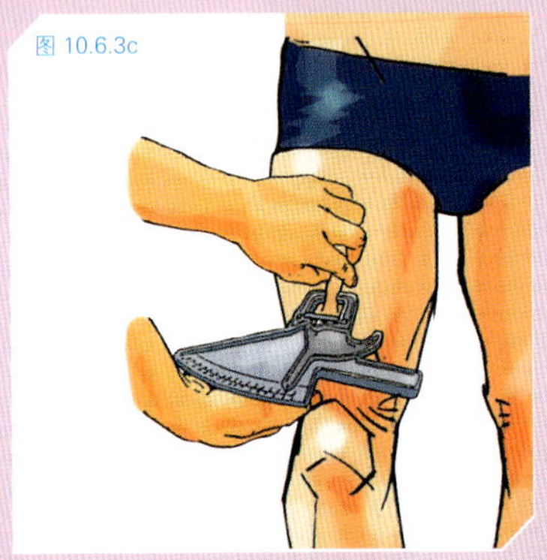
图 10.6.3c

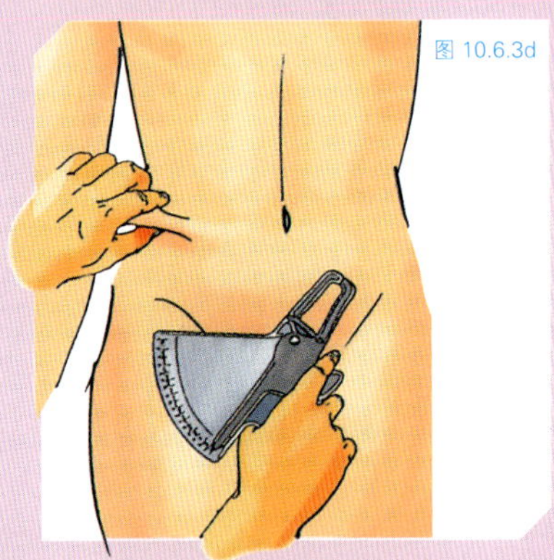
图 10.6.3d

图 10.6.3e

图一　男士和女士依皮脂总厚度及年龄因素估计体脂 %

皮褶总厚度 mm	男士脂肪 %	女士脂肪 %
13～17	1.1	6.2
18～22	2.7	8.1
23～27	4.2	9.9
28～32	5.8	11.9
33～37	7.3	13.7
38～42	8.8	15.5
43～47	10.3	17.2
48～52	11.7	18.9
53～57	13.2	20.6
58～62	14.5	22.3
63～67	15.9	23.9
68～72	17.3	25.4
73～77	18.6	26.9
78～82	19.9	28.4
83～87	21.1	29.8
88～92	22.4	31.2
93～97	23.6	32.5
98～102	24.7	33.8
103～107	25.9	35.1
108～112	26.9	36.2
113～117	28.1	37.4
118～122	29.1	38.5
123～127	30.1	39.5
128～132	31.1	40.5

年龄	男士脂肪 %	女士脂肪 %
17～19	2.1	1.1
20～22	2.4	1.3
23～25	2.8	1.5
26～28	3.1	1.7
29～31	3.5	1.9
32～34	3.8	2.1
35～37	4.2	2.3
38～40	4.5	2.4
41～43	4.9	2.6
44～46	5.2	2.8
47～49	5.6	2.9
50～52	5.9	3.2
53～55	6.3	3.4
56～58	6.6	3.6
59～61	6.9	3.8
62～64	7.3	3.9

计算脂肪含量百分比，把测量到的皮褶总厚度推算出的脂肪%加上年龄因素的脂肪%便可。

例：皮褶总厚度 98～102mm 的脂肪%

24.7 + 年龄因素 35–37 脂肪% 4.2

将 24.7 + 4.2 = 28.9%

身体脂肪含量百分比 = 10 – 24

图二　身体脂肪含量标准

脂肪含量百分比

	年龄	很低	低	平均	稍高	高
男士	20～29	≤ 7	8～12	13～16	17～20	≥ 20
	30～39	≤ 11	12～16	17～19	20～22	≥ 22
	40～49	≤ 14	15～18	19～21	22～24	≥ 24
	50～59	≤ 15	16～20	21～23	24～26	≥ 26
	60+	≤ 15	16～20	21～24	25～27	≥ 27
女士	20～29	≤ 15	16～19	20～22	23～25	≥ 25
	30～39	≤ 16	17～20	21～23	24～27	≥ 27
	40～49	≤ 19	20～24	25～26	27～30	≥ 30
	50～59	≤ 22	23～27	28～30	31～34	≥ 34
	60+	≤ 21	22～28	29～31	32～34	≥ 34

Institute for Aerobics Research, Dallax, TX (1994).

2. 儿童皮脂测试

目的：测量皮脂厚度以估算体脂百分比

器材：皮脂钳、水笔、软尺、记录表及皮脂厚度及脂肪百分比对照表

步骤：i）儿童的皮脂测量位置为肩胛下角，上臂后的肱三头肌及小腿内侧。

ii）二人一组，所有测量位置皆为身体的右侧，同伴替受试者标好两个正确的测量皮褶的位置。

iii）可参照成人皮脂测试步骤（iii）。

iv）皮脂位置：

〔肱三头肌（图10.6.5a）〕上臂背侧，肩峰与鹰嘴突连线中点处，纵向测量。

〔肩胛下部（图10.6.5b）〕右肩胛骨下角下方1厘米处，皮褶与脊柱成45°角测量。

〔小腿（图10.6.5c）〕小腿围度最粗处和内侧面中线的交点处，纵向测量。

v）对照测试表评价。

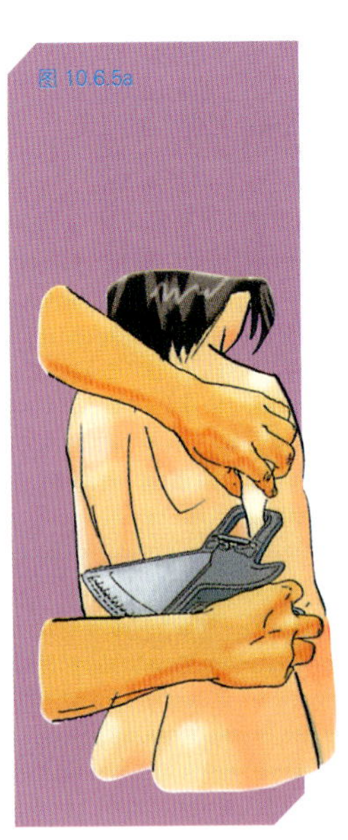

图 10.6.5a

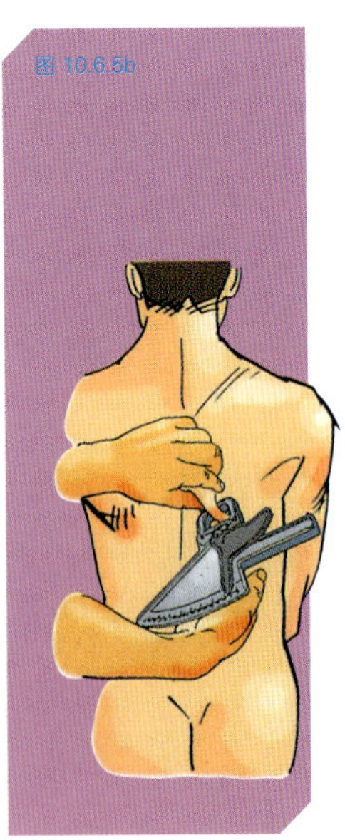

图 10.6.5b

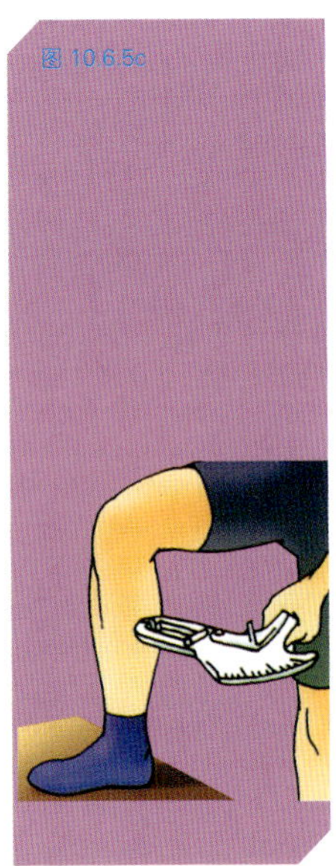

图 10.6.5c

儿童身体脂肪百分比图表（6～16岁适用）

肱三头肌加小腿内侧的皮脂厚

	皮脂厚（毫米）	脂肪 %	评级
男童	≤ 5	≤ 6	十分低
	6～10	7～10	低
	11～25	11～20	理想
	26～32	21～25	中高
	33～40	26～31	高
	≥ 41	≥ 32	十分高
女童	< 20	< 12	十分低
	20～29	13～15	低
	30～39	16～25	理想
	40～49	26～30	中高
	50～59	31～36	高
	≥ 60	≥ 37	十分高

肱三头肌加肩胛骨下角的皮脂厚

	皮脂厚（毫米）	脂肪 %	评级
男童	≤ 8	≤ 6	十分低
	9～13	7～11	低
	14～22	12～20	理想
	23～29	21～25	中高
	30～39	26～31	高
	≥ 40	≥ 32	十分高
女童	< 11	< 11	十分低
	12～15	12～15	低
	16～26	16～25	理想
	27～35	26～30	中高
	36～45	31～35.5	高
	≥ 46	≥ 36	十分高

Lohman, T. G. (1987). Advances in body composition assessment. CIES. No. 3: Human Kinetics.

体适能测量记录表

姓名：			
性别： 男/女	年龄：	体重： 厘米	身高： 公斤

心肺耐力测试

1. 安静心率 = 　　次/分钟 《评级： 过慢 / 正常 / 过快》
2. 3分钟踏台阶测试的1分钟内脉搏恢复次数 = 　　次 《评级： A / B / C / D / E》
3. 1英里步行测试
   步行测试 = 　　分 　　秒 = 　　分钟 （取小数后2位）
   步行后心率 = 　　次/分钟
   最大摄氧量（$\dot{V}O_{2max}$）= 　　（毫升/公斤/分钟） 《评级： A / B / C / D / E》
3. 12分钟跑距离 = 　　米（准确度为5米）
   最大摄氧量（$\dot{V}O_{2max}$）= 　　（毫升/公斤/分钟） 《评级： A / B / C / D / E》

肌力及肌耐力测试

1. 手握力测试
   右手握力 = 　　公斤 左手握力 = 　　公斤
   右手 + 左手的握力 = 　　公斤 《评级： A / B / C / D / E》
2. 1 分钟仰卧起坐测试 = 　　次 《评级： A / B / C / D / E》
3. 引体向上测试（男士）= 　　次 《评级： A / B / C / D / E》
   屈臂悬垂测试（女士）= 　　秒 《评级： A / B / C / D / E》
4. 俯卧撑测试 = 　　次 《评级： A / B / C / D / E》

柔韧性测试

坐位体前屈测试 = 　　厘米 《評級： A / B / C / D / E》

身体体成分测试

皮脂测试

(男士)	胸部 =	毫米	(女士)	肱三头肌正中 =	毫米
	腹部 =	毫米		腰部斜位 =	毫米
	大腿正中 =	毫米		大腿正中 =	毫米

经对照后的身体脂肪含量百分比 = 　　% 《评级： 瘦 / 健美 / 正常 / 略肥 / 肥胖 / 巨肥》

计算理想体重

你的脂肪重 = 　　公斤 你的瘦体重 = 　　公斤
你的理想脂肪百分比 = 　　%
你的理想的体重 = 你的瘦体重 ÷（1 – 你的理想脂肪百分比）
= 　　公斤 ÷（1 – 　　%）
= 　　公斤

注： A (欠佳)/ B (尚可) / C (一般) / D (良好) / E (优异)

参考文献

1. AAPHER. Youth Fitness Projet.（1976）. Youth fitness test manual. Washington.
2. American college of Sports medicine（ACSM）.（2005）. ACSM's guideline for exercise testing and prescription 7th ed.
3. Canada Fitness Survey,（1981）. Canada standardized test of fitness（CSTF）operations manual 3rd ed.
4. Faulker, R. A.（1989）. Apartial curl-up protocol for adults based on an analysis of two procedures. Canada Journal of Sport Science,14,135-141.
5. Golding, L. A., Myers, C, R., Sinning, W. E.（1989）. Y's way to physical fitness (3rd ed.). Champaign, IL : Human Kinetics.
6. Institute for Aerobics Research.（1994）. Dallas, TX.
7. Jackson, A. S., Pollock, M. L.（1985）. Practical assessment of body composition. Physician Sport Medicine, 13, 76-90.
8. Lohman, T. G.（1987）. Advances in body composition assessment. CIES No.3 : Human Kinetics.
9. 方进隆（1993）.健康体能的理论与实际 .汉文书店出版.
10. 许世全（2000）.康盛人生系列二体适能评估理论及应用.中国香港体适能总会.

第十章

第十一章

运动安全守则及一般急救常识

运动安全守则

体适能导师和参加者在进行运动时，不仅活动范围内不应有障碍物，而且要了解以下须知，方可享受到体适能运动的效果。

1) 例如：台、椅、乱放的器材，检查地板是否湿滑，器材用完后是否放置原处，以及一些外在条件如温度、湿度或空气流通量等是否适合进行活动。
2) 运动安全指导 —— 以下十点为进行体适能运动时必须注意的安全指引。

i）**运动前了解自己的身体状况（PAR-Q）**（表11.1.1）

“体能活动适应能力问卷”在北美一带被普遍应用。此问卷由所有15～69岁人士在参加运动前填写，内容是对参加者咨询一些有关心脏、关节、药物使用的情况。问卷设计的目的是为了辨别运动参加者当中，哪些人士需要先咨询医生意见后才能参加运动或增加运动量。此外，每位参加者都应于运动中随时留意自己的身体状况。

ii）**“疼痛”便要“停”**

对某人是安全的活动并不代表对其他人也是安全的。若在运动中感到关节或其他身体部分疼痛或不适，安全起见，便要停止或降低运动量。

iii）**正确动作**

运动时的动作须多加注意。由于某些错误动作或技巧与人体力学相违背，容易引起受伤，所以应多加注意是否正确。

iv）**靶心率**

运动者须懂得如何测量心率，看是否在目标范围，特别是进行长时间的有氧运动，以确保在安全的情况下进行运动。

v）**提防运动过度**

如运动时发觉皮肤苍白、头痛、晕眩、嘴唇或指甲变蓝、呼吸困难，可能是运动过度的征兆，运动者须及时停止或降低运动量。

体能活动适应能力问卷与你

（中文译本）（适用于 15～69 岁人士的问卷）

经常进行体能活动不但有益身心，而且乐趣无穷。因此，每天开始多做运动的人愈来愈多。对多数人来说，多做运动是很安全的。不过，有些人在增加运动量前，应先征询医生的意见。

如果你计划增加运动量，请先回答下列7条问题。如果你介乎 15～69 岁之间，这份体能活动适应能力问卷会告诉你是否应在开始前咨询医生的意见。如果你超过 69 岁及没有经常运动，请征询医生的意见。

普通常识是回答这些问题的最佳指引。请仔细阅读下列问题，然后诚实回答：

请答“是”或“否”

	是	否
1. 医生曾否说过你的心脏有问题，以及只可进行医生建议的体能活动？	□	□
2. 你进行体能活动时是否感到胸口痛？	□	□
3. 过去一个月内，你曾否在没有进行体能活动时也感到胸口痛？	□	□
4. 你曾否因感到晕眩而失去平衡，或失去知觉？	□	□
5. 你的骨骼或关节是否有毛病，且会因改变体能活动而恶化？	□	□
6. 现阶段医生是否有开血压或心脏药物（例如 water pills）给你服用？	□	□
7. 是否有其他理由令你不应进行体能活动？	□	□

如果你的答案是：

一条或以上答“是”

在开始增加运动量或进行体能评估前，先致电或亲身与医生商谈，告诉医生这份问卷，以及你答“是”的问题。

- 只要在开始时慢慢进行，然后逐渐增加，你可以进行任何活动；又或者你须受限制，只可进行那些对你安全的活动。告诉医生你希望参加的活动及听从他的意见。
- 找出那些对你安全且有帮助的社区活动。

全部答“否”

如果你对体能活动适应能力问卷的全部问题诚实地答“否”，你可合理地相信你可以：

- 开始增加运动量 —— 开始时慢慢进行，然后逐渐增加，这是最安全和最容易的方法。
- 参加体能评估 —— 这是一种确定基本体能的好方法，以便你制定最佳的运动计划。

延迟增加运动量：

- 如果你因伤风或发烧等暂时性疾病而感到不适——请在康复后再增加运动量；或
- 如果你怀孕或可能怀孕——请先征询医生的意见，然后增加运动量。

注：如因身体健康情况转变而在上述其中一项或以上的答案属“是”，便应请教医生的意见或更改你的体能活动。

适当使用体能活动适应能力问卷：

The Canadian Society for Exercise Physiology, Health Canadian 及其代理人毋须为进行体能活动的人承担责任。如填妥问卷后有疑问，请先征询医生的意见，然后进行体能活动。

欢迎复制体能活动适应能力问卷，但须整份使用。

注：如果体能活动适应能力问卷是在一个人参加体能活动或进行体能评估前交给他，本部分可作法律或行政用途。

我已阅悉，明白并填妥本问卷。我的问题亦已得到圆满解答。

姓名：	身份证/护照号码：
签名：	日期：
家长或监护人签名： （适用于18岁以下的参加者）	见证人：
	见证人身份证/护照号码：

Canadian Society for Exercise Physiology

vi）**注意心脏病的警号**

——胸部感到有重压、压迫、灼热或疼痛（有可能蔓延至颈部、下颚、肩膀、手臂及背部，或许会很快消失或不严重）。

——大量流汗、脸色苍白及呼吸短促。

——呕吐及消化不良。

——恐惧、压抑及焦虑。

——任何以上四种同时出现，可能便是心脏病的讯号或征兆。

vii）**合理的着地技巧**

不同运动有不同的着地技巧。如跑步是脚跟先落地，然后是几乎全脚掌，最后是脚尖离地。不可利用脚底某单独部分着地，要利用全部脚掌着地，使其能更好缓冲地面与身体间的撞击。其实，最好是挑选无撞击或低撞击的运动。

viii）**呼吸**

运动时必须保持呼吸 畅通，闭气只能增加心脏周围的压力，使心压突然上升而导致危险。特别是进行重量训练（阻力训练）时，用力或提起重量时应呼气，放松或放下重物时吸气。深呼吸可降低因膈肌运动所带来的一侧腹痛（sidestitch）。

ix）**伸展运动**

常做静态的伸展运动可增加静态或动态时的柔韧性。主项运动初期及后期必须做伸展热身及放松运动。在主项运动中期若运动量降低，也要做伸展运动以保持肌肉、关节及韧带的伸展，以备随时再进入目标运动量。

x）**避免过度重复动作**

尽量避免进行弹跳动作，因为由高到低的动作使腰背、膝部及脚跟受很大撞击。制定运动计划时，尝试改用前后或两侧的移动动作以减轻负荷。

应避免的常见危险动作及其修正动作

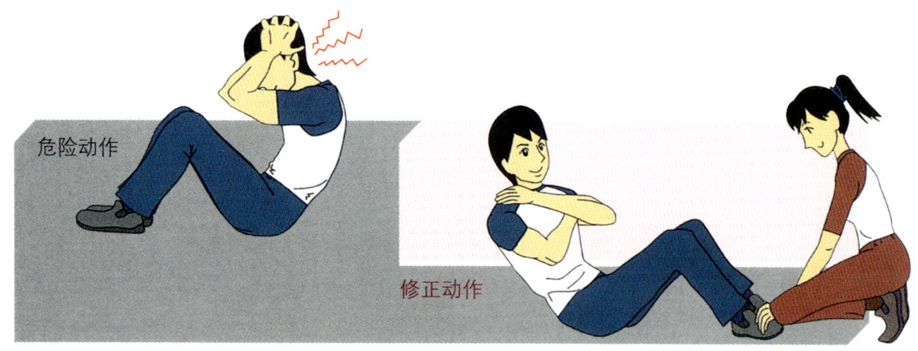

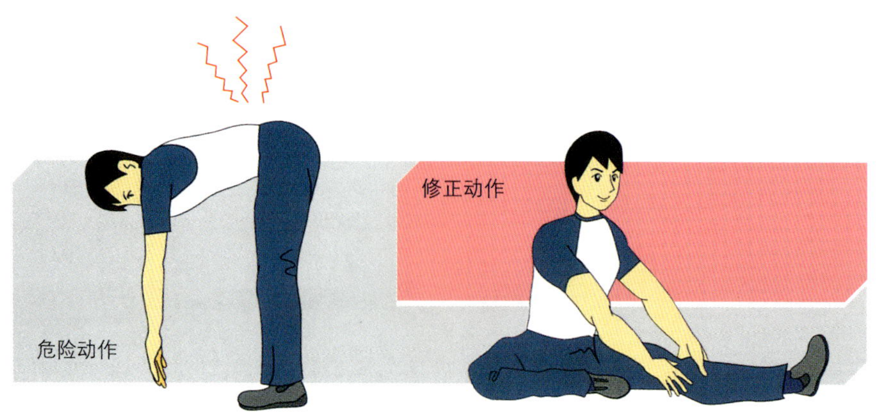

危险动作
修正动作

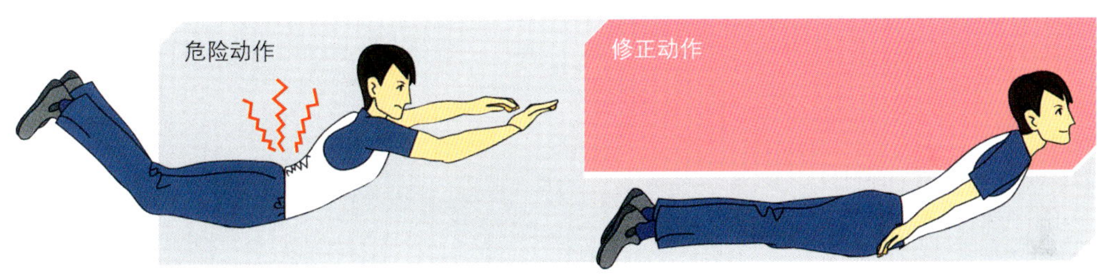
危险动作
修正动作

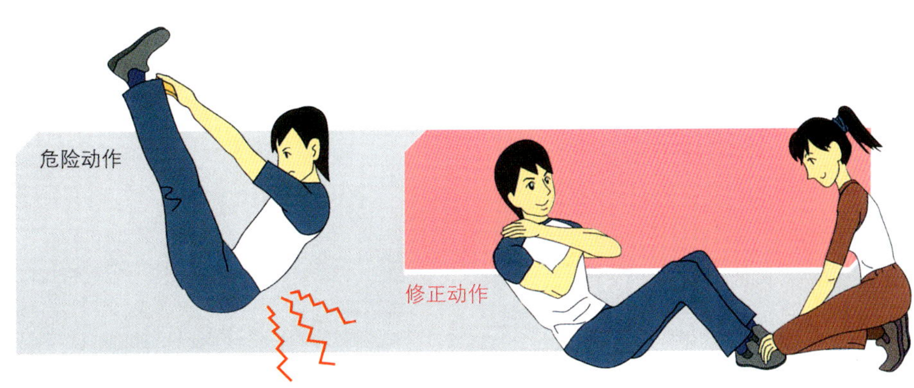
危险动作
修正动作

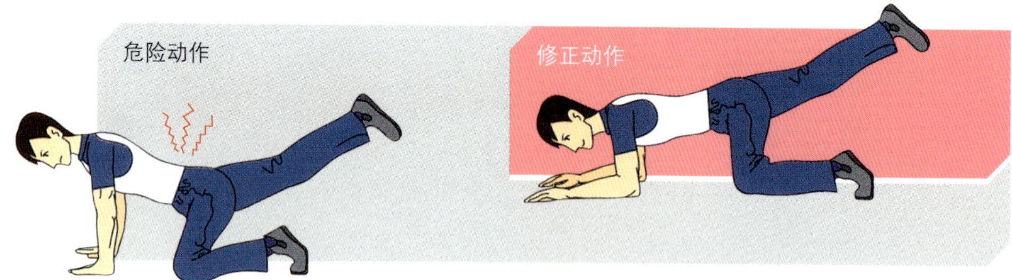
危险动作
修正动作

危险动作
修正动作

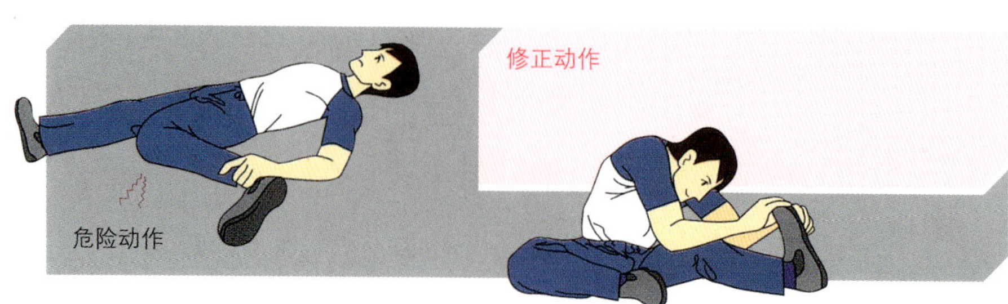
修正动作
危险动作

危险动作

修正动作

深蹲

半蹲

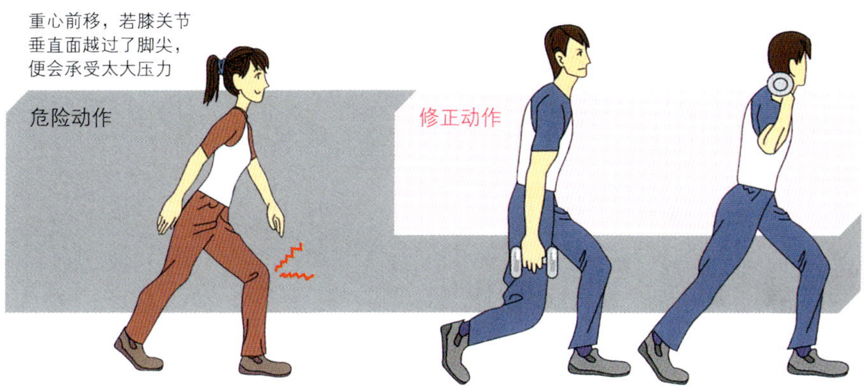

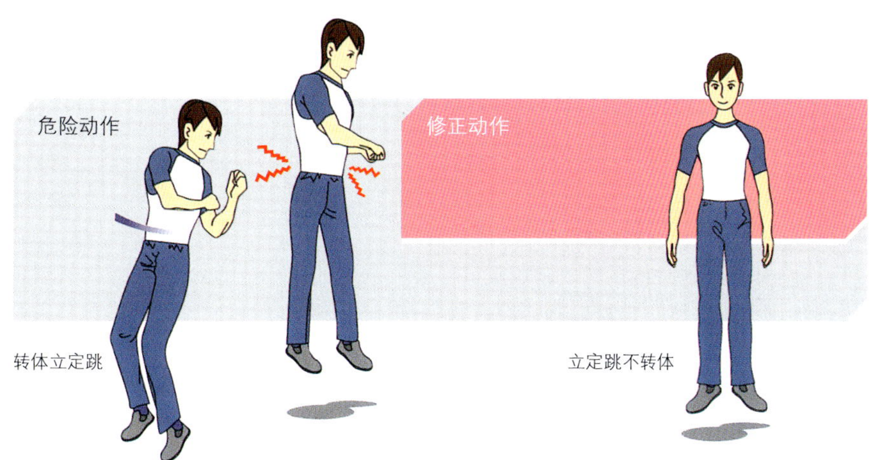

一般急救常识

1. 一般急救须知

i）急救的目的

常言道“预防胜于治疗”。若在运动之前做好充分的准备，相信运动创伤的机会可降至最低。不过意外始终存在。在运动当中如果受伤时，如能加以适当的处理，不但可以减轻其伤势恶化，而且还可以加速康复，而这正是急救的目的。

ii）主要的急救技术

急救的其中一个重要目的是保存生命，然而生命的挽救，有赖于伤病者能否得到充足的氧气和那些氧气能否经血液循环到全身。假若身体缺乏氧气供应一段时间，身体某些器官便会迅速受到破坏，例如大脑神经细胞只要缺氧3分钟就会坏死。所以如果伤病者的呼吸或心跳停止、严重出血或不省人事时，便会有上述危险出现而可能导致死亡。因此挽救伤病者生命的三个基本需要是(心肺复苏的ABC步骤)：

开放气道

A – AIRWAY

人工呼吸

B – BREATHING

人工循环

C – CIRCULATION

a. 开放气道（Airway）

即使呼吸道畅通，目的是使空气得以进入伤病者的肺部。当伤病者不省人事时，他的呼吸道可能因舌头后滑而堵塞；或者头部前倾使呼吸道狭窄；或者喉部后面有呕吐物滞留而堵塞气管。若不立即清理，可能因此致命。

呼吸道畅通的步骤：

i）跪在伤病者身旁

ii）用食指及中指托起伤病者的下颚，用另一手将额头向后压，这可使舌头向前，呼吸道畅通（图11.3.1）。

畅通呼吸道
图 11.3.1

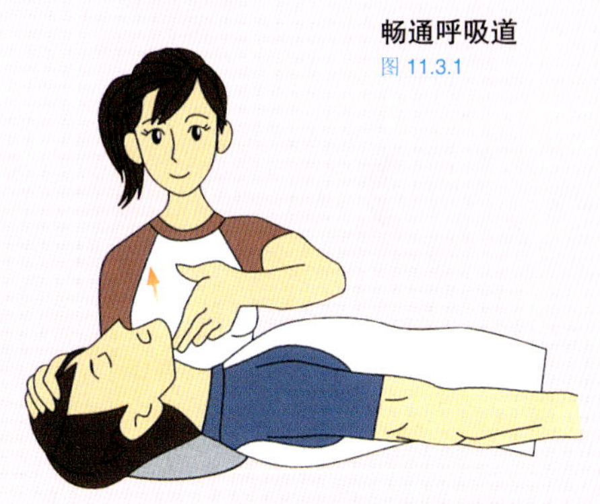

为了确定不省人事的伤病者是否仍有呼吸，在畅通呼吸道后，再以自己的耳朵贴近其口和鼻来听呼吸，眼看其胸部是否起伏，同时也以自己的面部去感觉是否有气体呼吸（图11.3.2）。

检查呼吸
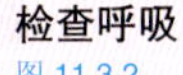
图 11.3.2

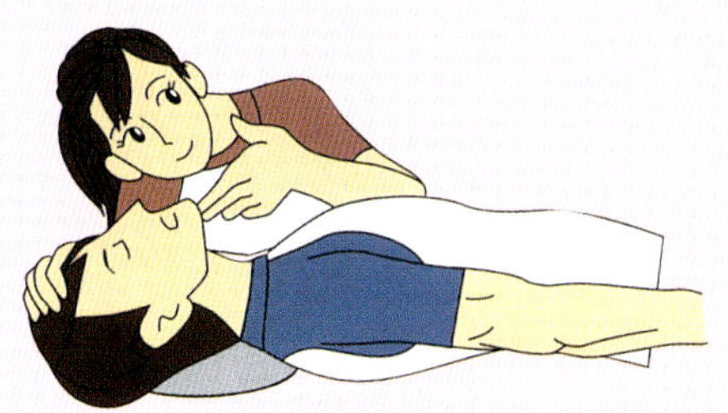

如果发现张开气道后，伤病者仍不能呼吸，便可将他的头部侧转并向后，然后以食指与中指深入他口中挖出所有异物。但是不要刻意寻找你看不见的堵塞物，而且切勿把堵塞物再向下推，若把异物挖出来，便应再检查其呼吸。

b）人工呼吸（Breathing）

若用以上方法畅通其呼吸道及挖出异物后，伤病者仍不能呼吸，便应由持有有效心肺复苏法证书的人士替他进行人工呼吸，以助其得到氧气供应。

c）人工循环（Circulation）

若以上两个步骤进行后，发觉伤病者的心脏仍没有跳动，再做人工呼吸都没用了。因为血液不能循环流动，便不能把肺部的氧气带往全身。此时可由持有有效心肺复苏法证书人士进行胸外心脏按压（即用人工的力量，通过胸泵机制，使得心脏被动射血），以带动血液循环，使伤病者的血液可以把氧气运送到全身。但如果伤病者仍有微弱跳动，而且脉搏仍可以摸到（图11.3.3），千万不要做胸外心脏按压以致影响其正常心跳。

图 11.3.3

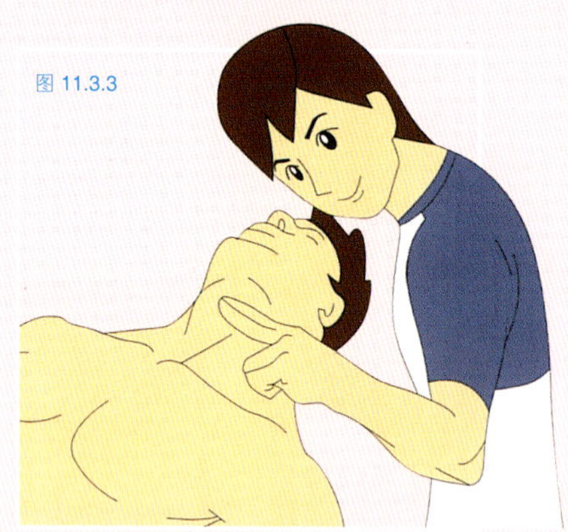

d ）复原卧式

若不省人事的伤病者恢复呼吸及心跳，便可把他置于复原卧式。接着不断观察其呼吸与脉搏至医护人员到场为止。以下是置伤病者于复原卧式的步骤：

i ） 若伤者仰卧地上，你可跪在他一边，面向其胸，把他的头转向你，略微后仰，使他下颚向前，保持呼吸道畅通。

ii ） 将伤者靠近你那边的手贴近他的身体，手指伸直，手掌放于他臀下；再将另一只手放于胸前。抓住外侧的那条腿叠放在近侧的那条腿上。

iii ） 用你的一只手保护及托住他的头，另一只手抓住他远侧髋部的衣服，拉向你自己。用你的大腿支持住他的身体。

iv ） 用你的膝部继续支持他的身体，同时为他调整头部姿势，确保呼吸道畅通。

v ） 弯曲伤者原先放在胸前的手臂成直角，使它能支撑他自己的上半身。

vi ） 弯曲他叠在上方的腿，使膝部成直角，而大腿向前（靠向自己）以支持下半身。

vii ） 小心拉出被他身体压住的那只手，使这只手与他的身体平行放置，以防止他自行翻回仰卧的姿势，亦可避免血液循环不畅通。

viii ） 检查最后的位置是否稳当，确定伤者不能向前或向后滚动。要注意胸部不可过半贴住地面，头部及下颚要向前保持呼吸道畅通。

2. 一般运动损伤须知

i）运动损伤的类别

运动损伤一般分为急性和慢损两种。以下分述其特点、原因、受伤的症状及一般的处理原则：

	急性运动损伤	慢性运动损伤
特点	■ 有清晰的受伤时间及地点 ■ 在很短的时间内受伤	■ 没有清晰的受伤时间及地点 ■ 伤害是长时期慢慢形成
原因	■ 外在环境的意外成因 ■ 内在的身体状态过分疲劳而产生	■ 多次的微伤累积而成 ■ 长期过度使用肌肉或骨骼所引起
受伤症状	受伤部位表面： 1. 发热 2. 变红 3. 肿胀 4. 疼痛 5. 有些受伤有出血现象	受伤部位会： 1. 疼痛 2. 肿胀 3. 僵硬 （不灵活） 4. 有杂音 5. 不稳固
一般处理原则	■ 休息（Rest） ■ 冰敷（Ice） ■ 压迫（Compression） ■ 抬高患处（Elevation）	■ 倾听你身体的反应 ■ 减轻运动量或休息 ■ 适度的替代运动 ■ 妥善处理发炎状况
例子	1. 烧伤 2. 肌腱或韧带扭伤（如膝或踝关节） 3. 肌肉拉伤	1. 太阳光下晒伤 2. 膝关节软骨磨损 3. 小腿胫骨应力性骨折（Stress fracture of tibia – shin splint）

ii）运动损伤程度的分类

a）第一级（1st Degree）（轻度损伤）

伤势轻，仍可运动，但要注意自己身体的反应，如疼痛感、肿胀、僵硬程度，有没有杂音及有没有不稳固的感觉。

b）第二级（2nd Degree）（中度损伤）

受伤不太重，可略做有限制性的运动。但要小心，并以疼痛程度作为运动的指引。

c）第三级（3rd Degree）（重伤）

受伤严重，避免激烈运动并减少运动量，或休息至可动时才做康复性的运动。

iii）急性损伤的一般处理原则（RICE原则）

a）休息（Rest）

让伤者以最舒适的姿势休息，并保护其不再受伤。

b）冰敷（Ice）

通常在急性受伤后24至48小时，使用冰敷。待受伤症状（热、红、肿、痛）消失后，便可转为热敷。所以，冰敷的时期要按个体受伤情况而定。而受伤后越早冰敷效果越佳。冰敷的方法可用扭干的湿毛巾包住冰袋或冰块，敷在患处即可。通常冰敷的时间每次为10分钟左右（切勿太久，否则血管反而扩张，令肿胀加剧），然后移开冰袋或冰块，5～10分钟后再冰敷一次，如此重复3～4次。若受伤较严重者可在受伤当日，每2～3小时，重复以上步骤至受伤症状得到控制为止。此外冰敷也可减少疼痛及防止患处肿胀。

c）压迫（Compression）

在受伤部位休息及冰敷后，便可用厚厚的棉花包裹患处，并以弹性绷带绑紧固定及预防或消解肿胀。但要留意绷带不可绑得太紧，以免妨碍血液流通。

d）抬高患处（Elevation）

当上述的RIC步骤都完成后，便应将患处抬高至高于心脏位置，这有助于防止肿胀。

iv）慢性损伤的一般处理原则

a）倾听你身体的反应

i） 疼痛

疼痛可分为三类：

（a）模糊疼痛：即运动后肌肉觉得酸痛。可能是乳酸堆积所致，只要稍作休息或降低运动量便可以，不要紧。

（b）局部疼痛：这是较严重的一种，它直接与局部的韧带、肌腱、肌肉、骨骼或关节的受伤有关。通常可以指出疼痛部位。若有这种疼痛，便要休息或改为轻量的运动，使它尽快恢复。

（c）延迟性疼痛：在剧烈运动后24小时，肌肉及关节尚未出现疼痛，而在48小时后疼痛便达到最高峰。这是大部分人都会经历过的，尤其在重量训练后特别明显。所以运动量不宜每天都如此剧烈，宜在延迟性疼痛消失后再做。但在延迟性疼痛出现期间仍可做轻量运动，这可以减少疼痛。

ii） 肿胀

肿胀是受伤部位的毛细血管撕裂而使大量的血液（或体液）聚集于患处而成。血液（或体液）被动的渗出后，可加速清除不必要的代谢物，并杀菌消毒。少许肿胀是正常的恢复过程，但过分肿胀要以冰敷来控制。

iii） 僵硬（不灵活）

可能是由于关节内的肿胀血块、软骨受损，也可能是肌肉、肌腱或韧带的发炎等原因所致。若僵硬而又有局部疼痛的话，便要立刻减少运动量或休息，以免伤势恶化。

iv）有杂音

若关节活动时有杂音的话，便要看是否有疼痛伴随。若有的话，可能是关节粗糙表面的摩擦所引起，或是关节软骨发炎或撕裂所造成，都较为严重。在运动时要注意应在没有疼痛和杂音的范围内轻量活动，不可太剧烈。但在髋或踝关节中，常有杂音而不疼痛的情况，这可能是韧带正常滑过关节突出部位发出。这种情况下，亦要避免在有杂音的动作范围内过度活动，不要明显地加剧这些动作。

v）不稳固

关节不稳固是很严重的问题，即使没有疼痛，都要看医生找出原因并做出适当的处理。关节不稳固的原因有二：一是关节内或韧带的伤害；二是关节附近的肌肉群的功能退化或肌力不足所致。所以除了限制那些引起关节不稳固的动作外，还需要加强该关节附近肌肉的力量、耐力及柔韧性，才可稳固该关节。

b）减少运动量或休息

慢性损伤多是过量练习时微伤累积所致。因此，减少运动量，甚至休息一段时间是慢性损伤的唯一妙方。这样才真正有机会让身体把多处的微伤修理妥当，然后慢慢地增加运动量（不可过急），避免再次受伤。

c）适当的替代运动

选择适当的替代运动是处理慢性损伤的重要而有效的措施。因为通常慢性损伤只是发生于身体的某一部位而非全身，所以没有必要完全停止任何活动。否则，其余的身体部位便会退化（如肌肉萎缩等），不利于受伤部位的康复。而受伤部位（如关节）停止活动一段时间便会变僵硬，康复后的活动范围可能受到影响。所以也应尽早活动康复中的关节。唯在没有疼痛范围内，控制的活动，才有助于伤患康复。

d）妥善处理发炎状况

除了上述的RICE原则可处理发炎外，还可向医生请教以适当及适量的药物来消炎和减轻疼痛，并根据自己的身体反应，再行服用，以免过量。但亦可以不靠药物，单靠自己身体的力量来恢复。

3. 常见运动损伤的急救程序及方法

损伤	急救程序及方法
流血：割伤、裂伤、刺伤、擦伤	1. 以直接压住伤口的直接压法按压5～15分钟（最好伤口敷以消毒材料，再直接按压，然后把伤口抬高）。 2. 若伤口太深或大量出血皆要送往医院就治。若四肢流血不止，可用间接压法压住大动脉。
瘀肿	1. 以伤者感觉最好最舒服的姿势提高伤处并加以支持。 2. 以冰敷法止血及消肿。 3. 如果怀疑伤势严重或可能有其他内伤，可送往医院就治。
拉伤及扭伤	依RICE的程序及方法
抽筋	1. 拉直患处。 2. 轻轻按摩患处。 3. 伸展患处有关肌肉（静态伸展约30秒，重复3~5次）。
溺水	1. 迅速清除口中堵塞物。 2. 通常溺水者已不能呼吸，所以立刻由持有心肺复苏法合格证书者为其进行人工呼吸（就算仍在水中，也可做人工呼吸）。 3. 把溺水者放在硬的平面上，立刻检查呼吸和脉搏，必要时继续进行心肺复苏。 4. 若溺水者一开始呼吸，就让他以复原卧式躺着。 5. 保持溺水者温暖，尽可能替他脱下湿衣，擦干身体，并以干衣或毛巾盖住。 6. 一定要安排送往医院检查，并要保持施救时的姿势。
中暑	1. 将患者移至阴凉处，脱除衣物。 2. 如果患者清醒，把他摆成半躺姿势，头部与肩部皆以物件支持，可给他饮下少许冰水（若不省人事，可以进行前述的ABC三步骤）。 3. 用湿冷的床单加以包裹，并保持潮湿。用杂志或风扇直接向患者吹风，使他体温降至38℃（101℉）。 4. 立刻寻求医疗援助。

损伤	急救程序及方法
烧伤	1. 安慰伤者。将伤处放于缓慢流动的冷水下或浸于冷水中至少10分钟，至疼痛减退为止。 2. 在伤处肿起之前，轻轻脱除伤处的戒指、手表、腰带、鞋袜或其他束缚的衣物。 3. 使用已消毒的、无绒毛的布料敷裹伤处。 不可弄破水疱或剥去松脱皮肤或任何方式乱动伤处。 不可在伤处涂敷洗剂、油膏或油脂。 不可使用黏性敷料。 4. 如对伤势的严重程度有疑虑，应寻求医疗援助。
休克	1. 不可无故移动伤者。如果可以的话，立即对休克的源头采取措施，例如外出血。 2. 安慰伤者，让他们仰卧，使头部略低并向一侧，以减轻呕吐带来的危险。 3. 垫高双脚。 4. 解除身体衣物的束缚，如衫领，胸及腰部的衣物。 5. 给伤者保温，但不可过热。可用水湿其嘴唇，但不可给他喝任何饮料。 6. 急救其他创伤。 7. 每隔10分钟检查脉搏、呼吸速率及身体反应程度。 8. 如伤者呼吸困难或要呕吐，把他摆成复原卧式。 9. 如伤者不省人事，畅通其呼吸道并检查呼吸及脉搏。若无呼吸、脉搏，便进行心肺复苏法的ABC三个步骤及置复原卧式。 10. 安排紧急送医院治理，不可让他饮食及吸烟。
骨折 或 关节移位	1. 防止伤处移动。 2. 用夹板固定断骨，以防止骨骼及软组织再受损害。 3. 非必要时，都不可尝试还原移位或脱位的关节。 4. 立刻寻求医疗援助或送往医院治理。 5. 保护伤者，使他不再受伤害。

总结

大部分的运动损伤都是由于过量的运动强度、时间、频率等所导致。所以每人都应了解自己的身体状况及各种容易产生损伤的可能性，避免运动时受伤。在运动时如果发现身体发出警告讯号（例如太疲劳、疼痛或运动表现骤降等），便要小心减量运动及争取机会休息以避免运动损伤。最后，如遇损伤时，除了休息及施行急救外，更应在有需要时请教医生，以免恶化，尽快把伤患治好，重获运动的乐趣。

参考文献

1. Guten, G. N. (1991). Play healthy, stay healthy. Champaign, IL: Leisure Press.
2. Heyward, V. H. (2002). Advanced fitness assessment and exercise prescription, (3rd ed.). Human Kinetics.
3. 方进隆 (1993).健康体能的理论与实际.汉文书店出版.
4. 圣约翰救伤机构，圣安德鲁救伤协会及英国红十字会.(1991).急救手册.星岛出版社印行.
5. 赖金鑫 (1983).运动医学讲座.健康世界杂志社.

词　汇(汉英)

人体系统　The Body Systems
力点　Power

女性生殖系统　Female Reproductive System
不随意肌　Involuntary Muscle

中胚型　Mesomorphy
中风　Stroke
内分泌系统　Endocrine System
内收　Adduction

内胚型　Endomorphy
内旋　Inward Medial Rotation
心肌　Cardiac Muscle
心血管系统　Cardiovascular System
心肺耐力　Cardiorespiratory Endurance
心绞痛　Angina
心智健康　Holistic Concept Of Health
心舒压　Diastolic Blood Pressure
心周期　Cardiac Cycle
心跳率　Heart Rate
心缩压　Systolic Blood Pressure
心脏　Heart
支动脉　Arterioles
支静脉　Venules
支点　Fulcrum
水　Water
水平面　Horizontal Plane

卡路里　Calorie
四肢长度　Limb Length
外胚型　Ectomorphy
外展　Abduction

外旋　Outward Lateral Rotation
平滑肌　Smooth Muscle
平衡　Balance
甘油　Glycerol

生物回馈　Biofeedback
生理健度　Physical Health
用进废退　Reversibility
矢状面　Sagittal Plane
矢状转轴　Sagittal Axis

全幅度动作　Full Range of Motion
再生气　Second Wind
冰敷　Ice
劣压　Distress
向心　Concentic
有氧代谢　Aerobic Metabolism
有氧系统　Aerobic System
有氧运动　Aerobic Exercise
有机　Organic
肌力　Strength
肌力与耐力　Muscula Strength & Endurance
肌内膜　Endomysium
肌外膜　Epimysium
肌肉长度　Muscle Length
肌肉发达　Hypertrophy
肌肉萎缩　Atrophy
肌束　Fasciculi
肌束膜　Perimysium
肌耐力　Endurance
肌腱　Tendon
肌膜　Fasccia
肌糖　Muscle Glycogen
血压　Blood Pressure

伸展　Extension

瓦耳萨耳瓦氏反应　Valsalva Maneuver
尿道　Urethra
快肌　Fast Twitch Fibre
抗体　Antibodies
每搏输出量　Stroke Volume
男性生殖系统　Male Reproductive System

系统	System
肝糖	Liver Glycogen
身体成分	Body Composition
身体活动金字塔	Physical Activity Pyramid
身体质量指数	Body Mass Index (BMI)
乳酸系统	Lactic Acid System
身体健康	Physical Wellness
呼吸比	"Respiratory Exchange Ratio, R"
呼吸困难程度指标	Dyspnes Scale
呼吸商	"Resiratory Quotient, RQ"
屈曲	Flexion
抽动	Jerky
抬高患处	Elevation
社交健康	Social Health
长期适应	Chronic Adaptations
阻力训练	Progressive Resistance Training
事业康盛	Vocational Wellness
社交康盛	Social Wellness
乳酸系统	Lactic Acid System
肺气量	Pulmonary Ventilation
保持呼吸	Breathing
冠心病	Coronary Heart Disease
拮抗肌	Antagonist
柔软度	Flexibility
活动时能量消耗计算	"Metabolic Equivalent, MET"
狡心症	Ischemia
重量训练	Weight Training
重点	Weight
活动金字塔	Physical Activity Pyramid

个人身心康盛	Personal Wellness Web
冥想	Meditation
时机	Timing
氧化酶	Oxidative Enzymes
氨基酸	Amino Acid
消化系统	Digestive System
神经肌肉协调	Neuromuscular Coordination
神经系统	Nervous System
脂肪酸	Fatty Acids
脂类	Lipise
饥荒	Starvation
骨质疏松症	Osteoporosis
骨骼肌	Skeletal Muscle
骨骼系统	Skeletal System
高血压	Hypertension
勒带	Ligament
动肌	Agornist
动脉	Artery
动脉粥样硬化	Athrosclerosis
基本代谢率	"Basal Metabolic Rate, BMR"
强化运动	Strengthening
情绪健康	Emotional Health
排泄系统	Excretory System
淋巴系统	Lymphatic System
粒线体	Mitochondrai
细胞	The Cell
组织	Tissue
脱水现象	Dehydration
蛋白质	Proteion
软骨	Cartilage
速度	Speed
情势健康	Emotional Health
康盛人生	Wellness
健康体适能	Health-Related Physical Fitness
敏感性	Agiltiy
细胞膜	Cytoplasm

最大反复次数 Repetion Maximum
最高摄氧量 “Maximal Oxygen Consumption, VO_2 ”
最高心跳率公式 Maximal Heart – Rater Formula
最高心跳储备公式 HR reserved or Karvonen Forumula
复健 Rehabilitation
焦耳 Joule
焦虑病态量表 Hurry Sickness Index
无氧运动 Anaerobic
短期反应 Acute Responses
等张收缩 Isotonic contraction
等速收缩 Isokinetic Contraction

肾动脉 Renal Artery
肾脏 Kidneys
超负荷 Overload
轴 Axis
智能康盛 Intellectual Wellness
无氧糖酵解 Anaerobic Glycolysis

微血管 Capillary
新陈代谢 Metabolism
腰侧痛 Sidestitch
运动 Sport
运动时间 Exercise Duration
运动进度 Exercise Progression
运动频率 Exercise Frequency
过换气 Hyperventilation
电子传送系统 Electron Transport System
电流激荡器 Electrical Stimulators
电解质 Electrolyte

慢肌 Slow Twitch Fibre
杠/哑铃练习 “Free Weight Exercises”
碳水化合物 Carbohydrates
维生素 Vitamins
膀胱 Bladder
弹振 Bounce
潮气量 Tidal Volume

冲突 Conflict
谈话测试 Talk Test
调动阻力收缩 Dynamic Variable Resistance Contraction
适者生存学说 Survivor of the fittest

器官 Organ
横面 Transverse Plane
横转轴 Vertical Axis
淀粉质 Starch
激素 Hormones
输尿管 Ureters
随意肌 Voluntary Muscle
静脉 Vein

压力反应 Stress Reaction
压力源 Stressor
压迫 Compression
纵/横转轴 Longitudinal Axis

优压 Eustress
磷酸肌酸系统 ATP–PC System
绕旋 Circumduction
职业健康 Vocational Health
离心 Eccentric
额/冠状面 Frontal or Coronal Plane
额转轴 Frontal Axis

稳定肌 Stabilizer
关节 Joints
韵律 Rhythm
矿物质 Minerals

竞技运动体适能 Sports–Related Physical Fitness

体育 Physical Education
体适能 Physical Fitness
灵性健康 Spiritual Health
灵性康盛 Spiritual Wellness

词　汇(英汉)

A

Abduction 外展
Acute Responses 短期反应
Adduction 内收
Aerobic Exercise 有氧运动
Aerobic Metabolism 有氧代谢
Aerobic System 有氧系统
Agility 敏感性
Agonist 动肌
Amino Acid 氨基酸
Anaerobic Glycolysis 无氧糖酵解
Anaerobic 无氧运动
Angina 心绞痛
Antagonist 拮抗肌
Antibodies 抗体
Arterioles 支动脉
Artery 动脉
Athrosclerosis 动脉粥样硬化
ATP–PC System 磷酸肌酸系统
Atrophy 肌肉萎缩
Axis 轴

B

Balance 平衡
Basal Metabolic Rate, BMR 基本代谢率
Biofeedback 生物回馈
Bladder 膀胱
Blood Pressure 血压
Body Composition 身体成分
Body Mass Index (BMI) 身体质量指数
Bounce 弹振
Breathing 保持呼吸

C

Calorie 卡路里
Capilary 微血管
Carbohydrates 碳水化合物
Cardiac Cycle 心周期
Cardiac Muscle 心肌
Cardiorespiratory Endurance 心肺耐力
Cardiovascular System 心血管系统
Cartiage 软骨
Chronic Adaptations 长期适应
Circumduction 绕旋
Collagen Fiber 胶原纤维
Compression 压迫
Concentic 向心
Conflict 冲突
Coronary Heart Disease 冠心病
Cytoplasm 细胞膜

D

Dehydration 脱水现象
Diastolic Blood Pressure 心舒压
Digestive System 消化系统
Distress 劣压
Dynamic Variable Resistance Contraction 调动阻力收缩
Dyspnea Scale 呼吸困难程度指标

E

Eccentric 离心
Ectomorphy 外胚型
Electrical Stimulators 电流激荡器
Electrolyte 电解质
Electron Transport System 电子传送系统
Elevation 抬高患处
Emotional Health 情绪健康
Endocrine System 内分泌系统
Endomorphy 内胚型
Endomysium 肌内膜
Endurance 肌耐力
Epimysium 肌外膜
Eustress 优压
Excretory System 排泄系统
Exercise Duration 运动时间
Exercise Frequency 运动频率
Exercise Progression 运动进度
Extension 伸展

F

Fasccia 肌膜
Fasciculi 肌束
Fast Twitch Fibre 快肌
Fasting 绝食
Fatty Acids 脂肪酸
Female Reproductive System 女性生殖系统
Flexibility 柔软度
Flexion 屈曲

Free Weight Exercises 杠/哑铃练习
Frontal Axis 额转轴
Fulcrum 支点
Full Range of Motion 全幅度动作

G

Glycerol 甘油

H

Health-Related Physcial Fitness 健康体适能
Heart Rate 心跳率
Heart 心脏
Holistic Concept of Health 心智健康
Horizontal Plane 水平面
Hormones 激素
HR reserved or Karvonen Formula 最高心跳储备公式
Hurry Sickness Index 焦虑病态量表
Hypertension 高血压
Hypertrophy 肌肉发达
Hyperventilation 过换气

I

Ice 冰敷
Intellectual Wellness 智能康盛
Involuntary Muscle 不随意肌
Inward Medial Rotation 内旋
Ischemia 绞心症
Isokinetic Contraction 等速收缩
Isotonic 等张收缩

J

Jerky 抽动
Joints 关节
Joule 焦耳

K

Kidneys 肾脏

L

Lactic Acid System 乳酸系统
Lactic Acid System 乳酸系统
Ligament 韧带
Limb Length 四肢长度
Lipise 脂类
Liver Glycogen 肝糖
Longltudinal Axis 纵/横转轴
Lymphatic System 淋巴系统

M

Male Reproductive System 男性生殖系统
Maximal Heart Rate Formula 最高心跳率公式
Maximal Oxygen Consumption, VO_2 最高摄氧量
Meditation 冥想
Mesomorphy 中胚型
Metabolism 新陈代谢
Metabolic Equivalent, MET 活动时能量消耗计算
Minerals 矿物质
Mitochondria 粒线体
Muscle Glycogen 肌糖
Muscle Length 肌肉长度
Muscle Toning 结实肌肉
MUscula Strength & Endurance 肌力与耐力

N

Nervous System 神经系统
Neuromuscular Coordination 神经肌肉协调

O

Organ 器官
Organic 有机
Osteoporosis 骨质疏松症
Outward Lateral Rotation 外旋
Overload 超负荷
Oxidative Enzymes 氧化酶

P

Perimysium 肌束膜
Personal Wellness Web 个人身心康盛剖析网
Physical Activity Pyramid 身体活动金字塔
Physical Activity Pyramid 活动金字塔
Physical Education 体育
Physical Fitness 体适能
Physical Health 生理健康
Physical Wellness 身体康盛
Power 力点
Progressive Resistance Training 阻力训练
Proteion 蛋白质
Pulmonary Ventilation 肺气量

R

Rehabilitation 复健
Renal Artery 肾动脉
Repetion Maximum 最大反复次数
Respiratory Exchange Ratio, R 呼吸比
Respiratory Quotient, RQ 呼吸商
Reversibility 用进废退
Rhythm 韵律

S

Sagittal Axis 矢状转轴
Sagittal Plane 矢状面
Second Wind 再生气
Sidestitch 腰侧痛
Skeletal Muscle 骨骼肌
Skeletal System 骨骼系统
Slow Twitch Fibre 慢肌
Smooth Muscle 平滑肌
Social Health 社交健康
Social Wellness 社交康盛
Speed 速度
Spiritual Health 灵性健康
Spiritual Wellness 灵性康盛
Sport 运动
Sports-Related Physical Fitness 竞技运动体适能
Stabilizer 稳定肌
Starch 淀粉质
Starvation 饥荒
Strength 肌力
Strengthening 强化运动
Stress Reaction 压力反应
Stressor 压力源
Stroke Volume 每搏输出量
Stroke 中风
Survivor of the Fittest System 适者生存学说

T

Talk Test 谈话测试
Tendon Insertion 肌腱附着点
Tendon 肌腱
The Body Systems 人体系统
The Cell 细胞
Tidal Volume 潮气量
Timing 时机
Tissue 组织
Transverse Plane 横面

U

Ureters 输尿管
Urethra 尿道

V

Valsalva Maneuver 努责现象
Vein 静脉
Venules 支静脉
Vertical Axis 横转轴
Vitamins 维他命
Vocational Health 职业健康
Vocationa Wellness 事业康盛
Voluntary Muscle 随意肌

W

Water 水
Weight Training 重量训练
Weight 重点
Wellness 康盛人生

香港体适能总会简介

香港体适能总会成立于一九八六年，为一志愿及非牟利团体，旨在提倡及推动体适能概念。香港体适能总会亦为香港业余体育协会暨奥林匹克委员会承认作为推动体适能事业的发展的团体。

宗旨

在本港及海外提倡和推行与健康体适能及安全运动有关的实践，教育及研究活动。

服务内容

向会员及广大市民作出承诺，定期举办下列活动项目

- 会议、研究会及实用工作坊
- 出版会讯网络
- 社区服务
- 顾问及咨询服务
- 透过传媒做消费者教育
- 体适能教练培训
- 调查研究

香港体适能总会
体适能导师专业守则

香港体适能总会之合格导师应遵守下列专业守则，以便与有关学员，社会人士，其他体适能从业员及医疗健康界人士交往时，能表现其应有的专业操守。

香港体适能总会之合格体适能导师应遵守下列专业守则:

一、为学员提供安全和有效的指导。

二、对所有学员公平对待。

三、不断学习与更新有关的知识和技术。

四、持有心肺复苏法有效证书及掌握急救技术。

五、遵守一切有关的法律，包括商业法、劳工法及版权法。

六、提高社会大众对体适能行业的专重与信任。

七、尊重学员的隐私权。

八、对有需要的学员提供更专业的体适能、医疗及健康服务。

九、尊重学员的个人尊严和独特个性。

十、保持良好的个人操守，以身作则，作为学员的榜样。

有关机构 / 组织

有关机构 / 组织
卫生署
www.info.gov.hk/dh/index-c.htm

食物环境卫生署
www.info.gov.hk/fehd

卫生署中央健康教育组——健康地带
www.cheu.gov.hk/b5/index.asp

卫生署福利及食物局
www.hwfb.gov.hk

中国香港体适能总会
www.hkpfa.org.hk

运动生理学网站
www.epsport.idv.tw/epsport

国民体能网站
163.29.141.191/sport_fitness/index/index.asp

香港吸烟与健康委员会
www.info.gov.hk/hkcosh

National Institutes of Health
www.nih.gov

United States Department of
Health & human Services
www.hhs.gov

World Health Organization
www.who.int/en

American Alliance for Health Physical
Education Recreation and Dance
www.aahperd.org

American College of Sport Medicine
www.acsm.org

www.healthypeople.gov
www.2020tech.com/health

心脏
American Heart Association
www.americanheart.org
Centers for Disease Control and Prevention
www.cdc.gov
www.heartandstroke.ca
www.fi.edu/biosci/heart.html
www.cardio.com
www.heartinfo.com/detrisk.htm

运动
www.exrx.net
www.primusweb.com/fitnesspartner
www.netsweat.com
www.hoptechno.com/book11.htm
www.enteract.com/bradapp/docs/rec/stretching
www.sportsinjuryclinic.net/

营养
Food and Drug Administration
www.fda.gov
www.nutrition.gov
www.nal.usda.gov/fnic/foodcomp

营养资料查询
fehd-niis.gov.hk
www.nal.usda.gov.fnic
vm.cfsan.fda.gov/list.html
www.olen.com/food/
www.dietitian.com/

心理健康
National Institute of Mental Health
www.nimh.nih.gov

www.ivf.com/stress.html

www.stressrelease.com/stressbus.html

www.teachhealth.com

图书在版编目（CIP）数据

体适能基础理论 / 沈剑威, 阮伯仁编著. -- 北京：人民体育出版社, 2008（2022.9重印）
ISBN 978-7-5009-3377-9

Ⅰ. ①体… Ⅱ. ①沈… ②阮… Ⅲ. ①体育锻炼—适应能力—基本知识 Ⅳ. ①G806

中国版本图书馆CIP数据核字(2008)第021923号

*

人民体育出版社出版发行
北京中科印刷有限公司印刷
新 华 书 店 经 销

*

787×960 16开本 16.5印张 300千字
2008年6月第1版 2022年9月第12次印刷
印数：31,501—34,500册

*

ISBN 978-7-5009-3377-9
定价：60.00元

社址：北京市东城区体育馆路8号（天坛公园东门）
电话：67151482（发行部） 邮编：100061
传真：67151483 邮购：67118491
网址：www.psphpress.com
（购买本社图书，如遇有缺损页可与邮购部联系）